ASEAN経済統合の実態

浦田秀次郎・牛山隆一・可部繁三郎
【編著】

文眞堂

まえがき

　東南アジア諸国連合（ASEAN）が注目されている。いくつかの理由が挙げられる。
　第1に加盟10カ国の合計で6億人超の人口である。この規模は中国とインドの半分程度であるが，日本の約5倍だ。少子高齢化が急速に進む日本に比べ，ASEAN諸国には人口構成が若く，豊富な労働力を持つ国が少なくない。代表的な国は，約2億5000万人とASEAN最大の人口を抱えるインドネシアと人口が1億人の大台を突破したフィリピン。経済発展に伴いASEAN域内の人々の所得水準が上昇すれば，市場としての魅力も高まる。
　第2に，ASEAN後発国であるカンボジア，ラオス，ミャンマーの3カ国が，経済の改革・開放に力を注ぎだした。2011年3月の民政移管を経て国際社会との距離が一気に縮まり，日本をはじめ欧米や韓国，ASEANなどからの企業の進出も相次ぐミャンマーが，その代表的な事例である。経済発展で出遅れていた，いわゆる「CLM諸国」が外資誘致活動を強化する中で，ASEANは外資の受け入れ先として厚みを増してきた。
　第3に，アジア経済連携においてASEANが重要な役回りを演じている。ASEANは日本，中国，韓国，インド，オーストラリア・ニュージーランドと個別に自由貿易協定（FTA）／経済連携協定（EPA）を締結している。これらアジアの主要な国々とFTA/EPAネットワークで結び付いているのはASEANだけであり，ASEANはアジア経済連携の中核的な存在だ。この点も，外国企業が事業展開先としてASEANに着目する要因となっている。
　ASEAN経済が注目される第4の理由，それが域内経済統合の進展で，本書が注目するテーマである。ASEANは2015年末に「ASEAN経済共同体（AEC）」を創設するとの目標を掲げ，域内における関税・非関税障壁の削減・撤廃，サービス貿易や投資の自由化等に取り組んでいる。これら一連の作業には遅れも目立つが，ASEANがAEC創設を目指し努力を積み重ねる中，

ASEAN という「塊」が放つ輝きは増している。

　これらの要因が相まって ASEAN 経済は国際的に注目度を高めており，我が国企業の間でも「ASEAN 熱」の高まりが観察される。もちろん，その背景には日本企業の主要な展開先であった中国における急速な賃金上昇，経済全般の先行きへの不透明感，さらに日中間の政治関係がぎくしゃくしているといったことも影響している。

　さて第 4 の理由に挙げた域内経済統合に関しては従来，AEC 構築に向けて ASEAN が作成したブループリント（工程表）に基づき，関税・非関税障壁の削減・撤廃，サービス貿易や投資の自由化といったさまざまな措置がどれほど進捗したかという視点から論じられることが多かった印象である。もちろん，これらの措置の進捗状況を把握することは大事なのだが，それだけでは ASEAN 経済がどれほど統合度を高めているのか把握できない。

　このような問題意識から本書ではブループリントの実施状況を点検した上で，貿易や投資，企業，人の動き，輸送インフラなど実態面から ASEAN 経済がどれほど求心力を高めてきたか，つまり"溶け合ってきたか"を検証することを主眼とした。具体的には入手可能な統計，個別の事例等を分析し，各分野における交流の進展度を計測，考察した。本書を通読すれば，例えば ASEAN 域内の直接投資で ASEAN 自身が主要な担い手になっているといったように，域内交流が活発化している様子がわかるはずである。

　主要なメッセージは，AEC 構築の動きに先行して，ASEAN 経済は実態面で相互依存度を一段と高めているという点で，このことは ASEAN での事業展開を推進する日本企業も強く認識しておかねばならない。AEC 構築を巡っては，非関税障壁の撤廃，サービス貿易の自由化など関係国の利害等が錯綜し，2015 年末の AEC 構築期限に作業が終らないものも少なからず出てこよう。だが，ASEAN は 2016 年以降も作業を継続する方針である。そうしたなか制度・ルール面の障壁が一段と低下していけば，貿易や投資，人の動き等を刺激し，ASEAN 経済の統合度はさらに増すはずである。

　本書は，公益社団法人日本経済研究センター（以下，日経センター）が刊行した 2014 年度のアジア研究報告書「ASEAN 経済統合　どこまで進んだか」の内容をベースに取りまとめた。日経センターは日本企業の事業展開先として

注目度を高める ASEAN を重要な研究対象と位置づけ，浦田秀次郎・早稲田大学大学院教授（日経センター特任研究員）を座長に研究会を設置し，2012年度に「ASEAN 経済と企業戦略」，2013年度に「ASEAN 経済と中所得国の罠」という報告書を相次いで出した。これらに続く 2014 年度の報告書は ASEAN 研究第 3 弾であり，AEC 構築期限の 2015 年末が近づいていることを意識して作成したものである。

　今回の書籍化に際しては，環太平洋経済連携協定（TPP）や東アジア地域包括的経済連携（RCEP）が交渉中であることを踏まえ，アジア広域経済連携の中で ASEAN が果たすべき役割等に関する考察（第 8 章），ASEAN 経済の先行きを検討する上で重要と思われる「中所得国の罠」に関する議論（第 9 章）を新たに加え，ASEAN 経済をより多面的に分析した。本書が，企業・政府関係者，研究者，学生など幅広い方々の ASEAN 経済に対する理解を深める一助になれば幸いである。末筆になるが，本書の編集でお手を煩わせた文眞堂の前野隆氏，前野弘太氏をはじめ編集部の方々には心からお礼を申し上げたい。

2015 年 7 月

編著者　浦田秀次郎
　　　　牛山　隆一
　　　　可部繁三郎

目　次

まえがき

総論　近づく ASEAN 経済共同体（AEC）創設
——実態面での統合は既に進展 …………………………… 1

1. はじめに ………………………………………………………… 1
2. ASEAN 諸国の経済状況 ……………………………………… 1
　2.1　1990 年代以降の経済成長と今後の見通し ……………… 1
　2.2　ASEAN 諸国経済の多様性 ………………………………… 5
　2.3　ASEAN 諸国の課題 ………………………………………… 9
3. AEC 構築への道のりと意義 ………………………………… 11
　3.1　ASEAN における地域協力 ……………………………… 11
　3.2　AEC 構想の出現と意義 ………………………………… 13
4. 提言 …………………………………………………………… 15

第 1 章　ASEAN 経済共同体構築の進捗状況と課題
——関税撤廃は順調，非関税障壁は進まず ……………… 19

1. はじめに ……………………………………………………… 19
2. ASEAN 経済共同体とブループリントの進捗評価 ………… 20
　2.1　ASEAN 経済共同体とは ………………………………… 20
　2.2　AEC ブループリントの概要 …………………………… 21
　2.3　ASEAN 連結性マスタープラン ………………………… 23
　2.4　優先主要措置の 82.1％を実施 ………………………… 24
3. 物品の自由な移動 …………………………………………… 25
　3.1　関税撤廃 ………………………………………………… 25
　3.2　非関税障壁撤廃 ………………………………………… 26
　3.3　貿易円滑化（ASW など）……………………………… 28

		4. サービス貿易 ………………………………………………………… 32
		4.1 越境サービス貿易 ………………………………………… 32
		4.2 金融サービス ……………………………………………… 35
	5.	投資 ……………………………………………………………… 36
	6.	熟練労働者の移動 ………………………………………………… 37
	7.	輸送 ……………………………………………………………… 39
		7.1 輸送円滑化協定 …………………………………………… 39
		7.2 陸上輸送 …………………………………………………… 39
		7.3 海上輸送と航空輸送 ……………………………………… 42
	8.	おわりに ………………………………………………………… 43

第2章　ASEAN 域内貿易の進展
――担い手が多様化，さらなる規模拡大へ ……………… 47

1. はじめに ……………………………………………………………… 47
2. ASEAN 域内貿易の発展とその構造 ……………………………… 48
   2.1 生産ネットワークと域内貿易シェアの拡大 ………………… 48
   2.2 2 国間貿易構造の多様化 ……………………………………… 50
   2.3 ASEAN 域内貿易シェア拡大の可能性 ……………………… 51
3. 拡大・深化する域内の生産・販売ネットワーク ………………… 53
   3.1 電子機器産業 …………………………………………………… 53
   3.2 輸送機器産業 …………………………………………………… 55
   3.3 農産物の域内貿易ネットワーク ……………………………… 57
   3.4 新規加盟国の生産ネットワークへの組み込み ……………… 61
4. 市場としての ASEAN ……………………………………………… 63
   4.1 ASEAN の市場規模 …………………………………………… 63
5. おわりに ……………………………………………………………… 68

第3章　ASEAN 域内直接投資の現状・展望
――ASEAN 自身が最大規模の投資主体に ……………… 70

1. はじめに ……………………………………………………………… 70

2. グローバルな FDI ………………………………………………………… 70
　　2.1　世界全体の FDI ……………………………………………………… 70
　　2.2　世界全体から ASEAN への対内 FDI ……………………………… 72
　　2.3　日本から ASEAN への対内 FDI …………………………………… 74
　3. ASEAN の域内 FDI ……………………………………………………… 75
　　3.1　域内 FDI の全体像 …………………………………………………… 76
　　3.2　域内 FDI の業種別仕向け先 ………………………………………… 80
　　3.3　域内 FDI の出し手国と受け手国 …………………………………… 82
　4. 域内 FDI が行われる背景（シンガポールとタイのケース）………… 84
　　4.1　シンガポールのケース ……………………………………………… 84
　　4.2　タイのケース ………………………………………………………… 87
　5. 今後の展望 ………………………………………………………………… 88
　　5.1　ASEAN 統合の影響 ………………………………………………… 88
　　5.2　拡大が予想される域内 FDI の類型 ………………………………… 90
　　5.3　日本企業へのインプリケーション ………………………………… 91

第 4 章　ASEAN 企業，域内事業展開を強化
　　　　──域内統合の担い手として高まる存在感 ……………………… 93

　1. はじめに …………………………………………………………………… 93
　2. 国際化を推進する ASEAN 企業 ………………………………………… 94
　　2.1　実力高める ASEAN 企業 …………………………………………… 94
　　2.2　ランキングで見る主要 ASEAN 企業の顔触れ …………………… 95
　　2.3　ASEAN を攻める ASEAN 企業 …………………………………… 98
　3. ASEAN 域内におけるマレーシア企業の事業展開 ……………………101
　　3.1　マレーシア企業の対外直接投資動向 ………………………………101
　　3.2　個別企業の動き ………………………………………………………103
　4. ASEAN 域内投資の新潮流 ………………………………………………115
　　4.1　ASEAN 域内投資を手掛ける企業の広がり ………………………115
　　4.2　健康・医療セクター …………………………………………………116
　5. おわりに ……………………………………………………………………118

第5章　ASEAN 域内の労働者移動の現状
　　　——高まる労働力の相互依存 ……………………………… 121

1. はじめに ……………………………………………………………… 121
2. ASEAN における労働移動の概観 ……………………………… 123
   2.1　ASEAN における人の移動 ………………………………… 123
   2.2　ASEAN における労働移動の概観 ………………………… 125
   2.3　ASEAN 域内の労働者受入国 VS 送出国の構図 ………… 126
3. ASEAN 域内の労働移動にかんする制度的枠組み ………… 127
   3.1　ASEAN としての枠組みの不在，林立する ASEAN 各国の法制度 ……………………………………………………… 127
   3.2　「2007 年移民労働者の権利の保護と促進に関する ASEAN 宣言」……………………………………………………… 129
   3.3　ASEAN 移民労働者委員会（ACMW）による起草作業
        ——宣言から条約になるか ……………………………… 130
4. 主な受入国から見る外国人労働者の現状 …………………… 132
   4.1　シンガポール ……………………………………………… 132
   4.2　マレーシア ………………………………………………… 133
   4.3　タイ ………………………………………………………… 135
5. 送出国から見る海外労働の現状 ……………………………… 138
   5.1　インドネシア ……………………………………………… 138
   5.2　フィリピン ………………………………………………… 139
   5.3　ベトナム …………………………………………………… 140
6. 今後の展望と課題 ……………………………………………… 141

第6章　ASEAN 域内のサービス分野の人の移動
　　　——観光・留学・医療などで活発に ……………………… 145

1. はじめに ……………………………………………………………… 145
2. ASEAN 域内における観光者の移動 …………………………… 147
   2.1　ASEAN 全体 ……………………………………………… 147

2.2　各国別 ……………………………………………………151
　3.　ASEAN 域内における留学生 …………………………………158
　　3.1　高等教育分野の留学生の動向 ………………………………158
　　3.2　展望と課題 ……………………………………………………161
　4.　ASEAN 域内における医療関係者の移動 ……………………163
　　4.1　医療関連のサービス貿易 ……………………………………163
　　4.2　医療関連の2国間データ ……………………………………165
　　4.3　各モードにおいて予想される課題 …………………………166

第7章　ASEAN 域内の広域輸送インフラ整備
──重層的に展開, 経済波及効果に期待 ……………………169

　1.　はじめに …………………………………………………………169
　2.　ASEAN の広域インフラ整備 …………………………………171
　　2.1　重層的なインフラ整備 ………………………………………171
　　2.2　ASEAN ………………………………………………………174
　　2.3　サブリージョン ………………………………………………175
　　2.4　2国間 …………………………………………………………175
　　2.5　国別プロジェクト ……………………………………………176
　　2.6　インフラ整備の影響 …………………………………………177
　3.　インフラ活用の新たな動き ……………………………………179
　　3.1　タイ＋1とメコン経済回廊の活用 …………………………179
　　3.2　ミャンマー経済改革とダウェイ開発の行方 ………………182
　4.　経済地理シミュレーション分析 ………………………………183
　　4.1　経済地理シミュレーションモデルとは ……………………183
　　4.2　ASEAN 連結性向上の経済効果分析 ………………………184
　5.　おわりに …………………………………………………………189

第8章　ASEAN と東アジア地域経済統合
──期待される牽引役としての役割 ………………………191

　1.　はじめに …………………………………………………………191

2. ASEAN の域外との貿易・投資関係 …………………………………192
2.1 対世界の貿易・投資関係 ………………………………………192
2.2 対東アジア諸国との関係 ………………………………………194
3. 東アジア広域経済連携における ASEAN の役割 …………………198
3.1 東アジア広域経済連携の歴史的推移 …………………………198
3.2 ASEAN＋1FTA から RCEP へ ………………………………200
4. 東アジアにおける地域経済統合において期待される ASEAN の役割 …………………………………………………………………205

第9章　ASEAN 統合に向けた各国経済の課題
　　──「中所得国の罠」を巡る議論から考える ……………………207

1. はじめに ………………………………………………………………207
2. ASEAN 中所得国の経済状況 ………………………………………209
3. 中所得国の罠とは …………………………………………………212
3.1 所得水準からみた中所得国の罠 ………………………………212
3.2 成長の停滞としての中所得国の罠 ……………………………214
4. 中所得国の罠に陥る原因 …………………………………………215
5. 中所得国の罠を回避する方法 ……………………………………216
6. 高所得国の教訓 ……………………………………………………217

索引 …………………………………………………………………………222

総論

近づく ASEAN 経済共同体（AEC）創設
―― 実態面での統合は既に進展

1. はじめに

　ASEAN は 2015 年末の「ASEAN 経済共同体（AEC）」創設を掲げている。① 単一の市場と生産基地，② 競争力のある経済地域，③ 公平な経済発展，④ グローバル経済への統合――の実現を掲げる AEC 構築は ASEAN の東アジアおよび世界経済での存在感を高め，外国企業の展開先としての注目度を上げるであろう。

　「AEC 構築」を約 1 年後に控えた ASEAN 経済は，実際にはどの程度，相互依存度を高め，経済統合を実現させているのであろうか。AEC を巡っては関税・非関税障壁の撤廃，投資やサービス貿易，人の移動の自由化など制度面の作業が注目されがちだが，本書は各種統計や具体的な事例を手掛かりに ASEAN 経済の統合度を計測・評価し，さらなる統合への課題や外資にとってのビジネス機会などを考察する。

　本章では，以下，第 2 節で ASEAN 諸国経済の過去と現状を概観し，今後の見通しを検討する。第 3 節では AEC 構築までの道のりや意義などについて議論する。第 4 節で政策提言を提示する。

2. ASEAN 諸国の経済状況

2.1　1990 年代以降の経済成長と今後の見通し

　1990 年代においては，ASEAN 先行加盟国（ASEAN 6）[1] の中では，フィリ

ピン，ブルネイは平均年成長率2％台と低成長であったが，インドネシア，マレーシア，シンガポール，タイは平均年成長率4％以上で順調に推移した（図表総-1 および図表総-2）。とくに，マレーシア，シンガポールは平均年成長率7％を超える高成長を記録した。高成長をもたらした要因としては，貿易および直接投資に関して自由化政策を実施したことで，輸出と対内直接投資が大きく拡大したことが挙げられる。多国籍企業による対内直接投資はASEAN6を日本，中国，韓国，台湾などの東アジア諸国・地域や米国，欧州などの国々を繋ぐ生産・流通ネットワーク（グローバル・サプライ・チェーン）に組み入れることで，効率的な生産および流通を実現する一方，ASEAN6は生産・流通

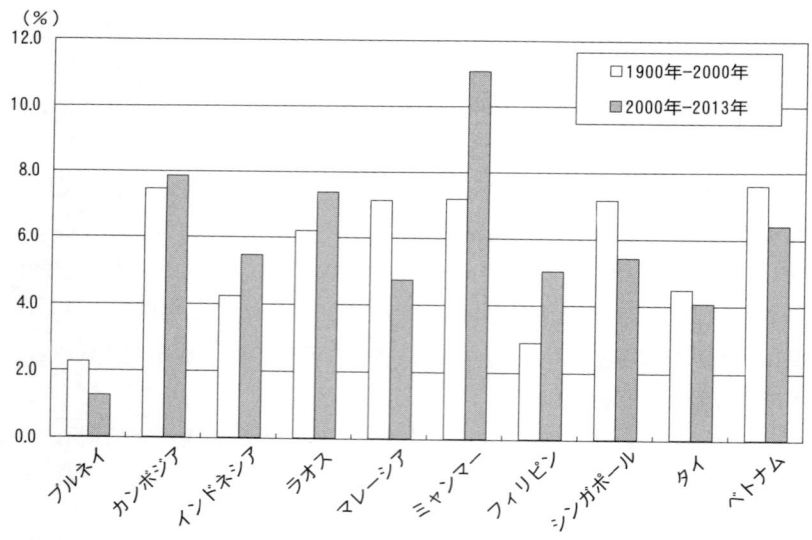

図表総-1　ASEAN諸国の経済（GDP）成長率（％）

注：カンボジアは1990年ではなく93年からの数字。
資料：ミャンマーの2000年から2013年の統計はADB，それ以外の国々についてはWorld Bank, World Development Indicators on line.

1　ASEAN先行加盟国（ASEAN6）とは，ASEAN発足から80年代までに加盟したインドネシア，マレーシア，フィリピン，シンガポール，タイ（以上5カ国はASEAN原加盟国），ブルネイ（1984年加盟）である。1990年代にASEANに加盟したベトナム（1995年），ミャンマー，ラオス（1997年），カンボジア（1999年）は新規加盟国とよぶ。

ネットワークに参加することで，生産，雇用，輸出の拡大や技術移転などを通じて，経済成長を実現した。

　ASEAN6 は 1997 年のアジア通貨危機によって大きな打撃を受け，98 年の成長率は大きく低下したが，99 年には回復し，21 世紀に入ってからは，2008 年に発生した世界金融危機までは，順調な経済成長を記録した。同危機の影響で 2009 年には成長率が低下するが，2010 年には回復する。世界金融危機は危機の発生源である米国，危機が伝染した欧州に大きな打撃を与え，それらの地域の経済的打撃の影響を強く受けた日本にも深刻な不況をもたらしたが，先進諸国への負の影響と比べると ASEAN6 への影響は比較的に軽微であった。その原因としては，危機への対応として拡張的な財政金融政策が功を奏したことだけではなく，危機前にはアジア通貨危機の経験から金融機関や企業が投資に対して慎重な姿勢を取っていたこともある。但し，1990 年代と比べると 2000 年代の経済成長率は多くの国々で低下している。具体的には，ブルネイ，マレーシア，シンガポール，タイで成長率が低下したのに対して，インドネシア，フィリピンでは成長率を上昇させている。

　ASEAN6 は 2010 年以降，12 年頃までは世界金融危機からの回復により，高成長を記録するが，13 年になると，拡張的なマクロ経済政策による財政赤字の拡大やインフレ発生への対応として，引き締め政策を採用したことから，経済成長率を低下させている。また，ASEAN6 の重要な輸出先である中国や先進諸国の経済が停滞したことも，輸出の低下をもたらし，経済成長を減速させた。そのような状況の中で，タイでは政治的混乱の発生により，経済活動が低迷している。他方，ASEAN6 の多くの国々において経済成長率が低下する中で，フィリピンは高成長を記録しているが，その背景には海外で働くフィリピン人労働者からの送金によって支えられた旺盛な消費がある。

　ASEAN 新規加盟国であるカンボジア，ラオス，ミャンマー，ベトナムは ASEAN6 と比べると 1990 年以降高い経済成長率を記録している。これらの国々では，80 年代に社会主義計画経済から市場経済に移行し，90 年代には ASEAN 加盟などを通じて，経済の対外開放を進めたことで貿易や対内直接投資が大きく拡大したことが，高成長につながった。ASEAN 新規加盟国はアジア通貨危機や世界金融危機の影響もあまり受けず，高成長を続けてきた。しか

し，2010年以降は，先進諸国での長引く経済停滞や主要な貿易相手国である中国やASEAN6諸国における経済成長率の低下により，ASEAN新規加盟国の経済成長率も低下傾向にある。

2015年の成長率予測については，Asian Development Bank（2014）による予測値が図表総-2に示されている。それらの予測値は，World Bank（2014）およびInternational Monetary Fund（2014）とは多少異なるが，2014年からの変化の方向性については，ほぼ一致している。ASEAN諸国全体でみると，GDP成長率は2014年の4.6%から5.3%へと上昇することが予測されている。ASEAN諸国の中で，成長率が低下すると予測されているのはマレーシアのみで，他の9カ国については成長率の上昇が予測されている。

ASEAN全体のGDP成長率の大きな上昇を牽引するとみられているのは，ASEAN諸国の中で第1位と第2位の経済大国であるインドネシアとタイである。インドネシアでは新大統領の下，改革が進むことで投資環境の改善が予想され，その結果として，対内投資が拡大し，経済成長率の上昇が見込まれてい

図表総-2　ASEAN諸国のGDP成長率（%）

	実績値					予測値	
	1990年～2000年	2000年～2010年	2011年	2012年	2013年	2014年	2015年
ブルネイ	2.2	1.4	3.4	0.9	-1.8	1.1	1.2
カンボジア	7.4	8.0	7.1	7.3	7.2	7.0	7.3
インドネシア	4.2	5.2	6.5	6.3	5.8	5.3	5.8
ラオス	6.2	7.1	7.8	7.9	7.9	7.3	7.4
マレーシア	7.1	4.6	5.2	5.6	4.7	5.7	5.3
ミャンマー	7.2	12.0	5.9	7.3	7.5	7.8	7.8
フィリピン	2.9	4.8	3.7	6.8	7.2	6.2	6.4
シンガポール	7.1	5.6	6.1	2.5	3.9	3.5	3.9
タイ	4.5	4.3	0.1	6.5	2.9	1.6	4.5
ベトナム	7.6	6.6	5.9	5.2	5.4	5.5	5.7

注：1990年から2010年までの成長率はWorld Bank, WDIより計算，カンボジアは1993年から2000年，ミャンマー（2000年から2010年）についてはADB, Key Indicatorsから計算。
　　2011年から2015年までの数値はADB, Asian Development Outlook 2014 Update。
注：2014年，2015年はADBによる予測値。

る。一方，タイでは，政治的混乱が鎮静化することで，滞っていた公共事業の回復や設備投資の拡大が予想されることから，経済成長率の大きな上昇が見込まれている。マレーシアにおいて予測されている経済成長率の低下は，インフレへの対応として実施されてきた引き締め政策が主な要因である。インドネシア，タイ，マレーシア以外の国々については，安定化した経済状況の下における投資拡大を推進力として，経済成長率は上向くことが見込まれるが，主要な輸出先である中国経済の減速，インドネシア，マレーシア，ベトナムなどにおける補助金削減によるインフレの昂進，緊縮的な金融・財政政策の実施などが，下振れリスク要因である。

2.2 ASEAN 諸国経済の多様性

　ASEAN に属する国々の多くは他の諸国と比べて比較的に高い成長率を記録してきたという共通点を有しているが，他方，経済に関するさまざまな面で大きく異なっており，ASEAN 諸国は経済面で多様性に富んでいるといえる（図表総-3）。

　人口では，最も大きな国はインドネシアで約2億5千万人の人口を擁しているのに対して，最も小さい国はブルネイで約40万人の人口であり，インドネシアの人口の約600分の1でしかない。インドネシアの他に5000万人以上の人口を擁する人口大国としてはフィリピン，ベトナム，タイ，ミャンマーが挙げられる。他方，人口1000万以下の人口小国としては，ブルネイの他に，ラオスとシンガポールがある。因みに，ASEAN 全体の人口は約6億人で，日本の人口の約5倍，中国やインドの人口の約半分の大きさである。

　国土面積についても，ASEAN 諸国間で大きな格差がある。人口と同様にインドネシアの国土面積は他の ASEAN 諸国を圧倒するような大きさである。最も国土面積の小さい国は都市国家のシンガポールで，インドネシアの国土面積の実に2500分の1である。インドネシアに続いて国土面積の大きな国々は，ミャンマー，タイであるが，それらの国々の国土面積はインドネシアの約3分の1である。一方，シンガポール同様に国土面積の極めて小さい国としては，ブルネイがある。一般的に，国土面積の大きい国では，産業としては農業が大きな位置を占めているケースが多い。ASEAN 全体の土地面積は，中国の国土

図表総-3　ASESN および日中韓インドの基礎的経済指標（2013 年）

	人口 (100 万人)	面積 (1 万平方キロ)	GDP (10 億米ドル)	1 人当たり GDP(米ドル)
ブルネイ	0.4	0.5	16.1	38,563
カンボジア	15.1	17.7	15.2	1,008
インドネシア	249.9	181.2	868.3	3,475
ラオス	6.8	23.1	11.1	1,646
マレーシア	29.7	32.9	312.4	10,514
ミャンマー	53.3	65.3	..	..
フィリピン	98.4	29.8	272.0	2,765
シンガポール	5.4	0.1	297.9	55,182
タイ	67.0	51.1	387.3	5,779
ベトナム	89.7	31.0	171.4	1,911
ASEAN	615.7	432.6	2,351.9	4,182
中国	1,357.4	938.8	9,240.3	6,807
日本	127.3	36.5	4,901.5	38,492
韓国	50.2	9.7	1,304.6	25,977
インド	1,252.1	297.3	1,876.8	1,499
世界	7,124.5	12,973.4	74,909.8	10,514

注：".." は資料には含まれていないことを意味する。
資料：World Bank, World Development Indicators on line.

面積の約半分，インドの国土面積の約 1.5 倍である。

　国内総生産（GDP）で計測した経済規模においても，ASEAN 諸国の間で大きな違いがある。インドネシアが最も経済規模が大きく，GDP は約 8700 億ドルである。他方，最も経済規模が小さいのはラオスで GDP は約 110 億ドルであり，インドネシアの GDP の約 80 分の 1 である[2]。インドネシアの GDP よりもかなり小さいが，インドネシアに続くのが，タイ，マレーシア，シンガポール，フィリピンであり，それらの国々の GDP は約 3000 億ドルから 4000 億ドルの近辺に位置している。ラオス同様に経済規模の小さい国としては，カンボジアとブルネイがあり，それらの国々の GDP は約 150 億ドルである。ASEAN 全体の GDP は約 2 兆 3500 億ドルで，中国の GDP の 4 分の 1，インドの GDP の 1.25 倍である。

---

[2] ミャンマーの GDP に関する統計はここで用いられた World Bank, World Development Indicators には含まれていないことから，ここでの分析ではミャンマーは対象外となっている。

1人当たりGDPにおいてもASEAN諸国で大きな格差が認められる。1人当たりGDPが最も高いのはシンガポールで5万5000ドルである。シンガポールの1人当たりGDPは日本の1人当たりGDPよりも1万7000ドル近くも高い。他方，ASEAN諸国の中で，1人当たりGDPが最も低いのはカンボジアで約1000ドルである。

世界銀行では1人当たりGDPを指標として，世界各国を，高所得国（1万2616ドル以上），高中所得国（4086ドルから1万2615ドル），低中所得国（1036ドルから4085ドル），低所得国（1035ドル以下）に分類している[3]。その分類を用いると，シンガポールとブルネイは高所得国，マレーシア，タイは高中所得国，インドネシア，フィリピン，ベトナム，ラオスは低中所得国，カンボジアは低所得国である。ASEAN諸国の1人当たりGDPの平均は約4200ドルであり，中国の6800ドルよりもかなり低いが，インドの1500ドルよりもかなり高い。

ASEAN各国間における1人当たりGDPの大きな格差は，ASEAN諸国間での社会的・政治的不安定を生み出す可能性を含んでいるが，他方，ASEANの高成長の原動力となった東アジアにおける生産ネットワークは各国間の賃金格差を利用することで形成された。生産ネットワークでは，生産に必要な技術が異なる部品を，その部品を最も効率的に生産できる国・地域に配置し，それらの部品の貿易を通して，製品を組み立てる拠点に集めることで，多くの部品を必要とする製品の効率的な生産が可能になる。

具体的には，高技術を必要とする部品生産の工程は高度技術者の多く存在する高所得国で行うのに対して，組み立てのような低技術を必要とするような工程は低賃金労働が豊富に存在する低所得国に配置する。ASEANでは，シンガポールのような高所得国においては，技術者や研究者などが多く存在することから，製品や部品の開発や事業戦略の構築などの工程が配置され，ベトナムのような比較的に低賃金労働者が多く存在する国には，最終製品の組み立てのような工程が配置される。

ここまでは，ASEAN諸国間において存在する大きな格差を強調してきた

---

[3] 正確には，GDPではなく，国内総所得（GNI）。

が，GDP および 1 人当たり GDP の格差は縮小傾向にある（図表総-4, 図表総-5）。GDP については，最大と最小の国の格差は 1953 年には 119 倍であったが，2000 年には 95 倍，2013 年には 78 倍へと低下した。1 人当たり GDP についても，格差が縮小する傾向が読み取れる。1 人当たり GDP の最大と最小の国の格差は 1993 年には 97 倍であったが，2000 年には 80 倍，2013 年には 55 倍へと低下している。GDP および 1 人当たり GDP における格差縮小は，経済発展において低所得国や低中所得国が高中所得国や高所得国に対して

図表総-4　GDP 格差（10 億米ドル，格差）

1993 年			2000 年			2013 年		
国	GDP	倍率	国	GDP	倍率	国	GDP	倍率
ラオス	1.3	1.0	ラオス	1.7	1.0	ラオス	11.1	1.0
カンボジア	2.5	1.9	カンボジア	3.7	2.1	カンボジア	15.2	1.4
ブルネイ	4.1	3.1	ブルネイ	6.0	3.5	ブルネイ	16.1	1.4
ベトナム	13.2	9.9	ベトナム	33.6	19.4	ベトナム	171.4	15.4
フィリピン	54.4	40.9	フィリピン	81.0	46.8	フィリピン	272.0	24.4
シンガポール	60.6	45.7	マレーシア	93.8	54.2	シンガポール	297.9	26.7
マレーシア	66.9	50.4	シンガポール	95.8	55.4	マレーシア	312.4	28.0
タイ	125.0	94.2	タイ	122.7	70.9	タイ	387.3	34.8
インドネシア	158.0	119.0	インドネシア	165.0	95.3	インドネシア	868.3	77.9

注：ミャンマーについての情報がないため，対象から外れている。
資料：World Bank, World Development Indicators on line.

図表総-5　1 人当たり GDP 格差（米ドル，格差）

1993 年			2000 年			2013 年		
国	1人当たりGDP	倍率	国	1人当たりGDP	倍率	国	1人当たりGDP	倍率
ベトナム	189	1.0	カンボジア	299	1.0	カンボジア	1,008	1.0
カンボジア	251	1.3	ラオス	321	1.1	ラオス	1,646	1.6
ラオス	287	1.5	ベトナム	433	1.4	ベトナム	1,911	1.9
フィリピン	817	4.3	インドネシア	790	2.6	フィリピン	2,765	2.7
インドネシア	840	4.4	フィリピン	1,043	3.5	インドネシア	3,475	3.4
タイ	2,153	11.4	タイ	1,969	6.6	タイ	5,779	5.7
マレーシア	3,395	17.9	マレーシア	4,005	13.4	マレーシア	10,514	10.4
ブルネイ	14,681	77.6	ブルネイ	18,087	60.5	ブルネイ	38,563	38.3
シンガポール	18,302	96.7	シンガポール	23,793	79.6	シンガポール	55,182	54.8

注：ミャンマーについての情報がないため，対象から外れている。
資料：World Bank, World Development Indicators on line.

キャッチアップに成功していることを示している。

ASEAN 諸国間の経済発展格差を 1 人当たり GDP の違いで説明したが，ミレニアム開発指標の中から比較可能な指標について ASEAN 諸国の状況をみることにしよう。図表総-6 には識字率，乳児死亡率，固定電話台数，携帯電話契約数が 2 時点間で示されている。これらの数値から，すべての指標で格差が縮小していることが読み取れる。指標の中でも，格差縮小が著しいものは，識字率と携帯電話契約数である。識字率格差の縮小は，低所得国と低中所得国に分類される国々において著しい。これらの国々では，初等教育の普及および内容の充実が進んでいることが示唆される。また，携帯電話契約数の伸びは，携帯電話の使用にかかるコストが技術進歩や激しい競争などによって低下したことが要因であると思われる。

2.3　ASEAN 諸国の課題

ASEAN 諸国は比較的に順調な経済発展を遂げてきているが，順調な発展を

図表総-6　ミレニアム開発目標関連指標

	識字率 (15歳以上)		乳児死亡率 (生後1年)		固定電話台数		携帯電話契約数	
	1990年	2010年	1990年	2010年	2000年	2010年	2000年	2010年
ブルネイ	98.02	99.61	7.42	6.08	24.97	19.40	33.70	106.72
カンボジア	42.00	88.00	141.48	44.93	0.30	2.50	..	74.00
インドネシア	96.60	99.00	68.00	34.00	1.00	9.00	..	72.00
ラオス	71.00	84.00	134.00	70.00	0.91	15.00	..	..
マレーシア	98.00	98.40	13.10	6.80	19.70	15.50	21.80	119.20
ミャンマー	..	97.00	98.00	..	1.00	..	..	..
フィリピン	97.00	99.00	57.00	26.80	4.00	4.00	8.50	88.50
シンガポール	99.00	99.80	6.60	2.00	28.60	23.70	60.60	143.60
タイ	91.00	99.00	8.00	7.00	13.00	10.00	..	107.00
ベトナム	86.80	93.70	45.90	15.80	3.20	17.80	1.01	129.64

注：".." は資料には含まれていることを意味する。
　　識字率：ラオスは，1995年と2005年の数字，ミャンマーは2005年の数字。
　　乳児死亡率：1000人につき，ラオスの2010年の数字は2005年の数字。
　　固定電話台数：100人につき，シンガポールについては住宅での固定電話台数。
　　携帯電話契約数：100人につき。
　　資料：ASEAN 事務局ホームページ。

維持・加速するためには，さまざまな課題に効果的に対応しなければならない。本項では，主な課題を挙げておこう。高所得国であるシンガポールおよびブルネイの抱える課題は，少子高齢化や賃金上昇が進む中における経済ダイナミズムの維持・拡大である。具体的には，高齢化に伴う医療費および社会保障支出の増大といった形での社会負担が拡大する状況において，それを支えるための経済構造・システムを構築しなければならない。1つの鍵は生産性の上昇であるが，サービス部門が経済活動の中で大きなシェアを占める経済における生産性の上昇は容易ではない。

　中所得国であるインドネシア，マレーシア，フィリピン，タイ，ベトナムに共通する課題は，「中所得国の罠」からの脱出である。中所得国の罠とは，貧困問題を克服することで低所得国から中所得国にはなったものの，高成長を維持することができずに，なかなか高所得国になれない国々の状況を示す表現であり，2007年に発表された世界銀行の報告書『東アジアのルネッサンス』において用いられたのが最初である[4]。これらの国々の経済発展を可能にした1つの重要な要因は，多国籍企業によって構築された生産ネットワークに組み込まれたことであるが，さらなる発展を実現し，高所得国となるには，生産ネットワークにおける役割を低付加価値生産から高付加価値生産へとレベルアップさせることが必要である。この課題への対応としては，高度な知識・能力を持つ人材の育成が欠かせない。

　他のASEAN諸国と比べると初期の発展段階にあるカンボジア，ラオス，ミャンマーの大きな課題は，経済成長に大きく貢献する生産ネットワークへの参加である。現段階では，繊維製品を中心に生産ネットワークへの参加が拡大しているが，電子部品のような機械産業の生産ネットワークへの参加は限られている。生産ネットワークへの参加により，貿易・投資が拡大すると共に技術移転も実現することから，経済成長を促進する。生産ネットワークへの参加には，インフラの整備や人材育成が重要である。

　ASEAN諸国を3つのグループに分けて主要な課題を議論したが，すべての国々において共通する課題を指摘しておかなければならない。最も深刻と思わ

---

[4] 日本経済研究センター（2013）は，ASEAN諸国における中所得国の罠の問題を分析している。

れる問題は国内における所得格差の拡大である。所得格差の拡大は政治的および社会的不安定をもたらし，円滑な経済活動を阻害する。但し，所得格差縮小のために所得の平準化を過度に進めると，労働意欲が低下したり，労働の海外への流出が起こり，経済活動が低下してしまう。これらの議論からわかるように所得格差は極めて難しい問題である。また，経済発展に伴って発生する環境や都市集積に関する問題もある。ASEAN 諸国の抱えるさまざまな経済問題に対して個々の国だけではなく，ASEAN 全体として協力を進めることで対応しようという試みが本報告書のテーマである ASEAN 経済共同体（AEC）構想である。次節では，AEC 構築の意義を考えてみよう。

3. AEC 構築への道のりと意義

3.1 ASEAN における地域協力

　ASEAN は 1967 年にインドネシア，マレーシア，フィリピン，シンガポール，タイの東南アジア 5 カ国により発足したが，発足の背景には域内諸国間における紛争の解決といった政治的動機があった[5]。ASEAN は紛争解決を通じて地域における政治的安定に貢献した後，1976 年から地域経済協力を積極的に進めるようになった[6]。当初実施されたプロジェクトは，当時多くの ASEAN 諸国で志向されていた経済発展戦略である輸入代替化政策を反映したものであった。具体的には，ASEAN 地域内で規模の経済を実現させることを目的とした ASEAN 共同工業プロジェクト（AIP，1976 年），ASEAN 特恵貿易協定（PTA，1977 年），ASEAN 工業補完協定（AIC，1981 年）などが実施された。AIP は各国の共同出資により大規模プロジェクトを進めるものであり，AIC は特定工業製品を 4 カ国以上の民間企業が分担生産し，それらに対して特恵関税を適用するプロジェクトである。PTA は AIP 製品や AIC 製品などを対象とした特恵関税制度であり，AIP および AIC プロジェクトを推進することを目的とした。このようにして，ASEAN 域内における産業発展を

---

[5] ASEAN については，山影（2011）などを参照。
[6] ASEAN の地域協力については清水（2013）などを参照。

目的として，経済協力プロジェクトが進められたが，輸入代替工業化を目指した各国間での対立などにより，期待したような成果は上げられなかった。そのような状況において，参加条件を緩和したASEAN工業合弁事業（AJIV, 1983年）が実施されたが，各国における輸入代替により工業化を進めるという思惑には変化がなかったことから，成果は乏しいものとなった。

ASEAN加盟諸国による共同産業発展プロジェクトは期待したような成果を挙げられなかったが，それらのプロジェクトからの教訓を踏まえて，ブランド別自動車部品相互補完流通計画（BBC, 1988年）およびBBCを改善・拡大した形のASEAN産業協力スキーム（AICO, 1996年）などの共同プロジェクトが実施され，一定の成果を得た。BBCは自動車メーカーによるASEAN内での部品の集中生産と相互補完を推進するために部品に対して最恵国関税よりも低い特恵関税率を適用する取り決めである。AICOはBBCを改善・拡大した取り決めであるが，具体的には，対象分野を自動車から家電などにも拡大すると共に特恵関税適用の条件を緩和した。

ASEAN経済統合へ向けての動きを本格化させた重要な取り決めは，域内貿易の拡大を目指したASEAN自由貿易地域（AFTA）である。AFTAは1993年に開始され，共通効果特恵関税制度（CEPT）協定の下で2008年までの15年間において適用品目の域内関税を0～5％へと引き下げることを目標とした。AFTA設立を促した要因としては，世界における地域経済統合の活発な展開と共に中国経済の台頭がある。中国は79年の改革・開放政策によって，順調な経済発展を達成させていたこともあり，経済発展に貢献する海外からの直接投資を大量に引き付けるようになっていた。そのような状況に危機感を持ったASEAN諸国はAFTAにより市場統合を進めることで，海外からの直接投資の誘致を期待したのである。

その後，中国が高成長を背景に投資先としての魅力を高めたことに対抗して，AFTAでの域内関税削減のスケジュールが前倒しされ，また，ASEANにベトナム，ラオス，ミャンマー，カンボジアなどの国々が加わったことから，関税撤廃の目標時期が原AFTA加盟国は2010年，新規加盟国は2015年と定められた。2010年には，CEPT協定より包括的かつ詳細な規定を盛り込んだASEAN物品貿易協定（ATIGA）を発効させた。サービス貿易および直

接投資の域内拡大を目的として，ASEAN サービス枠組み協定（AFAS，1995年）および ASEAN 投資地域（AIA，1998年）が締結され，発効した。

　ASEAN 設立から 30 年目の節目であり，21 世紀を目前とした 1996 年に第 1 回 ASEAN 非公式首脳会議が開催された。同首脳会議では中国の台頭など ASEAN を取り巻く環境が大きく変化する中で，2020 年までのビジョン作りが合意されたが，アジア通貨危機によって深刻な経済状況に陥る中で開催された 1997 年の第 2 回 ASEAN 非公式首脳会議で地域の発展を実現するにあたっての経済統合の重要性を説いた「ASEAN ビジョン 2020」が採択された。1998 年には ASEAN ビジョン 2020 の実現のための最初の行動計画である「ハノイ行動計画」（99 年から 2004 年までの 6 カ年計画）が採択された。同計画では，経済統合の強化が主要な項目として含まれた。

3.2　AEC 構想の出現と意義

　ASEAN における地域経済協力は，2003 年にバリで開催された第 9 回 ASEAN 首脳会議の「ASEAN 第 2 協和宣言」において経済共同体（AEC）構築という形での具体化へ向けて新たな段階に入った[7]。同宣言では，2020 年までに，経済共同体，政治安全保障共同体（APSC），社会文化共同体（ASCC）から構成される ASEAN 共同体の創設を打ち出した[8]。2004 年にはラオスの首都ビエンチャンで開催された第 10 回 ASEAN 首脳会議において，ASEAN 共同体設立へのロードマップとなる「ビエンチャン行動プログラム」が採択された。AEC に関する取り組みとしては，単一市場・市場拠点に向けた統合プロセスの加速化，農業製品，自動車，エレクトロニクスなどを含む 11 重点分野における 2010 年までの統合などが挙げられている。AEC により ASEAN は財・サービス，投資，高度人材，資金の自由な移動を実現するような地域となり，経済的繁栄をもたらすことが期待されている。

　2007 年第 13 回 ASEAN 首脳会議では，「ASEAN 憲章」が調印され，同憲章は 2008 年に発効した。ASEAN 憲章は ASEAN に地域機構としての法人格を与えると共に，ASEAN の目標，基本原則，ルールなどを明確化・成文化す

7　ASEAN（第 1）協和宣言は 1976 年にバリで署名された。
8　2007 年に ASEAN 共同体創設目標は 2015 年に前倒しされた。

ることで，ASEAN 共同体設立に向けての基盤を強化した。第 13 回 ASEAN 首脳会議では，AEC 実現に向けてのブループリント（工程表）が採択された。AEC ブループリントでは，4 つの柱（単一の市場と生産基地，競争力のある経済地域，公平な経済発展，グローバル経済への統合），17 の重点分野[9]，77 の措置が示された。4 つの柱が立てられたことで，AEC の目的・意義が鮮明になった。単一の市場と生産基地の構築は，経済成長に不可欠な直接投資を誘致するための中国とインドとの競争で優位に立つことが可能となり，ASEAN の経済成長が推進される。競争力のある経済地域の設立は，直接投資の誘致に貢献するとともに企業間の競争を推進することで消費者の利益を増大させる。公平な経済発展の実現は，現在存在する ASEAN 諸国間での大きな発展格差を縮小させることが経済的・社会的・政治的に安定的な発展をもたらすだけではなく，経済統合を推進するために不可欠である。グローバル経済への統合は，経済活動のグローバル化が進展する状況において，ASEAN の経済的繁栄のためには域内統合を進めると同時に域外経済との統合を進めることが重要である。とくに，世界レベルでの生産ネットワークへの有機的参加は経済成長に大きく貢献する。

　ブループリントを確実に実施するために，2008 年から ASEAN 事務局により各国の進捗状況を評価するためのスコアカード（採点表）を実施している。因みに，主要優先措置の実施率は 2013 年末時点では，82.1% であると報告されている。また，ブループリントでは不十分であったハードインフラの計画などを補完・補強するために，2010 年第 17 回首脳会議で「ASEAN 連結性マスタープラン」が採択された。ASEAN 連結性マスタープランでは，① 物的連結性，② 制度的連結性，③ 人的連結性の強化が追求されているが，具体的には，① 物的連結性に関しては，輸送，ICT，エネルギーなどのハードインフラの整備，② 制度的連結性については，貿易自由化・円滑化，投資・サービス，輸送協定，越境手続，人材育成などのソフトインフラの整備，③ 人的連

---

[9] 17 の重点分野とは単一市場と生産基地（① 物品貿易，② サービス貿易，③ 投資，④ 資本移動，⑤ 人の移動，⑥ 優先統合分野，⑦ 食料・農業・林業），競争力のある経済地域（① 競争政策，② 消費者保護，③ 知的所有権，④ インフラ開発，⑤ 税制，⑥ 電子商取引），公平な経済発展（① 中小企業，② ASEAN 統合イニシアチブ），グローバル経済への統合（① 対外経済関係，② グローバル・サプライ・ネットワークへの参加）。

結性としては，教育・文化，観光などにおける人の移動の円滑化などの項目が含まれている。

　AEC の 2015 年末までの設立は現時点では難しいという見方が多いが，ASEAN における経済統合へ向けての動きは 15 年以降も継続される。2014 年 11 月にミャンマーの首都ネピドーで開催された第 25 回 ASEAN 首脳会議で合意され，発表された「2015 年以降の ASEAN 共同体に関するネピドー宣言」では，AEC のあるべき姿を示すと共に，課題について触れている[10]。2016 年から 2025 年の期間において目標とすべき AEC の姿として，統合度が高く結合力の強い経済，競争的でありイノベーションが活発に行われるダイナミックな経済，回復力に富み，すべての人々に恩恵を与えるような，人々を中心とした経済，部門間の統合や協力を推進し，世界との繋がりを深化させる経済といった目標が挙げられている。

　これらの目標を実現させる手段として，民間部門や非営利団体などの参加による適切な統治制度（ガバナンス），透明性が高く，民間部門などの要求に対して反応度の高い規制制度の実現，食料やエネルギーの安定供給，自然災害や経済的ショックに対応できるような各国および地域における制度の構築，東アジアにおいて ASEAN の中心的役割を強化するような東アジア地域統合の推進などが提示されている。今後，ASEAN 域内だけではなく，日本，中国，インド，米国など ASEAN を取り巻く域外の経済環境が大きく変化する状況の中で，2015 年以降における AEC の議論が活発化するであろう。

4. 提言

　ASEAN 経済共同体（AEC）の設立は 2015 年末に迫った。ASEAN における地域経済統合へ向けての動きが，域内における財貿易の自由化を目指した ASEAN 自由貿易地域（AFTA）という枠組みの形成で 1990 年代初めに開始

10　ASEAN 事務局。
　http://www.asean.org/images/pdf/2014_upload/Nay%20Pyi%20Taw%20Declaration%20on%20the%20ASEAN%20Communitys%20Post%202015%20Vision%20w.annex.pdf

されてから20数年経過した。それまでに実施されたASEAN地域レベルの経済協力プログラムの多くが失敗に終わっていたことから，AFTAも枠組みは出来たものの，目標である域内関税率の削減・撤廃は実現できないのではないかという悲観的な見方が多かった。

しかしながら，大方の予想に反してAFTAによる関税削減・撤廃は当初の計画を前倒しして達成されただけではなく，財だけではなく，サービス，投資，熟練労働者などの域内移動の自由化を進める枠組みが構築されてきた。その集大成となるのがAEC設立である。

本書では，AEC設立へ向けて進められている政策・措置の実施状況を検討すると共に財，サービス，投資，熟練労働者，非熟練労働者（AECの項目には含まれていない）などについての域内での移動状況を分析することで，ASEANの地域経済統合の進展度を検証した。検証結果としては，財，サービス，投資，熟練労働者，非熟練労働者の域内移動は大きく拡大していることが明らかにされたが，AEC設立に向けて作成されたAECブループリントに含まれて措置が実施されていないことなどにより，域内移動が十分には進んでいないケースもあることも判明した。このような検証結果を踏まえて，以下，ASEAN諸国，日本政府，日本企業に対する提言をまとめた。

ASEAN諸国に対しては，AECを完成させ，目標である市場統合を実現するには，AECブループリントに含まれている実施すべき事項を着実かつ迅速に実施することを提言する。とくに重要な事項としては，非関税障壁の撤廃，貿易円滑化の推進，サービス貿易および投資の自由化・円滑化，熟練労働者の移動の自由化，輸送インフラの整備が挙げられる。

具体的な対応としては，ブループリントの実施状況について，現在ではASEAN全体についてのみ公表しているが，分野別，国別の実施状況を公表することが重要である。また，2015年以降のAEC推進の指針となるAEC Post2015 Visionおよび新ブループリントを早急に策定し公表する必要がある。実効性のある行動計画の作成が重要であるが，その作業の過程では，日本など外国の産業界を含めた民間部門の要望を取り入れると共に，アジア開発銀行（ADB）や東アジア・ASEAN経済研究センター（ERIA）などの国際機関との意見・情報交換などの協力関係を構築し，活用すべきである。

現在，ブループリントの項目には含まれていないが，市場統合を実現するためには，非熟練労働を含んだ良質な労働力の確保，すなわち健全な労働市場の設立が必要であることから，現在議論されている移民労働者の権利の保護と促進について，法的拘束力を持つ協定を策定し発効させる必要がある。

日本政府に対する提言としては，ASEANの生産基地および市場としての重要性のみならず地政学上の重要性を鑑みて，ASEAN経済の発展・成長に貢献するAEC創設に対して，既に行われているさまざまな形の協力を強化しなければならない。具体的には，本書で検討された輸送インフラの整備や人材育成への協力が重要である。また，日本政府はASEANで大規模かつ活発に活動している日本企業の要望がASEAN事務局やASEAN諸国政府に効果的に伝えられ，それらが政策に反映されるように働きかけることが期待される。具体的な措置としては，AECのサービス貿易や投資の自由化による恩恵を享受できるASEAN企業の中に在ASEAN日系企業が含まれるのか否かを明らかにするようにASEANに要求することや，新ブループリントの作成過程において日本企業の要望を受け入れるように要求することなどが挙げられる。

日本企業に対しては，ASEANでの経営戦略について提言する。AEC創設によりASEANの生産基地だけではなく，市場としての魅力も増大することから，競争力のある外国企業だけではなく力をつけてきたASEAN地場企業との競争が激化することが予想させる。そのような厳しい競争環境において効果的に行動するには，AECの下での新しいルールを熟知する必要がある。そのためには，ジェトロのような日本の政府機関，民間の金融機関やコンサルティング会社等との交流を通して最新情報を入手し，経営に的確に反映させることが有益である。他方，日本企業は日本政府や現地政府に対して，独自にあるいは商工会議所や業界団体などを通して，ビジネス環境の改善などの要望を積極的に伝えるよう努力しなければならない。また，日本企業はさまざまな面で現地化を進めることが重要である。例えば，ASEANのビジネス事情などについて精通しているASEAN地場企業と協力関係を結ぶことにより，ASEANでの成功の可能性が増大するであろう。人材の現地化を進めることは，少子高齢化によって日本での人材の確保が難しくなっている日本企業にとってメリットをもたらす。さらに，現地人従業員に昇進の機会が与えられれば，優秀な現

地人従業員を確保することが可能となり，現地法人だけではなく日本本社の効率的経営に大いに貢献する。

参考文献

清水一史（2013）「世界経済とASEAN経済統合」石川幸一・清水一史・助川成也『ASEAN経済共同体と日本』文眞堂
日本経済研究センター（2013）『ASEAN経済と中所得国の罠』
山影進編（2011）『新しいASEAN－地域共同体とアジアの中心性を目指して』アジア経済研究所
Asian Development Bank （2014）*Asian Development Outlook 2014 Update*, October
International Monetary Fund（2014）*World Economic Outlook: Legacies, Clouds, Uncertainties*, October
World Bank（2014）*East Asia and Pacific Update*, October

（浦田　秀次郎）

第 1 章

ASEAN 経済共同体構築の進捗状況と課題
―― 関税撤廃は順調，非関税障壁は進まず

1. はじめに

　2015 年末の ASEAN 経済共同体（AEC）創設まで余すところ半年となった。AEC 創設のために 2007 年に AEC ブループリントが採択され，ブループリントにしたがって措置（施策）が実施されている。実施状況は 2011 年までスコアカードで公表されてきたが，その後詳細な発表は行われず，2014 年 8 月の経済大臣会議（AEM）で優先主要措置の 82.1％が実施されたと発表された。ただし，内訳は明らかにされていない。本章では，ASEAN の公式文書をベースにその他の資料も使用してブループリントの実施状況を確認した。ブループリントの 4 つの目標の中で最も重要な「単一の市場と生産基地」を対象とし，その他の分野では市場統合に密接に係る輸送を取り上げた。「競争力のある経済地域」「公平な経済発展」「グローバルな経済への統合」については，本章末に添付した一覧表を参照いただきたい。第 2 節では，AEC の経緯と背景，目的と特徴，ブループリント，連結性マスタープラン，スコアカードなど AEC についての基礎的な事項をまとめている。第 3 節では，物品の貿易自由化および貿易円滑化を検討している。第 4 節はサービス貿易自由化，第 5 節は投資自由化，第 6 節は熟練労働者の移動の自由化，第 7 節は輸送分野の措置の進展状況を検討している。

2. ASEAN経済共同体とブループリントの進捗評価

2.1 ASEAN経済共同体とは

　ASEANは創設30周年の1997年に「ASEANビジョン2020」を発表,「外向きで平和と安定,繁栄のうちに生存し,ダイナミックな発展における連携と思いやりのある社会の共同体に結合された東南アジアの国々の協調」という将来ビジョンを示した。「ASEANビジョン2020」には,① 安全保障協力,② 経済協力,③ 社会文化協力という3つの柱がある。この3本柱は2003年のASEAN第2協和宣言で「安全保障共同体,経済共同体,社会文化共同体」という3つの共同体から構成されるASEAN共同体構想（2020年）という政策目標として具体化された[1]。

　第2協和宣言では,AECによりASEANは「単一の市場と生産基地（a single market and production base）」となり,「多様性をグローバルなサプライ・チェーンのダイナミックで強力な一部とする機会に転化する」としている。ここには,「ASEANの経済統合はASEAN以外の各国地域に開放され,市場統合だけでなく生産面の連携を形成する」ことが示されている。

　ASEAN経済共同体は,2002年の首脳会議でシンガポールのゴー・チョクトン首相（当時）が提案した。ゴー首相は,ASEANが外資の投資先としての魅力を失い,台頭する中国やインドの中で埋没してしまうことを懸念していた。そのため,ASEANは「経済統合に真剣に取り組み,統合の明確な目標と計画を持っている」ことを投資家に理解してもらわねばならないと考え,経済共同体を提案した。このことは,AECが2002年に当初の目標（関税の0-5%への削減）をほぼ実現したAFTAの次の段階の地域統合であることと外資誘致が大きな目標であることを示している。ドイツとフランスの数次に渡る戦争の災禍を経験した欧州の経済統合は「戦争の防止」という理念が原点になっているのに対し,ASEANの経済統合は外資誘致による経済発展を目標としてい

---

[1] 安全保障共同体は政治安全保障共同体に改称された。

るのが大きな違いである。

2.2 AECブループリントの概要

2007年にAECの創設時期を2015年に前倒しするとともにAEC創設のマスタープランであるAECブループリントが発表された。AECブループリントは，戦略目標を明示し各分野の2015年までの行動計画を集大成したものである。

AECブループリントによると，AECの4大戦略目標は，① 単一の市場と生産基地（市場統合），② 競争力のある地域（輸送・エネルギーインフラ整備，競争政策など），③ 公平な経済発展（格差是正と中小企業），④ グローバルな経済への統合（域外とのFTA）だ（図表1-1）。実施スケジュールは，2008年から2015年を対象とし，2年ごとの4つのフェーズに時期区分されている。

最も重要な目標は，「単一の市場と生産基地（市場統合）」であり，AECは「物品，サービス，投資，熟練労働者の自由な移動，資本のより自由な移動」の実現を目指している。つまり，貿易，サービス貿易，投資などの自由化である。物品，サービス，資本，人の移動が自由化される経済統合は「共同市場」と呼ばれる。共同市場が実現しているのは世界でもEUなど極めて少ない。

図表1-1　ASEAN経済共同体（AEC）ブループリントの戦略目標とその内容

	（コア・エレメント）
1. 序文	
2. 経済共同体の特徴と構成要素	
A. 単一の市場と生産基地	① 物品の自由な移動，② サービスの自由な移動，③ 投資の自由な移動，④ 資本のより自由な移動，⑤ 熟練労働者の自由な移動，⑥ 優先統合分野，⑦ 食料・農業・林業
B. 競争力のある経済地域	① 競争政策，② 消費者保護，③ 知的所有権，④ インフラ開発，⑤ 税制，⑥ 電子商取引
C. 公平な経済発展	① 中小企業，② ASEAN統合イニシアチブ
D. グローバル経済への統合	① 対外経済関係，② グローバル・サプライ・ネットワークへの参加
3. 実施 　戦略的スケジュール	実施メカニズム，資源，コミュニケーション，見直し

資料：AECブループリントにより作成。

AECが実現するのは「共同市場」ではなく，制約や制限付きの自由な移動である。例えば，人の自由な移動は熟練労働者に制限されている。物品の貿易，サービス貿易なども制限や制約が残されている。AECの統合のレベルと範囲はEUよりも低く限定されており，日本が締結しているEPA（経済連携協定）に近い（図表1-2）。

EUとは，統合の基本的な考え方が大きく違っている。EUは共通通貨ユーロを導入（18カ国）している。これは，マルクやフランなど自国の通貨を発行する通貨発行権という重要な国家主権をEUに移譲しているためだ。EUでは市場統合についてはEUの法律や規定が各国の法律に優先するなど各国が国家主権を欧州委員会に移譲している。

一方，ASEANは内政不干渉を基本原則としており，国家主権の移譲は全く

図表1-2 ASEAN経済共同体（AEC）と他の地域統合の目標の比較

	EU	AEC	EPA
関税撤廃	○	○	○
対外共通関税	○	×	×
非関税障壁撤廃	○	○（*）	△
サービス貿易自由化	○	○（*）	△
規格・標準の調和	○	△	△
人の移動の自由化	○	△	△
貿易円滑化	○	○	○
投資の移動	○	○	○
資本の移動	○	△	△
政府調達の自由化	○	×	△
知的所有権の保護	○	△	○
競争政策	○	△	△
協力	○	○	○
共通通貨	○	×	×

注：○は実現の可能性が高い，△は対象としているが内容は不十分，×は実現しない，あるいは，対象としていないことを示している。（*）は目標となっているが完全な実現は難しいことを示す。ただし，厳密なものではない。
資料：執筆者が作成。

行われていない。このことは経済統合を遅らせる原因になっている。なぜなら，ASEAN で決定した AEC 実現への措置を実行するのは各国だからだ。自由化に対する反対や抵抗があり，カンボジア，ラオス，ミャンマー（CLM）など後発国では行政能力面で制約がある。そのため，ASEAN では経済統合は時間をかけて無理せずに進めてきている。ASEAN 方式が誤りではなかったことは，当初は酷評されていた AFTA が，今は ASEAN6 では自由化率が 99% を超える世界でも質の高い FTA となっていることが示している。

2.3 ASEAN 連結性マスタープラン

AEC の対象分野は EPA よりもはるかに広く，格差是正，輸送・エネルギー分野の統合・協力，域外との FTA 締結などを目標としている。とくに，重要なのは輸送面の協力である。ASEAN は陸の ASEAN と海の ASEAN に分けられる。陸の ASEAN はハブとなるタイ以外は，CLM など貧しく工業化も進んでいない国が多い。これらの国は永年戦争や内戦に苦しんできた歴史を持ち，道路・鉄道など輸送インフラ整備が依然として遅れている。海の ASEAN では，インドネシアやフィリピンなど島嶼国を中心に港湾などの整備などが必要である。関税を撤廃しても輸送インフラが整備されなければ円滑な物品の移動は実現しない。

輸送の統合・協力などについては，2010 年に ASEAN 連結性マスタープラン（MPAC）が発表されている。MPAC は，① 物的連結性，② 制度的連結性，③ 人と人の連結性の 3 つの連結性を掲げ，19 のプロジェクトを提示している。

物的連結性はハード・インフラの建設・整備である。陸上交通については，ASEAN 高速道路網とシンガポール昆明鉄道が 2 大プロジェクトである。道路，鉄道ともラオス，ミャンマー，カンボジアの未接続部分の建設や補修が課題となっており，目標の実現は 2020 年となっている。制度的連結性は，ソフト・インフラの整備を行うものであり，タイからラオスを経由してベトナムに陸送を行うなど複数の国境を超えてスムーズに貨物輸送を行う越境交通の円滑化を目標としている。円滑な越境交通の実現のためには越境道路と越境地点，運送車両の種類と台数，トランジット通関など多くの事項と手続きなどを関連

図表1-3　ASEAN連結性マスタープラン（MPAC）プロジェクト

【物的連結性】 ① ASEAN高速道路ネットワーク（AHN）の完成，② シンガポール昆明鉄道（SKRL）の完成，③ 効率的で統合された内陸水運，④ 統合され効率的で競争力のある海運システム，⑤ ASEANを東アジアの輸送のハブとする統合され継ぎ目のないマルチモダル輸送システム，⑥ ICTインフラとサービスの開発促進，⑦ エネルギーインフラプロジェクトの制度的課題の解決
【制度的連結性】 ① 輸送円滑化3枠組み協定の全面的実施，② 国家間旅客陸送円滑化イニシアチブの実施，③ ASEAN単一航空市場，④ ASEAN単一海運市場，⑤ 商品貿易障壁の除去による物品の自由な移動の加速，⑥ 効率的で競争力のある物流セクター，⑦ 貿易円滑化の大幅改善，⑧ 国境管理能力向上，⑨ 公平な投資ルールによるASEAN内外からの外国投資への開放促進，⑩ 遅れた地域の制度的能力強化と地域・局地の政策協調
【人的連結性】 ① ASEAN域内の社会経済的理解の深化，② ASEAN域内の人の移動促進

出所：ASEAN Secretariat (2011), Master Plan on ASEAN Connectivity (MPAC).

する国の間で決めねばならない。そのための協定が，輸送円滑化に関する3つの枠組み協定，「通過貨物円滑化枠組み協定」，「複合一貫輸送枠組み協定」，「国家間輸送円滑化枠組み協定」である。これらの協定の締結と国内批准が目標となっている。

2.4　優先主要措置の82.1%を実施

ASEANは，ブループリントの実行状況を示すスコアカードを公表してきた。スコアカードは2008年から11年までの前半4年分が2012年に発表されており，全体で67.5%となっていた。その後，詳細なスコアカードは発表されず，2013年10月の第23回首脳会議の議長声明で79.7%という全体の数字が発表されていた。79.7%という評価の対象時期は福永（2014）によると，2013年10月までと推察される[2]。本来であれば，フェーズ3（2012-13年）のスコアカードが2014年の前半に公表されるはずであったが，発表は行われなかった。2014年8月の第46回経済大臣会議（AEM）で，2013年末までに実施予定の229の優先主要措置（prioritised key deliverables）の82.1%を実施し

---

[2] 福永（2015）。本論文はスコアカードを中心にAEC進捗状況に関する問題を詳細に検討している。

たと報告している。第4フェーズ（2014-15年）については，52措置が実施されていると報告している[3]。その後，2015年4月にマレーシアで開催された第26回ASEAN首脳会議の議長声明で，「2008-15年に実施すべき優先主要措置506措置の中458措置を実施し，実施率90.5％」と発表された[4]。

3. 物品の自由な移動

3.1 関税撤廃

　関税撤廃はAECの最大の成果である。ブループリントの計画通り，ASEAN6は2010年に関税を撤廃し，CLMVは2015年（関税品目表の7％の品目は2018年に撤廃）に撤廃する見通しである[5]。2012年5月時点でのASEAN6の関税撤廃率は99.1％，CLMVは67.6％である。カンボジアの関税撤廃が遅れているが，58.2％が5％以下となっている。CLMVでは28.9％の品目が関税率5％以下（2013年2月）となっており，予定通り関税撤廃は実現すると考えられる。ASEAN6の単純平均CEPT関税率は2000年の4％台から2012年には0.05％（シンガポールを除いても0.06％）に削減された。CLMVも同様に7.3％から2.5％に低下している。ASEAN全体で関税が撤廃される2018年には，ASEANは世界でも自由化率の極めて高い自由貿易地域を実現していることになる[6]。

　ASEAN各国の関税率（単純平均MFN税率）は，シンガポールとブルネイは低いものの，タイ，カンボジア，ベトナムは10％前後と比較的高い。ラオスはWTO譲許税率であるが，18.8％と相当高いレベルである。農産品の関税率は，タイの21.8％を筆頭にシンガポール，ブルネイを除いて高くなってい

---

[3] 従来のスコアカードと評価方法を変更し，主要な優先措置を分母としている。
[4] 第26回ASEAN首脳会議議長声明。
[5] 助川成也氏によると，2018年まで自由化を延期する品目は，カンボジアが663品目（6.94％），ラオスが669品目（6.99％），ミャンマーが645品目（6.75％），ベトナムが669品目（6.99％）となっている。
[6] 日本のFTAの自由化率は，85％から89％程度であり，99％を超える自由化率は極めて高いレベルである。

図表 1-4 関税撤廃状況（2012 年 5 月） （単位：％）

	0%品目	0%超品目	その他
ブルネイ	99.07	0.00	0.93
インドネシア	98.72	0.18	1.10
マレーシア	98.69	0.54	0.78
フィリピン	98.63	1.06	0.31
シンガポール	100.00	0.00	0.00
タイ	99.84	0.16	0.00
ASEAN6	99.11	0.35	0.54
カンボジア	40.29	59.71	0.00
ラオス	78.87	21.13	0.00
ミャンマー	79.42	19.87	0.71
ベトナム	71.75	26.22	2.04
CLMV	67.58	31.73	0.69
ASEAN	87.24	12.17	0.60

出所：ASEAN Secretariat.

る。品目別に見ると，飲料・タバコが共通して高く，工業品では衣類と輸送機器に高い関税率が残っている。したがって，AFTA の利用価値は国により差はあるが，依然として大きい。

3.2　非関税障壁撤廃

　非関税障壁撤廃は 1990 年代から取り組みが行われてきたが，ほとんど進展がみられない。ブループリントによると，非関税障壁（NTB）は，ASEAN5 は 2010 年，フィリピンは 2012 年，CLMV は 2015 年（若干のセンシティブ品目は 2016 年）に撤廃の予定であり，ATIGA（ASEAN 物品貿易協定）でもほぼ同様な規定となっていた。しかし，実際は全く進展しなかったため，2010 年の ASEAN 連結性マスタープラン（MPAC）で，① 最新の国際分類によりデータベースを更新，② 数量制限のガイドラインを 2014 年までに作成，③ 2014 年までに撤廃，という行動計画を示している。撤廃どころか，新たな措置を導入しないというブループリントの規定に反してインドネシアなど非関税障壁を新たに導入している国もある[7]。

ビエンチャン行動計画（2004年）で作成が決まっていた非関税措置（NTM）のデータベースは2004年以降，作成，公表されている。2007年のデータベース，2009年のデータベースとも10カ国の措置を合計すると対象となる品目数は5700を超えている。このデータベースは各国の通知によるもので UNCTAD 分類を採用している。2010年のデータベースによると，措置では非自動ライセンスと技術的要求（基準・規格）が非関税措置の31.8％を占め，次に輸入禁止が21.8％となっている。製品別には化学製品が全体の20.9％，電気機械が17.9％，食品が12.2％となっている[8]。このデータベースは非関税措置と非関税障壁を区別する明確な定義がなく，各国の自己申告に任せている。そのため，① WTO に整合的な措置も含まれている，② 国により分類方法や計算方法が異なっている，③ フィリピンでは政府の輸入はフィリピン船籍の船の利用が義務付けられているがデータベースに含まれていない，など多くの問題がある[9]。

国際データベースを使った分析では，外国製品に差別的な非関税障壁となっている国境措置と影響を受ける品目数（タリフライン）は，インドネシアが48措置388品目，ベトナムが15措置927品目などとなっている[10]。

非関税障壁の撤廃には，各国の自主性に任せるのではなく，実際に貿易の障害となっている措置を特定し，具体的に撤廃に向けて ASEAN と関係国が交渉を行うことが必要である。日本企業の見解については，ジェトロが2014年に ASEAN 日本人商工会議所連合会（FJCCIA）と共同で行った ASEAN の非関税障壁調査（有効回答188社）が参考になる。同調査の対象とした NTB は，原産地証明，政府調達，知的財産権などを含めるなど幅広いものであるが，結果は「障害ではない」「ほとんど障害ではない」という回答が多い。その中で，「非常に障害」「かなり障害」という回答が比較的多かったのは，貿易の技術的障害（9％），船積み前検査およびその他の手続き（5.9％），輸入禁止および数量規制（4.1％）である。「多少障害」という回答を加えると，「船積

---

[7] ブループリントでは，非関税障壁について，スタンドスティル（現状より障壁を増加させない），ロールバック（自由化の後退をしない）を規定している。
[8] ASEAN Integration Monitoring Office, World Bank (2013) pp.13-14.
[9] 石川 (2008), Myria S. Austria (2013).
[10] Myria S. Austria (2013), ibid.

み前検査およびその他の手続き」は 21.8%,「原産地証明」は 19.4%,「貿易の技術的障害」は 18.4% と 2 割前後に達する。

　また，米国の通商代表部（USTR）の外国貿易障壁報告書 2014 年版によると，ASEAN 各国には，① 輸入許可制度（とくに非自動輸入許可），② 数量制限，③ 関税割当，④ 輸入禁止，⑤ 税制での輸入品の差別などの非関税障壁がある[11]。とくに，インドネシアが多くの非関税障壁を維持している。

　従来の取り組みが効果をあげていないため，2013 年の経済相大臣会議では，① UNCTAD 新分類でデータベースを整理，② 各国で NTM に対処する関係省庁横断機関を設置，③ 実際に発生した事例をマトリックス（Matrix of Actual Cases on NTM/NTBs）として 2 国間あるいは多国間で協議する，という新たな取り組みを開始した。事例マトリックスは，2013 年 11 月時点で 68 ケースが取り上げられている。内容は SPS（ハラルを含む），TBT，輸入許可取得，輸入制限などである。

　NTM/NTB の多くは，多くの産業界の利害と関連する国内措置であり，また，WTO の規定でも合法的なものも少なくなく，先進国でも対応が難しい。データベースを改善するとともに EU が日 EUFTA で日本政府に要求しているように企業がビジネスで直面する具体的障害を非関税障壁として関係国間および ASEAN で削減・撤廃に向けて交渉することと相互承認（MRA）を段階的に導入・実施していくことが必要である。

3.3　貿易円滑化（ASW など）

(1)　改善進む原産地規則

　原産地規則は，2008 年から関税番号変更基準の採用により付加価値基準との選択制となり，2014 年より原産地証明への FOB 価額記載の取りやめ（付加価値基準以外[12]）など日系企業の要望に応じて「使い勝手の良い」規則への改善が進んでいる。

11　USTR（2014）"2014 National Trade Estimate Report on Foreign trade Barriers".
12　完全生産基準，関税番号変更基準，加工工程基準で FOB 価額が不記載となった。なお，ASEAN+1FTA では，ASEAN 日本（14 年 10 月より），ASEAN 韓国，ASEAN 豪州 NZ が不記載となっている。

原産地証明については，第3者証明に加えて自己証明制度の導入に取り組んでいる。2010年からシンガポール，マレーシア，ブルネイで「(第1)認定輸出者（certified exporter）自己証明制度」のパイロットプロジェクトを開始し，タイは2011年に参加し，カンボジアとミャンマーが2014年8月の経済大臣会議（AEM）で参加を表明した。2012年にインドネシア，フィリピン，ラオスが利用制限の強い「(第2)認定輸出者自己証明制度」のパイロットプロジェクトを開始，2014年8月のAEMでタイ，ベトナムも参加を表明した[13]。2015年に2つの自己証明制度を統一する計画である。第1パイロットプロジェクトには302社，第2プロジェクトには14社の認定輸出者が参加している。ASEANの自己証明制度は，原産性審査・認定は第3者（政府）が行うことになっている。自己証明制度により，フォームD取得が不要となりコストおよび時間の両面で企業の負担が減少する。AFTAおよび域外とのFTAの原産地規則の運用・手続き面では，依然として①関税番号の不一致，②原産地証明の発給に時間がかかる（マレーシアで4日），③原産地証明の記載可能字数制限（タイは300文字に制限）などさまざまな問題が指摘されている[14]。

(2) 税関円滑化

　税関業務円滑化（到着前検査制度，ASEAN通関申告書（ACDD），ASEAN税関貨物通過制度，ASEAN統一関税分類（AHTN）の採用など）は進展しているとしている。ただし，①ACDDはマレーシアでは導入されていない，②関税番号が国により違う，③事前教示制度が実務的には利用できない，④通関手続きの電子化（EDI）によるペーパーレス化が不十分，などASEANレベルで制度としてできていても税関の現場では実施されていない事例が多い[15]。ブループリントで創設を目標としているASEAN税関貨物通過制度（ASEAN Customs Transit System）については，2014年8月のAEMでマレーシア，タイ，シンガポール間で実施中のパイロットプロジェクトの準備の進展を評価

---

[13] 第2プロジェクトは，①生産者のみ，②リインボイスは不可，③予め品目リストとHS番号を登録するなどの要件がある。
[14] 助川（2014）。
[15] 助川（2014）。

し通過貨物円滑化協定の第2議定書（国境交易所・事務所の指定）のテキスト作成と第7議定書（トランジット通関）の調印の加速を促した。これは，第3国（陸路）経由輸送において，2回の越境時の手続き書類の統一により簡素化・円滑化を図ることが狙いであり，輸送中の貨物が経由国内に残存するリスクへの対応が課題となっている。

(3) ASEAN シングル・ウィンドウ（ASW）

ASEAN シングル・ウィンドウ（ASW）は，通関手続きを電子化し，1回の入力・送信で関係機関への申請・届け出を可能にする各国のナショナル・シングル・ウィンドウ（NSW）を実現し，NSW を相互接続しデータの交換・共有を行い，税関手続きの簡素化，円滑化を実現するシステムであり，2005年に ASW 設立協定が締結されている。ブループリントでは ASEAN6 は 2008年，CLMV は 2012 年までにナショナル・シングル・ウィンドウ（NSW）を実施と計画されているが，実現は遅れている。NSW はシンガポールが最も先行して稼動させていたが，その他の国の ASEAN5 も 2009 年以降稼動させ，ベトナムは 2014 年稼動の予定である[16]。カンボジア，ラオス，ミャンマーは NSW の構築を始めた段階である。カンボジアとラオスは，世銀の支援により，UNCTAD が開発した税関システム ASYCUDA が稼動している。カンボジアは ASYCUDA を NSW とする方向，ラオスは別途構築するといわれているが，詳細は不明である[17]。現在の計画では，CLM を除く 7 カ国が ASW パイロットプロジェクト参加を決定。2015 年までに選定された港で実施することになっている。2014 年 AEM では，ATIGA のフォーム D と ASEAN 税関申告書の交換についての 7 カ国の連結テストの成功など ASW の実施に向けた進展が報告されるとともに，必要とされる通関関係文書全体を対象とする全面運用テストおよび評価を行うことと，ASW 実施の法的な枠組みについての議定書の完成を促した。

---

[16] 日本貿易関係手続簡素化協会（2013）73 ページ。
[17] 日本貿易関係手続簡素化協会（2013）56-62 ページ。

図表1-5　ナショナル・シングル・ウィンドウの構築状況

国	稼動年と参加政府機関数	国	稼動年と参加政府機関数
シンガポール	1989年開始，07年海外との連携が可能となる。100%電子化しており年900万件処理，35政府機関	インドネシア	2010年稼動，14政府機関参加，15年までに17機関
マレーシア	2009年開始，12年機能強化，30政府機関，15年までに50機関参加	フィリピン	2009年稼動，38政府機関，15年までに50機関，15年までにすべての港湾や飛行場が対象
タイ	2008年前身が稼動，11年NSWとなる，26政府機関参加	ベトナム	2014年稼動予定，11政府機関参加

資料：日本貿易関係手続簡素化協会（2013）「アセアン・シングルウインドウ（ASW）構築計画に関する調査報告書」およびASEAN Integration Monitoring Office, World Bank (2013), "ASEAN Integration Monitoring Report" により作成。

(4) 基準・適合性評価

ブループリントでは，化粧品統一指令（ACD），医療機器指令協定，電気電子機器，薬品製造検査の優良製造プラクティス（GMP），調整食品，自動車の相互承認協定（MRA），伝統的医薬品と健康サプリメントの規制枠組み協定などを計画している。ACDの国内法制化，電気電子機器のMRA（ASEAN EEMRA）の実施，薬品製造検査のGMPのMRA策定などは既に実施されている。伝統的薬品と健康サプリメントの規制枠組み協定は2013年中に策定し，15年末までに国内法制化の予定である。

2014年のAEMでは，ASEAN基準品質協議委員会（ASEAN Consultative Committee on Standards and Quality: ACCSQ）による貿易の技術的障害の除去を評価し，医療機器の基準を調和させるシステムであるASEAN医療機器指令（ASEAN Medical Device Directive）の完成を評価した。さらに，ASEAN調和電子電気規制レジーム（AHEEER）の各国法制への落とし込み，自動車，調整食品，建築材料のMRAの交渉促進，伝統的薬品と健康サプリメントの技術要件の調和の実現を要請した。

4. サービス貿易

4.1 越境サービス貿易
(1) 自由化目標とスケジュール

　1995年に調印されたASEANサービス枠組み協定（AFAS）により，1996年の第1パッケージからポジティブリスト方式で交渉を開始した。交渉方式は何度か変更されたが，2008年の第7パッケージからAECブループリントに従い交渉している。ブループリントは，サービス貿易自由化を次のように計画している（図表1-6）。①モード1（サービスの越境）とモード2（消費者の越境）は善意による規制を除き自由化，②モード3（商業拠点の越境）は外資出資比率70％（以上）とする，③モード4（供給者の越境）は限定された自由化，となっている。なお，全般的な柔軟性として15％の自由化例外を認める。この15％柔軟性条項は，①サブセクターを完全に例外とすること，②サブセクターの一部を例外とする「柔軟性」を認める，規定である。例外となったサブセクターは，①次のラウンドで自由化を約束する，②自由化合意をしたが約束できないサブセクターを，合意されたサブセクター以外のサブセクターで代替できる，③ASEAN-X方式で自由化する，ことになっている。

　自由化のスケジュールは，①優先統合4分野（空運，e-ASEAN，ヘルスケア，観光）は2010年までに，優先統合の第5分野であるロジスティックスは

図表1-6　サービス貿易の自由化目標

モード1（サービスの越境）	すべての制限を撤廃（善意による規制を除く）
モード2（サービス消費者の越境）	すべての制限を撤廃（善意による規制を除く）
モード3（商業拠点の越境）	外資出資比率70％を許容，マーケットアクセス制限を段階的に撤廃
モード4（サービス供給者の越境）	合意したパラメーターに従い内国民待遇の制限を撤廃

　注：善意による規制は，公共の安全などの目的で取られる措置で全加盟国の合意が条件であり，ケースバイケースで決められる。

図表1-7 サービス貿易自由化交渉の目標

	第7パッケージ		第8パッケージ		第9パッケージ		第10パッケージ	
目標交渉期限	2008年 AEM		2012年 AEM		2013年 AEM		2015年 AEM	
累計自由化分野数	65		80		104		128	
第3モード	分野数	外資出資比率	分野数	外資出資比率	分野数	外資出資比率	分野数	外資出資比率
優先統合分野	29	51%	29	70%	29	70%	29	70%
ロジスティクス	9	49%	9	51%	9	70%	9	70%
その他	27	49%	42	51%	66	51%	90	70%

注：金融サービスと航空サービスを除いた128分野が対象。
出所：ASEAN事務局資料。

2013年までに実質的に自由化，その他の分野は2015年までに自由化[18]，②第3モードの外資出資比率：優先統合4分野は2008年51%，2010年70%，ロジスティクス2008年49%，2010年51%，2010年70%，その他2008年49%，2010年51%，2015年70%，③08年に第7パッケージ，10-12年に第8パッケージ，13年に第9パッケージ，15年に第10パッケージを交渉，である。

(2) 第9パッケージの自由化約束に合意

第8パッケージは2012年末までに全加盟国が自由化約束に合意している。2014年 AEM では，AFAS 第9パッケージの完成に向けた進展を歓迎したとしているが，合意・署名したとは書かれておらず，約束表も発表されていない。ジェトロバンコクセンターがタイ商務省貿易交渉局に照会したところ，8月25日にフィリピンを除く9カ国が交渉完了に合意し署名を行ったことが確認された[19]。タイ商務省のプレスリリースでも，第9パッケージの署名とタイが第8パッケージまでに2012年に開放した81分野に加え，新たに25分野を開放したとしている。

AFAS は，WTO での自由化約束以上の自由化（GATS プラス）を目指し

---

18 空運自由化は，交通大臣会議で取り扱う。
19 ジェトロ「通商弘報」2014年9月2日付け。

ている。伊藤・石戸（2013）により Hoekman 指数による GATS の自由化約束と AFAS の自由化約束の比較をみると，依然として規制は多いものの GATS プラスの自由化は緩やかながら進展していることがわかる（図表 1-8）。第 7 パッケージでは累計 65 分野の自由化が目標であり，目標を実現しても自由化率は 50％程度である。国別にみるとタイはサービス自由化が進んでいることが分かる。一方，GATS での自由化レベルが高いカンボジアは AFAS ではほとんど GATS プラスの自由化が行われていない。最終的には第 10 パッケージ終了後に判断する必要がある。また，助川（2013）は，各国はサービス貿易分類によるセクターを細分化しその一部を自由化した場合でも当該分野を自由化したとしているため実態的にかなり制限は残ると指摘している[20]。例えば，タイは「流通サービス」のサブセクターである「卸売りサービス」については，第 8 パッケージで外資 70％を容認したのは「医薬品の卸売りサービス」のみである。15％柔軟性条項もあり，サービス貿易の自由化は 2015 年時点でも限定されたものとなるであろう。

図表 1-8　GATS および AFAS の Hoekman 指数（2012 年時点）

	GATS	AFAS パッケージ 5	AFAS パッケージ 7
ブルネイ	0.03	0.15	0.18
インドネシア	0.06	0.21	0.35
マレーシア	0.10	0.22	0.31
フィリピン	0.09	0.20	0.29
シンガポール	0.11	0.24	0.36
タイ	0.24	0.26	0.46
カンボジア	0.37	0.38	0.38
ラオス		0.10	0.33
ミャンマー	0.03	0.21	0.33
ベトナム	0.27	0.27	0.33
ASEAN 平均	0.14	0.22	0.33

注：約束表 155 分野の 4 モードについて，「規制なし（None）」を 1 点，「約束をするが何らかの規制あり」を 0.5 点，「約束せず（Unbound）」を 0 点とし，それらを単純平均して算出している。完全自由化は 1 点，自由化が全く約束されていないと 0 点となる。

出所：伊藤恵子・石戸光（2013）「サービス貿易」，黒岩郁雄編著『東アジア統合の経済学』日本評論社，75 ページ。

20　助川（2013）。

AFAS の改訂作業を 2013 年に第 4 四半期に開始しており，2014 年 AEM では ASEAN サービス貿易協定 (ASEAN Trade in Service Agreement: ATISA) の進展に留意したとしている。

4.2 金融サービス

金融サービスの自由化は，2015 年と 2020 年の 2 段階で自由化を進めるとしており，2015 年完成ではない。ASEAN-X 方式で実施する。2015 年までの自由化分野は，保険，銀行，資本市場，その他の 4 分野で，各国別に自由化するセクターを特定している（図表 1-9）。銀行サービスで自由化を約束している

図表 1-9　金融サービスの 2015 年までの自由化分野

	事業分野	約束国
保険	① 元受生命保険	インドネシア，フィリピン
	② 元受非生命保険	ブルネイ，カンボジア，インドネシア，フィリピン，シンガポール，タイ
	③ 再保険・再々保険	ブルネイ，カンボジア，インドネシア，マレーシア，フィリピン，シンガポール，ベトナム
	④ 保険仲介	カンボジア，インドネシア，マレーシア，フィリピン，シンガポール，ベトナム
	⑤ 保険付随サービス	ブルネイ，カンボジア，インドネシア，マレーシア，フィリピン，シンガポール，ベトナム
銀行	① 預金および払い戻し可能資金受入れ	カンボジア，ラオス，ベトナム
	② 貸付	カンボジア，ラオス，ベトナム
	③ 金融リース	カンボジア，ラオス，ベトナム
	④ 支払い・送金サービス	カンボジア，ラオス，ベトナム
	⑤ 保証と融資約束	カンボジア，ラオス，ミャンマー，ベトナム
資本市場	① 自社勘定・顧客勘定による取引	ブルネイ，インドネシア，マレーシア，フィリピン，シンガポール，タイ
	② 証券発行への参加	インドネシア，フィリピン
その他	① 金融情報，データ，ソフトウェアの提供，加工	フィリピン，マレーシア
	② アドバイザリーサービス，仲介サービス，付随的金融サービス	フィリピン，シンガポール，タイ，ベトナム

出所：Sanchita Basu Das eds. (2013), "ASEAN Economic Community Scorecard Performance and Perception", ISEAS, pp.60-61.

のは，新規加盟国のみであり，ASEAN5 は 2015 年までの自由化約束を全くしていない。その他は 2020 年が目標である。

5. 投資

　ブループリントでは，ASEAN 投資地域枠組み協定（AIA）と投資保証協定（AIGA）を統合して ASEAN 包括的投資協定（ACIA）を制定するとしており，ACIA は 2009 年に調印，2012 年 3 月に発効した。留保表に従い「最小限の制限」を残して 2015 年に自由化する。2014 年 AEM では，ACIA 修正議定書に署名した。これは，留保表（ネガティブリスト）の留保分野の削減のための手続きを規定したものであり，自由化促進のための措置である。ACIA が対象とするのは，サービス業以外であり，サービス投資は AFAS で規定している[21]。ただし，製造業などに付随するサービスは ACIA の対象範囲である。ACIA は，投資前の内国民待遇，パフォーマンス要求の禁止，投資家と国の紛争解決（ISDS）などの規定を含む。自由化はネガティブリスト方式で実施する。また，AFTA と同様に互恵主義が採用されている[22]。AIA は 2020 年までにすべての投資家に対して内国民待遇と投資分野の開放を適用するとなっていたが，ACIA は利益の否認規定（第 19 条）があり，ASEAN 以外の投資家への ACIA の利益を供与しないとなっており，AIA とは異なった規定となっている。

　投資留保分野（Schedule to the ASEAN Comprehensive Investment Agreement）は，第 5 条「内国民待遇：NT」と第 8 条「経営幹部と取締役の国籍要求の禁止：SMBD」を適用しない分野・措置が国ごとに明示されている。土地取得や経営幹部の一定数の国籍要求など全分野に適用される措置（分野横断措置）と業種に分けられている。措置数はブルネイ 15（分野横断 13 と業種別 2），カンボジア 7（分野横断 3，業種別 4），インドネシア 22（分野横

---

[21] AFAS のモード 3 については，投資保護，投資家と国の紛争解決規定が適用される。自由化については AFAS が適用される。
[22] ACIA については，石川（2010）を参照。

断10, 業種別12), ラオス8 (分野横断3, 業種別5), マレーシア18 (分野横断11, 業種別7), ミャンマー11 (業種別11), フィリピン19 (分野横断12, 業種別7), シンガポール13 (分野横断7, 業種別6), タイ25 (分野横断9, 業種別16), ベトナム26 (分野横断10, 業種別16) となっている。国別詳細はASEAN事務局ホームページで確認できる。

6. 熟練労働者の移動

ブループリントでは2008年までに自由職業サービスの資格の相互承認取決め (MRA) を締結するとしている。専門家の資格のMRAは、エンジニアリングサービス (2005年), 看護サービス (2006年), 建築サービス (2007年), 測量サービス (2007年), 会計サービス (2009年), 医療サービス (2009年), 歯科医療サービス (2009年), 観光サービス (2012年) の8分野が調印済みである (図表1-10)。2014年AEMでは、現在のMRAに替わる会計サービスの新しいMRAがまとまったとしている。

8分野の中では、エンジニアリングと建築が比較的進展している[23]。エンジ

図表1-10 自由職業サービス資格の相互承認取決めの調印・発効状況

	調印	発効
エンジニアリングサービス	2005年12月9日	2005年12月9日
看護サービス	2006年12月8日	2006年12月8日
建築サービス	2007年11月19日	2007年11月19日
測量サービス	2007年11月19日	2008年12月19日
医療サービス	2009年2月26日	2009年8月26日
会計サービス	2009年2月26日	2009年8月26日
歯科医療サービス	2009年2月26日	2009年8月26日
観光サービス	2012年11月9日	未発効

出所：ASEAN事務局。

---

23 Deunden Nikomboriank and Supunnavadee Jitdumrong (2013).

ニアリングでは，ASEAN公認専門エンジニア調整委員会（ASEAN Chartered Professional Engineers Coordinating Committee：ACPECC）が設立されている。国内の試験に合格し免許を得たエンジニアは，各国の専門職規制担当局（Professional Regulatory Authority：PRA）傘下の登録外国人専門エンジニア（Registered Foreign Professional Engineer：RFPE）として各国で就労するためにASEAN公認専門エンジニア（ASEAN Chartered Professional Engineers：ACPEs）に申請する仕組みである。2012年時点でACPEsは，マレーシア149名，シンガポール183名，インドネシア99名，ベトナム9名の合計440名となっている。その他の各国はPRAが設立されていないなどの事情がある。ただし，ACPEs数は実際に他国で就労しているエンジニア数ではない。建築士についても同様な仕組みが作られており，PRAから国内免許を得た建築士はASEAN建築士登録制度（ASEAN Architect Register）によりASEAN建築士（ASEAN Architect）としてASEAN建築士審議会（ASEAN Architect Council：AAC）に登録する資格を得る。しかし，この資格を得たことにより自動的に各国で就労できるわけではない。国籍あるいは居住などが条件になっているからだ。外国人建築士は自国内に適格者がいない場合に限りプロジェクトベースで就労できることが多い。看護師については，タイで外国人看護師が働くためにはタイ語で国家資格試験に合格しなければならない。

ASEAN自然人の移動協定（AMNP）は2012年に締結されたが，まだ発効していない。貿易，投資従事者など熟練労働者が対象で非熟練労働者は対象外である。

2014年AEMの豪州・ニュージーランドとの経済大臣会合の報告の部分に，ASEAN資格参照枠組み（ASEAN Qualifications Reference Framework）が採択されたことを歓迎するとある。これは，教育面の資格についてASEAN共通の基準を作り各国の資格を整理し比較参照できるようにするもので，豪州・ニュージーランドとのFTA（AANZFTA）の教育協力作業計画の中で検討されてきたものである。

7. 輸送

7.1 輸送円滑化協定

　ASEAN 通過貨物円滑化枠組み協定（AFAFGIT），ASEAN 国家間輸送円滑化枠組み協定（AFAFIST），ASEAN 複合一貫輸送枠組み協定（AFAMT）の締結・発効が主な目標である。AFAFGIT は 9 議定書の 3 つ（越境交通路の指定，鉄道の国境駅・積替え駅，危険物）が未発効，2 つ（国境交易・事務所，トランジット通関）が未締結・未発効となっている（図表 1-11）。

　AFAFIST は批准が 3 カ国（タイ，ベトナム，ラオス）のみである。AFAMT は批准が 4 カ国（カンボジア，フィリピン，タイ，ベトナム）のみと遅れている。

　2014 年 AEM では，ASEAN 税関貨物通過制度（ASEAN Customs Transit System）パイロットプロジェクトの準備の進展を評価し，通過貨物円滑化に関する枠組み協定の第 2 議定書（国境交易所・事務所の指定）のテキスト作成と第 7 議定書（トランジット通関）の調印の加速を促した。第 3 国（陸路）経由輸送において，2 回の越境時の手続書類の統一により簡素化・円滑化を図ることが狙いであり，輸送中の貨物が経由国内に残存するリスクへの対応が課題である[24]。

7.2 陸上輸送

　陸上輸送では，ASEAN 高速道路ネットワーク（AHN）とシンガポール昆明鉄道（SKRL）が 2 大旗艦プロジェクトである。AHN はアジアハイウェイの ASEAN 域内部分の拡張であり，23 ルート，全長 3 万 4800 キロが決定されている[25]。現状では，ミッシングリンクと基準以下（クラス 3 以下）の道路が残存している[26]。ミッシングリンクはミャンマーの 227 キロ，クラス 3 以下は

---

[24] 福永佳史氏のご教示による。
[25] AHN および SKRL の概要は，春日尚雄（2013）「ASEAN 連結性の強化と交通・運輸分野の改善—ASEAN 経済共同体に向けた取組みの柱として—」石川・清水・助川（2013）所収を参照。

図表 1-11　輸送円滑化協定の調印・発効状況

AFAFGIT（通過貨物円滑化に関する枠組み協定） 　第 1 議定書（越境交通路の指定と施設） 　第 2 　（国境交易所・事務所） 　第 3 　（道路運送車両の種別と数） 　第 4 　（車両の技術的要件） 　第 5 　（強制車両保険） 　第 6 　（鉄道の国境駅・積替え駅） 　第 7 　（トランジット通関） 　第 8 　（衛生植物検疫）10 年発効 　第 9 　（危険物）	1998 年署名，2000 年発効 シンガポール，ミャンマー，マレーシアが未批准 未署名 2010 年発効 2010 年発効 2003 年発効 全加盟国未批准 未署名 2010 年発効 タイ，マレーシアが未批准
AFAMAT（マルチモード輸送に関する枠組み協定）	タイ，カンボジア，フィリピン，ベトナムの 4 カ国批准，国際マルチモード輸送実現に向けて国内法を整備。
AFAFIST（国際輸送円滑化に関する枠組み協定）	タイ，ラオス，ベトナムの 3 カ国批准：登録された運送業者に国家間輸送（外国の業者の自国での輸送）を認める

資料：ASEAN Secretariat（2011）MPAC およびその他資料により作成。

5300 キロとなっている。AHN では指定越境輸送路（Designated Transit Transportation Routes：TTR）を指定している（図表 1-12）。TTR は 2 万 1200 キロ，うちクラス 3 以下道路は 2069 キロであり，ミャンマー，フィリピン，ラオスにある。ASEAN 連結性マスタープランでは，①クラス 3 未満の道路のクラス 3 への格上げ，②すべての TTR に道路標識を設置（13 年），③交通量の多いクラス 2 と 3 の道路をクラス 1 に格上げ，などが掲げられている（20 年）。2013 年の資料によると，ミャンマーのクラス 3 以下の道路は 757 キロとなっており，上のクラスへの格上げは進展している[27]。日本企業の期待の

26　道路のクラス分類は次の通りである。

プライマリー	4 車線以上，設計速度 60-120 キロ／時，自動車専用道路
クラス 1	4 車線以上，設計速度 50-100 キロ／時
クラス 2	2 車線，設計速度 40-80 キロ／時
クラス 3	2 車線，設計速度 30-60 キロ／時

27　Ministry of Construction Public Works, "Status Paper on Development of Asian Highways in Myanmar", これはアジアハイウェイについての報告だが，ESCAP によると AHN と 2 路線を除き同一とのことである（春日尚雄氏による）。

大きいメーソートからミャワディを経てヤンゴンに至るルートは，ミャワディとパワン間の道路が極めて劣悪であり，一方通行制限区間があるなど問題が多い[28]。

シンガポール昆明鉄道（SKRL）は，1995年の第5回ASEAN首脳会議で提案され，完成は2015年が目標となっていた，1129キロのミッシングリンクと修復すべき路線が2940キロある。ASEAN連結性マスタープランでは，東線（タイーカンボジアーベトナムおよびラオスーベトナム支線）を西線（タイーミャンマー経由）より優先するとなっている。ミッシングリンクの建設および修復は，2020年目標に繰り延べとなっている。カンボジア国鉄の経営を委託されている豪州資本のToll Royal Railwayによると，ポイペトーシソポンは2013年着工予定となっている。現在，狭軌の単線軌道が敷設され保線用車両が通行しているとのことであり，修復が必要な旧ルートが残っているままと思われる[29]。東線，西線とは別の中線（中国ーラオスータイ）について

図表1-12　指定越境輸送路（TTR）

	TTR総キロ数	クラス3以下キロ数
ブルネイ	168	0
カンボジア	1,338	0
インドネシア	4,143	0
ラオス	2,170	391
マレーシア	2,242	0
ミャンマー	3,018	1,467
フィリピン	3,073	211.5
シンガポール	―	―
タイ	4,477	0
ベトナム	577	0
合計	21,206	2,069.5

出所：Nguen The Phuong (2013) Current State of ASEAN Infrastructure, In Sanchita Basu Das eds "Enhancing ASEAN'S Connectivity", ISEAS.

28　ジェトロ（2013）117-118ページおよび121-122ページ。
29　2014年に現地調査を行った春日尚雄氏および藤村学氏による。

は，AECの枠組みとは別に2010年7月に中国とラオス間の越境鉄道建設覚書が交わされ，2012年11月の温家宝首相のラオス訪問時に70億ドルの資金協力を約束した。ビエンチャンからボーテンを経て昆明に至る結高速鉄道計画である。タイとの間では，2013年10月の李克強首相のタイ訪問時に鉄道協力強化の覚書を結んだ。タイ軍事政権は，2014年7月にラオス国境のノンカイからレムチャバン港を結ぶ高速鉄道のフィージビリティ・スタディ（FS）実施を指示し，10月にバンコク経由に計画を修正している。中国－ラオス高速鉄道と接続すれば，雲南からバンコクまでが高速鉄道でつながることになる[30]。タイの高速鉄道建設決定がビエンチャン－昆明間の鉄道建設の条件となる。

7.3 海上輸送と航空輸送

単一海運市場（ASEAN Single Shipping Market：ASSM）の創設が目標である。MPACによると，①47指定港湾能力の向上，②島嶼部と大陸部を結ぶ効率的で信頼性の高い航路の創設，③国際航路，ASEAN域内航路，国内航路ともリンケージ強化，④RoRo船ネットワークのFSを行う計画である。RoRo船のFSはJICAが2012年から実施した。ASSM創設は韓国の協力による調査が行われており，実現は2015年以降になる。RoRo船の運用はインドネシア，フィリピンの国内航路で成功している[31]。

単一航空市場（ASEAN Single Aviation Market：ASAM）創設も目標にしている。航空輸送部門統合に向けたロードマップ（RIATS）により措置の実施は進展している。ASAMでは，全加盟国の全航空会社と国際空港を対象とした第3の自由（自国から外国への運輸権），第4の自由（外国から自国への運輸権），第5の自由（以遠権）までの実現が目標であり，第6の自由（本国をハブとする第3国間輸送），第7の自由（第3国間輸送），第8の自由（カボタージュ，他国の国内輸送）は含まれていない。

目標どおり進んでもASEAN域内を自由に航行できる単一航空市場ではなく，多国間オープンスカイ協定に近いものになる[32]。航空旅客サービスの完

---

30 日本経済新聞2014年11月5日付け「タイ，米国黙らす外交術」。
31 梅崎創（2012）。
32 花岡伸也（2010）28-40ページ。

自由化に関する ASEAN 多国間協定（ASEAN Multilateral Agreement on Full Liberalization of Passenger Air Service：MAFLPAS）と議定書（1と2）は 2010 年 11 月に調印され 2011 年 6 月に発効している。航空貨物サービスの完全自由化多国間協定（Multilateral Agreement on Full Liberalization of Air Freight Service：MAFLAFS）および議定書（1と2）は 2009 年 5 月に調印され，同年に発効している。航空サービス多国間協定（Multilateral Agreement on Air Service：MAAS）と議定書（1-6）は 2009 年 5 月に署名され，同年に発効している。

8. おわりに

　AEC 創設まで半年余りの時点でのブループリント実施状況は 90.5％である。目標を 2020 年に変更した施策も少なくない。したがって，2015 年末でブループリントが 100％実施できる可能性はない。しかし，自由化，円滑化が進まなかったわけではない。1990 年代あるいは 2000 年代初めと比較すると，市場統合は着実に前進したと評価すべきであろう。

　その典型は関税撤廃である。ASEAN6 の自由化率は 99％を超えているし，2018 年には CLMV を含めた自由化率も 99％以上となるであろう。これは世界でも高いレベルである。一方，2015 年末時点での課題は大きいことは確かである。非関税障壁の撤廃は最大の課題であるし，サービス貿易自由化，投資自由化に加え，越境輸送協定，規格の MRA，資格の MRA の実施，ASEAN シングル・ウィンドウの ASEAN 全体での実施など多くの課題が残る。競争力のある地域，格差是正への課題も多い。

　最後に，提言を付して本論を締めくくりたい。
① ASEAN は，分野別，国別の詳細なブループリント実施状況を公表すべきである。AEC への企業の期待は高まっており，事業戦略に AEC を織り込みつつある。全体の数字だけでなく，具体的な実施状況と課題を明らかにすることが望まれる。
② ASEAN は，AEC Post2015 Vision と新ブループリントを早急に策定・

公表すべきである。経済大臣会議では経済統合に関する高級レベルタスクフォースに対し，今後10年間を対象に2015年後のAECビジョンの作成を指示しているが，民間セクターの要望を取り入れ早急に作成することが必要であり，日本の産業界も積極的に提言などを行うべきである。

③ ②に関連して，新ブループリントでは，非関税措置の撤廃（規格のMRAを含む），サービス貿易自由化（とくに第3モード）を優先課題として，実効ある行動計画を明らかにする。

④ サービス貿易と投資の域内自由化の対象となるのは，AFASとACIAの「利益の否認」規定によりASEAN企業であるが，「ASEAN加盟国で実質的な事業活動を行っている法人」は自由化の恩恵を享受できる。日系企業はこの範疇に含まれる。しかし，その定義が明らかにされていない。ASEANは，定義を早急に策定し公表すべきである。

参考文献

石川幸一（2008）「ASEANの非関税措置」『国際貿易と投資』73号，国際貿易投資研究所
――――（2010）「ASEAN包括的投資協定の概要と意義」『国際貿易と投資』79号
石川幸一・清水一史・助川成也編著（2009）『ASEAN経済共同体』ジェトロ
石川幸一・清水一史・助川成也編著（2013）『ASEAN経済共同体と日本』文眞堂
伊藤恵子・石戸光（2013）「サービス貿易」黒岩（2013）所収．
梅崎創（2012）「ASEAN島嶼地域における接続性強化の動向」『海外研究員レポート』アジア経済研究所
黒岩郁雄編著（2013）『東アジア統合の経済学』日本評論社
ジェトロ（2013）「ASEAN・メコン地域の最新物流・通関事情」
助川成也（2013）「サービス貿易および投資，人の移動の自由化に向けた取組み」，石川幸一・清水一史・助川成也編著『ASEAN経済共同体と日本』文眞堂
助川成也（2014）「タイをはじめとした進出企業のFTA利用状況と課題」国際貿易投資研究所「企業のFTA活用方策」研究会での報告資料
日本貿易関係手続簡素化協会（2013）「アセアン・シングルウインドウ（ASW）構築計画に関する調査報告書」
花岡伸也（2010）「アジアにおける航空自由化の進展とローコストキャリアの展開」『運輸と経済』第70巻（6）28-40ページ，運輸調査局
深沢淳一・助川成也（2014）『ASEAN大市場統合と日本』文眞堂
福永佳史（2014）「ASEAN経済共同体の進捗評価とAECスコアカードを巡る諸問題」『アジ研ワールドトレンド』2015年1月号，アジア経済研究所
ASEAN Integration Monitoring Office, World Bank（2013）"ASEAN Integration Monitoring Report"
Deunden Nikomboriank and Supunnavadee Jitdumrong（2013）"An Assessment of Service Sector Liberalization in ASEAN", Sanchita Bas eds, "*ASEAN Economic Community Scorecard Performance and Perception*" ISEAS Singapore

Myria S. Austria (2013) "Non-Tariff Barriers: A Challenge to Achieving the ASEAN Economic Community", Sanchita Basu, Jaya Menon, Rodolfo Severino, Omkar Lal Shrestha eds. *The ASEAN Economic Community A Work In Progress*", ISEAS に所収

Sanchita Basu Das eds (2013) "*Enhancing ASEAN'S Connectivity*", ISEAS, Sanchita Basu Das, Jaya Menon, Rodolfo Severino, Omkar Lal Shrestha eds. (2013) "*The ASEAN Economic Community A Work In Progress*", ISEAS に所収。

Sanchita Basu Das eds. (2013) "*ASEAN Economic Community Scorecard Performance and Perception*", ISEAS

ブループリントの実施状況
(「競争力のある経済地域」「公平な経済発展」「グローバルな経済への統合」に関連する分野)

分野	主な目標	現在までの成果 (2014年8月)	2015年までの追加的成果	評価	備考
競争政策	競争政策,競争法の導入 地域ガイドライン作成	5カ国で導入済 地域ガイドライン作成	若干の国が導入	△	5カ国はフィリピン,ブルネイ,カンボジア,ラオス,ミャンマー
消費者保護	専門家会合設置など	専門家会合設置済, 9カ国が消費者保護法策定	消費者保護法地域ガイドライン策定	◎	
知的財産	特許協力条約,マドリッド議定書に加盟	特許協力条約8カ国,マドリッド議定書3カ国	加盟国の増加	△	
エネルギー	ASEAN電力網 (APG) は,2015年までに15のプロジェクト ASEANガスパイプライン (TAGP) は,4500キロに及ぶ2国間パイプラインを敷設	APGは4つが一部完成を含め継続中,3が建設開始,8が準備中 TAGPは8本2300キロは稼動している		△	APGの完成目標は2020年に繰り延べ TAGPは東ナツナ開発にインドネシア政府合意 ガスパイプラインとLNG併用が進む
租税	2重課税防止のための2国間協定を締結 (2010まで)	2国間租税条約のためのフォーラム設立		×	
電子商取引	域内電子商取引のためのインフラと法的枠組みおよび電子商取引実現	ICTマスタープラン2015採択,電子商取引相互運用技術の枠組みについての研究など各種施策を実施			

中小企業	情報，市場，人的資源，金融，技術などへのアクセス改善による競争力と強靱性の強化	情報サービス整備は進展，開発ファンド，金融ファシリティーなどは遅れ	中小企業行動計画の措置の実施，2015年後の行動計画のビジョンと目標の策定	△か○	
域内格差是正		ASEAN統合イニシアチブ（IAI）の作業計画1を完了	IAI作業計画2を実施中	○	
域外・FTA	ASEAN+1FTA締結	5本のASEAN+1 FTA締結，インドとのサービス貿易投資協定締結 RCEP自由化率は合意遅れ	RCEP協定締結，AJCEPサービス投資協定署名，ASEAN香港FTA妥結	◎	

注：◎は2007年ブループリントの想定どおり，あるいは想定以上の成果をあげている，○は概ねブループリントの想定どおり施策が実施されている，△はブループリントの想定より実行が遅れているが一定の成果がみられる，×は実施が大幅に遅れている，ことを示している。

資料：ASEAN事務局の資料，ERIA資料などにより，石川幸一・清水一史・助川成也・福永佳史が作成。

（石川　幸一）

第 2 章

ASEAN 域内貿易の進展
——担い手が多様化，さらなる規模拡大へ

1. はじめに

　ASEAN 経済共同体（AEC）完成に向けて設定されている 4 つの目標のうちの 1 つ目が「単一市場と生産基地」である。ASEAN 加盟国は域内の財やサービス，投資などの自由化を実現するためにさまざまな取り組みを実施してきたが，その中でもとくに成果を上げているのが 1993 年に開始された ASEAN 自由貿易地域（AFTA）のもとでの関税削減・撤廃である。ASEAN 域内では，電子機器や自動車産業を中心に国際間分業による効率的な生産体制が構築され，複雑な生産ネットワークが国境を越えて形成されてきたが，この域内の国際間分業の利点を最大限に活用するために，域内貿易の自由化，円滑化が不可欠であった。AFTA による関税削減・撤廃は，ASEAN の域内の製造業の生産ネットワーク形成を促し，深化させてきたといえる。「生産基地」としての ASEAN は，効率的な生産体制を構築しようとしてきた域内の多国籍企業と ASEAN 企業の生産活動と，AFTA という地域間協力政策の相互作用によって実現されてきた。
　また ASEAN は近年，生産基地としてだけではなく消費市場としても注目されつつある。人口規模の大きいインドネシアや，経済発展が急速に進むベトナムでは，耐久消費財の販売や輸入が急増している。AEC で目標とされる「単一市場」を実現するためには，このように成長し拡大する域内の消費市場と，域内貿易をリンクさせられるかが鍵になる。
　本章は，ASEAN 域内の財貿易の現状を観察し，その構造を把握することで，ASEAN 域内貿易がどのように進展してきたのかを，主に財貿易データを

用いて考察する。先ず，AFTA のもとで進展してきた ASEAN 加盟国間の財貿易の現状を概観し，その進展の程度を把握する。さらに，理解を深めるために ASEAN 域内貿易の構造を観察する。その際に，ASEAN 域内貿易の進展を支えてきた域内の生産・販売ネットワークに着目して，電子機器，輸送機器，および農産物の生産・販売のネットワークが ASEAN 域内でどのように形成されているのかを財ごとの詳細な貿易データで見ていく。次に，近年拡大しつつある ASEAN 加盟国の消費財市場の現状に注目し，主要国の消費市場としての成長の現状を観察する。国内の消費市場の拡大につれて，域内貿易も進展しているのであれば ASEAN が目指している単一市場の実現につながると考えられるため，域内貿易と消費拡大とを関連させて観察する。最後に，これらの分析を通じて，財貿易の観点から ASEAN 経済統合の今後の見通しについて考察したい。

2. ASEAN 域内貿易の発展とその構造

2.1 生産ネットワークと域内貿易シェアの拡大

　ASEAN 域内貿易は，域内で生産工程を分業し，より効率的な生産を行う域内生産ネットワークによって発展してきた。日本をはじめとする域外国からの直接投資により形成されてきた生産ネットワークに沿った国際間分業のもと，ASEAN 域内貿易，とくに部品や中間財の域内取引が増加し続けてきた。2013 年には ASEAN への直接投資流入の合計額が中国を上回り，ASEAN の生産ネットワークはさらなる拡大と深化が見込まれる[1]。そして，生産拠点としての ASEAN の進展を支えてきたのが，1993 年から開始された ASEAN 自由貿易地域（AFTA）による域内貿易の自由化である。ASEAN 加盟国は AFTA のもとで計画を前倒ししながら関税削減・撤廃の取り組みを進めてきた。既に，関税削減・撤廃対象（IL）品目については，先行 6 カ国（ブルネイ，マレーシア，インドネシア，フィリピン，シンガポール，タイ）では 2010 年ま

---

[1] 国連貿易開発会議の UNCTADSTAT によると，2013 年の ASEAN10 カ国への FDI 流入合計額は 1254 億米ドルで，同じく中国（香港・マカオを除く）への FDI 流入額は 1239 億米ドルである。

でにほぼすべての関税が撤廃されている。また，新規加盟4カ国（カンボジア，ラオス，ミャンマー，ベトナム）についても2015年までに撤廃することになっている。また，AFTAの原産地規則は2008年から「付加価値基準（RVC）」と「関税番号変更基準（CTC）」が選択できる形に移行し，さらに原産地証明書の自己証明制度が導入され始めるなど，域内貿易の円滑化措置も進められている[2]。

AFTAが設立されてから約20年間，ASEAN域内貿易額は，1997年のアジア通貨危機の翌年と，世界金融危機の影響を受けた2009年に落ち込んだ以外は増加を続けてきた（図表2-1）。この域内貿易を牽引してきたのは，電子機器や自動車を中心とする輸送機器である。一般・電子機器および輸送機器の貿易額は，2000年初頭の最も多い時期で域内貿易全体の50％以上を占めており，これら産業の域内分業体制に基づく生産拠点としてのASEANの発展を裏付けている。

一方，2000年代後半からは，石油や天然ガスなど燃料の域内貿易に占める割合が拡大しており，2013年には域内貿易の4割を占めるようになった。それらのうち，シンガポールからマレーシア，インドネシア，ベトナムへの石油精製品の輸出や，インドネシア，マレーシアからタイ，シンガポールへの原油輸出，インドネシアやマレーシアからシンガポールへの天然ガスの輸出が大きな割合を占めている。輸送用や産業用の燃料需要の拡大とともに石油精製品の需要が増加する一方，石油精製能力は各国で異なっている。そのため，石油精製能力が高いシンガポールやタイから，国内需要が精製能力を上回っているインドネシア，マレーシア，ベトナムへの輸出が近年増加していることが背景にある。

ASEAN加盟国の域内貿易額が対世界貿易額に占める割合（域内貿易シェア）の推移を見ると，1990年の17％から2013年には24％と，この24年間で約8％ポイント上昇している。1990年代から2000年代前半にかけては緩やかに上昇してきたものの，2000年代半ば以降は伸び悩んでいる。この原因として，対中貿易が急増していることが挙げられる。図表2-1でも見られるよう

---

[2] ASEANの域内貿易自由化・円滑化措置の詳細な解説は助川（2013）参照。

50　第 2 章　ASEAN 域内貿易の進展

図表 2-1　ASEAN 域内貿易額と域内貿易シェアおよび対日，対中，対米貿易シェアの推移

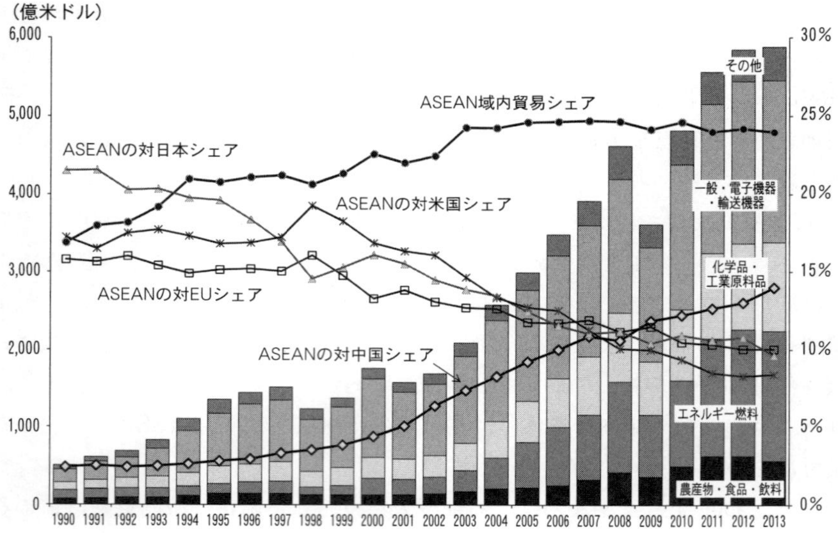

注：ブルネイ（1995, 1996, 1999, 2000, 2005, 2007-2011），カンボジア（1999 年以前），ラオス（全期間），ミャンマー（1991, 1992, 2001, 2010 年以外），ベトナム（1996 年以前）はデータが発表されていないため含まれていない。
資料：国際連合 COMTRADE Statistics データベースより作成。SITC rev.1 を使用。

に，ASEAN の対日，対米，対 EU 貿易シェアは低下し続けているが，2000年頃から対中貿易シェアは急速に増加している。ASEAN-中国間の主な貿易品目は，2013 年で見ると，中国とシンガポール，マレーシア，タイ，ベトナムの間での電子機器類・部品の輸出入と，インドネシアから中国への石炭，シンガポールから中国への石油精製品の輸出である。急速な対中貿易の拡大は，ASEAN の生産ネットワークが中国を巻き込んで拡大・深化しつつあることを示している。

2.2　2 国間貿易構造の多様化

　ASEAN 域内貿易のもう 1 つの特徴は，これまでシンガポールと，マレーシア，タイとの間の貿易が大きなシェアを占めてきたことである。図表 2-2 で示

2. ASEAN 域内貿易の発展とその構造　51

図表 2-2　2 国間貿易額とシェア

	1990 年		2000 年		2013 年	
	輸出額(米ドル)	シェア	輸出額(米ドル)	シェア	輸出額(米ドル)	シェア
シンガポール⇔マレーシア	13,565,835,188	51%	42,970,705,809	45%	81,335,098,238	25%
シンガポール⇔タイ	5,183,517,516	19%	11,864,600,986	12%	25,565,127,812	8%
シンガポール⇔インドネシア*	1,822,761,216	7%	6,319,886,365	7%	56,524,118,565	18%
マレーシア⇔タイ	1,606,468,134	6%	6,352,384,829	7%	25,674,920,948	8%
フィリピン⇔シンガポール	905,378,873	3%	6,468,366,947	7%	10,631,308,973	3%
マレーシア⇔フィリピン	520,411,442	2%	3,102,842,214	3%	4,255,037,933	1%
マレーシア⇔インドネシア	595,363,316	2%	3,647,677,653	4%	21,166,816,222	7%
シンガポール⇔ベトナム		-	2,977,979,384	3%	13,558,526,061	4%
タイ⇔インドネシア	342,980,795	1%	2,347,709,389	1%	16,770,155,337	5%
タイ⇔ベトナム**	18,224,801	0.1%	1,214,238,199	1%	10,250,796,964	3%

注*，**：シンガポール・インドネシアはシンガポール側のデータの 1990 年，2000 年分が未公表，また，タイ・ベトナム間では 1990 年のベトナム側データがないため実際より小さい値となっている。

資料：国際連合 COMTRADE Statistics データベースより作成。SITC rev.1 を使用。

されるように，ASEAN の域内貿易はシンガポール-マレーシア間，およびシンガポール-タイ間に大きく偏っていた。この 2 組の貿易が ASEAN 域内貿易に占めるシェアは 1990 年で 70%，2000 年でも 57% であった。しかし，そのシェアは近年，次第に低下してきており，2013 年では 33% にまで下がっている。一方で，マレーシア-タイ間，マレーシア-インドネシア間のシェアが徐々に拡大するなど，上位 2 国間の組み合わせが多様化してきており，とくにタイ-インドネシア間，タイ-ベトナム間のシェアは近年目立って増加している。域内貿易の範囲が従来は限定されていたが，次第に拡大してきたことがわかる。これは，ASEAN 域内の生産ネットワークの拡大とともに国際間分業が進み，より多くの加盟国が域内貿易に大きく関与するようになってきたということであろう。

2.3　ASEAN 域内貿易シェア拡大の可能性

前項で見たように，ASEAN の域内貿易シェアは 24% まで増加したが，今

後さらに拡大する余地はあるのだろうか。主要な地域経済統合であるEUやNAFTAの域内貿易シェアは，2013年で各々約63％，41％であり，それらに比べるとASEANの域内貿易シェアは低い[3]。しかし，経済規模が異なるEU，NAFTAと単純に比較することは適切ではない。経済規模を考慮して域内貿易の大きさを比較する「域内貿易結合度[4]」を用いて主要な地域の貿易結合度の推移を比較してみると，ASEANは，APEC，EU，NAFTAを大きく上回っている。つまり，世界全体からみた貿易規模からすると，ASEANの域内貿易はかなり大きなものであるといえる。さらに，ASEAN各国のGDPの大きさや所得水準，加盟国の地理的な距離など，域内貿易額に影響を及ぼす要素を考慮して，理論的なASEAN域内貿易額を計算した場合，ASEAN域内貿易シェアの予測値は約26％となる[5]。このことからも，現在，24％であるASEANの域内貿易シェアは，経済規模からすると妥当な水準であるといえる。

ASEAN全体の経済規模からすると現在の域内貿易規模は小さくはないが，さらに拡大する余地はあるだろう。まず，今後，ASEAN加盟国の経済規模がさらに拡大した場合，域内貿易シェアは増加する。とくに，人口規模の大きいインドネシア，フィリピン，ベトナムの経済成長による経済規模の拡大は，域内貿易シェアをさらに上昇させることは十分予想される。また，現状ではAFTAの下でも非関税障壁の削減は未完成であり，シンガポールを除くASEAN加盟国の貿易コストは国際的にみて依然として高く，貿易関連インフラ整備はまだ低い水準に留まっている[6]。これらが改善することによって，

---

[3] 国連COMTRADEデータのSITC ver.1を用いてシェアを計算した。EUは27カ国で計算している。

[4] 域内貿易シェアを，世界全体の貿易額に占めるその地域の貿易額のシェアで割った値で，その地域の相対的な貿易規模を考慮した域内貿易シェアの大きさを示す指数である。1以上であれば域内貿易シェアは大きいと判断できる。2010年のASEAN, APEC, EU, NAFTAの貿易結合度はそれぞれ，3.39, 1.27, 1.70, 2.07であった。

[5] 「貿易のグラビティモデル」といわれる推計式を用いて，各国のGDPや2国間の地理的距離などの実際のデータから貿易額の理論値を推計し，域内シェアを算出した。EUとNAFTAの域内貿易シェアの予測値は，それぞれ約72％，73％であった。

[6] 世界銀行『Logistics Performance Index 2014年版』による，貿易・物流総合順位で世界150カ国中，シンガポールは第1位，マレーシア27位，タイは31位，インドネシアは43位，ベトナム53位，フィリピン65位，カンボジア81位，ラオス117位，ミャンマー147位であった。

ASEAN 域内貿易シェアは現状の妥当な大きさを超えてさらに拡大する余地があるといえるだろう。

3. 拡大・深化する域内の生産・販売ネットワーク

3.1 電子機器産業

　これまで ASEAN 域内の生産ネットワーク形成を牽引してきた電子機器産業では，域内で細分化された工程間分業による効率的な生産を行ってきた。域内の2国間貿易フローを見ると，国際間の工程間分業によって，生産ネットワークが拡大・深化してきたことが見て取れる。図表 2-3 および図表 2-4 は，集積回路とパソコン完成品の域内の輸出構造を示したものである。とくに，集積回路の ASEAN 域内の2国間貿易は大規模，かつ複雑なネットワークが形成されていることがわかる。集積回路の生産は多くの工程に細分化されているため，主要な生産国の間で双方向の貿易が活発に行われている。中でも国内の生産規模がとくに大きいシンガポールとマレーシアの2国間貿易が域内最大規模である。また，タイ，フィリピンの生産規模もシンガポール，マレーシアに次いで拡大している（図表 2-3）。それに伴い，マレーシア，シンガポールと合わせた4カ国が集積回路の生産ネットワークの中心地となっている。さらに，ベトナム，インドネシアでの国内生産も近年急速に増加し，これらの国とシンガポール，マレーシアとの双方貿易の合計は 2013 年で約 49 億ドルに達しており，着実に生産ネットワークに組み込まれてきていることがうかがえる。

　ASEAN 域内生産ネットワークの中心のシンガポール，マレーシア，タイでは域内輸出比率は 26% 以内であり，域外輸出の割合が比較的高い。2013 年の ASEAN 全体の対世界輸出の合計額は 1308 億ドルに達しており，世界の輸出額合計の 29% を占めている。世界の生産基地としての ASEAN は域内で拡大し進化する生産ネットワークに支えられている。

　パソコンの域内輸出構造を見ると，シンガポール，マレーシア，タイが主な輸出国である。とくにシンガポールからインドネシアへの輸出額が 3.6 億ドルと最大になっている（図表 2-4）。また，集積回路の場合とは異なり，これら

54　第 2 章　ASEAN 域内貿易の進展

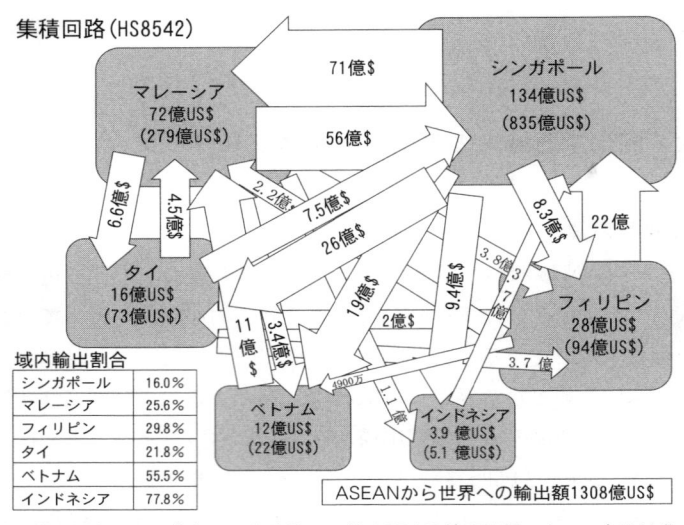

図表 2-3　集積回路の ASEAN 域内輸出構造（2013 年）

集積回路（HS8542）

- シンガポール　134億US$（835億US$）
- マレーシア　72億US$（279億US$）
- タイ　16億US$（73億US$）
- フィリピン　28億US$（94億US$）
- ベトナム　12億US$（22億US$）
- インドネシア　3.9億US$（5.1億US$）

域内輸出割合

シンガポール	16.0%
マレーシア	25.6%
フィリピン	29.8%
タイ	21.8%
ベトナム	55.5%
インドネシア	77.8%

ASEAN から世界への輸出額 1308億US$

注：国名の下の数字は，当該品目の対 ASEAN 輸出総額，カッコ内は対世界輸出総額。
資料：国際連合 COMTRADE Statistics データベースより作成。

　3 カ国の域内輸出割合は比較的高く，国内市場の大きいインドネシアをはじめ，ベトナム，フィリピンに向けた出荷の割合が高まっている。これらの流れは，ASEAN の域内国が生産地としてだけではなく，消費市場として発展してきていることを示している。一方で，タイは，隣接するラオスをはじめミャンマーやカンボジアへの輸出の割合が大きい。これらは輸入された中古パソコンが周辺国に再輸出されているものが多くを占めていると考えられる[7]。また，ベトナム，フィリピンでは域内輸出額シェアは小さく，ほとんどが域外に輸出されている。ベトナムの主要輸出地域は EU，北米である一方，フィリピンは中国向けが最大になっている。

7　タイの中古電子機器貿易の実態分析については佐々木（2013）を参照。

3. 拡大・深化する域内の生産・販売ネットワーク　55

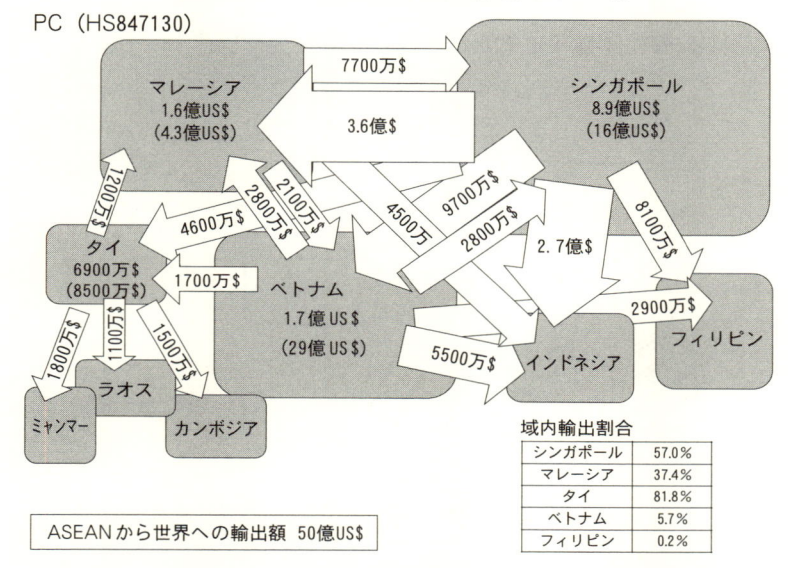

図表2-4　パソコンのASEAN域内輸出構造（2013年）

PC（HS847130）

[図：ASEAN各国間のパソコン輸出フロー]

マレーシア　1.6億US$（4.3億US$）
シンガポール　8.9億US$（16億US$）
タイ　6900万$（8500万$）
ベトナム　1.7億US$（29億US$）
インドネシア
フィリピン
ラオス
ミャンマー
カンボジア

主な数値：7700万$、3.6億$、1200万$、2100万$、2800万$、4500万$、9700万$、2800万$、2.7億$、8100万$、4600万$、1700万$、1800万$、1100万$、1500万$、2900万$、5500万$

ASEANから世界への輸出額　50億US$

域内輸出割合
シンガポール	57.0%
マレーシア	37.4%
タイ	81.8%
ベトナム	5.7%
フィリピン	0.2%

注：国名の下の数字は，当該品目の対ASEAN輸出総額，カッコ内は対世界輸出総額。
資料：国際連合COMTRADE Statisticsデータベースより作成。

3.2　輸送機器産業

　ASEANの輸送機器産業の発展も，域内の生産ネットワーク形成を促し域内貿易の発展の推進力となってきた。図表2-5および図表2-6で示されているように，輸送機器の域内生産の規模は，部品，完成車ともにタイが最も大きく，域内生産ネットワークの中心国となっている。図表2-5で見られるように，タイから，ASEAN第2位の生産国であるインドネシアへの輸出が9.8億ドルで最も大きく，同時にインドネシアからタイへの輸出も3.2億ドル行われている。また，同じく生産地であるフィリピン，マレーシアとも相互に輸出が行われており，これら4カ国で輸送機器部品生産の分業が行われていることがわかる。一方，シンガポールは輸出額が大きく域内輸出額の20％を占めているが，国内生産規模は非常に小さい。また，シンガポールからタイ，インドネシア，マレーシアへの輸出がある一方，これらの国からシンガポール向けの輸出は小さい。よって，シンガポールはASEAN域内の輸送機器部品供給の中継地と

56 第 2 章 ASEAN 域内貿易の進展

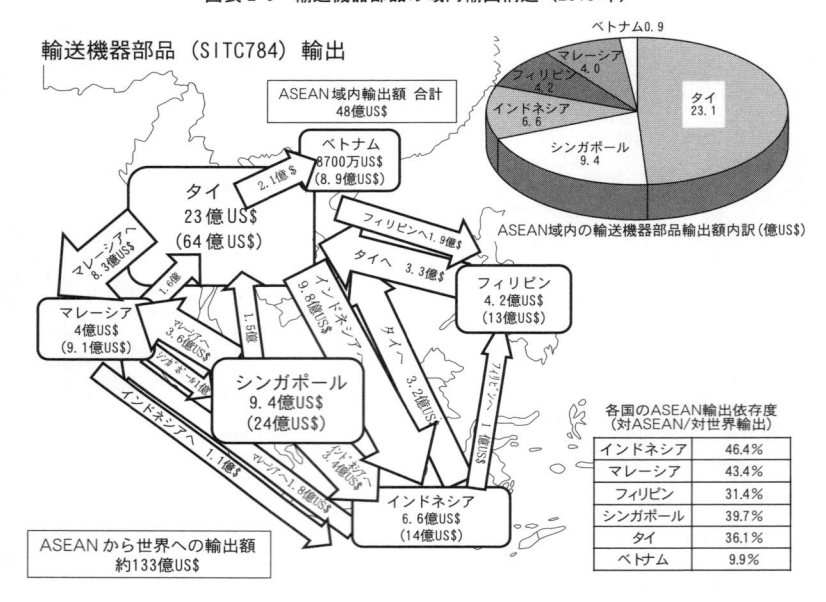

図表 2-5 輸送機器部品の域内輸出構造（2013 年）

注：国名の下の数字は，当該品目の対 ASEAN 輸出総額。
資料：国際連合 COMTRADE Statistics データベースより作成。

しての役割を担っていることがうかがえる。

　一方，完成車の域内輸出構造を見てみると，タイとインドネシアの２国でASEAN 域内輸出の 84％を占めている。とくにタイからインドネシアへの輸出額が 11 億ドルと，突出して大きく，近年，急激に成長しているインドネシアの国内市場規模の大きさがうかがえる[8]。同時に，インドネシアの完成車の生産額も急成長しており，2013 年の国内生産は 121 万台に達している。それとともに，インドネシアから域内市場への輸出が拡大しており，2013 年にはタイ，フィリピンへそれぞれ 3.9 億ドル，3.5 億ドルの輸出が行われている。輸送機器産業でも，域内の生産ネットワークを通じた国際間分業によって自動

8　インドネシア自動車工業会（GAIKINDO）の発表によると 2013 年の国内自動車販売台数は 123 万台で，2009 年以降，増加し続けている（http://gaikindo.or.id/index.php?option=com_content&task=blogcategory&id=0&Itemid=110）。

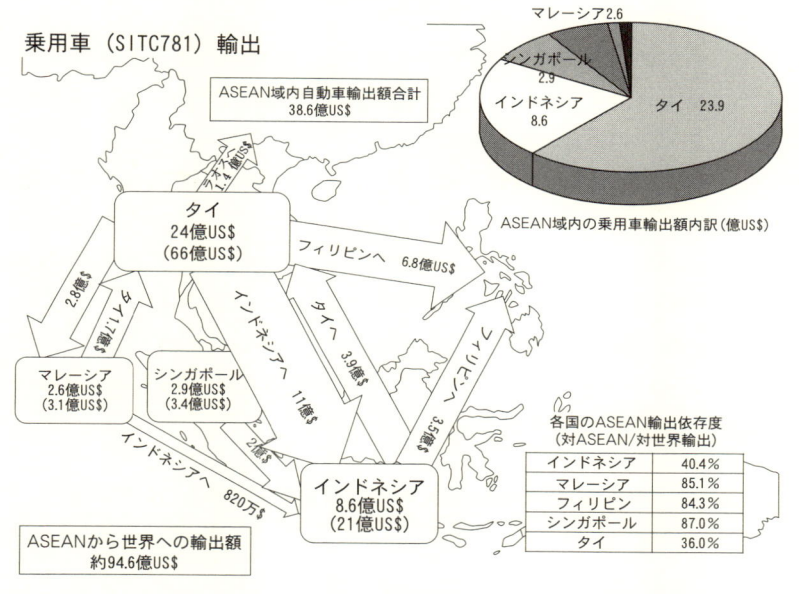

3. 拡大・深化する域内の生産・販売ネットワーク　57

図表 2-6　完成車の域内輸出構造 (2013 年)

乗用車 (SITC781) 輸出

ASEAN域内自動車輸出額合計　38.6億US$

ASEAN域内の乗用車輸出額内訳 (億US$)

マレーシア	2.6
シンガポール	2.9
インドネシア	8.6
タイ	23.9

タイ　24億US$　(66億US$)

マレーシア　2.6億US$　(3.1億US$)

シンガポール　2.9億US$　(3.4億US$)

インドネシア　8.6億US$　(21億US$)

ASEANから世界への輸出額　約94.6億US$

各国のASEAN輸出依存度（対ASEAN/対世界輸出）

インドネシア	40.4%
マレーシア	85.1%
フィリピン	84.3%
シンガポール	87.0%
タイ	36.0%

注：国名の下の数字は，当該品目の対ASEAN輸出総額，カッコ内は対世界輸出額。
資料：国際連合COMTRADE Statisticsデータベースより作成。

車生産が行われ，その規模は拡大しているが，さらに，域内の国内市場の成長によって，完成車の域内貿易が近年急増していることが注目される。

3.3　農産物の域内貿易ネットワーク

　ASEANの域内貿易は電子機器や輸送機器といった製造業部門の域内分業体制の進展によって成長してきた。一方，農業部門も依然として，加盟国の多くで重要な産業であり，例えば，インドネシアやマレーシアのパーム油，ベトナム，タイの米，タイ，フィリピンの砂糖，インドネシアの水産物などは域内外への輸出額が大きい。また，域内加盟国間の経済発展格差の縮小はASEANにとっての最重要課題でもあるが，域内の農産物およびその加工品の貿易促進は，新規加盟国の経済発展の鍵として捉えられており，ASEAN経済共同体構築の中にも域内の農産物貿易・流通の促進が目標として盛り込まれている。

図表 2-7 は域内の農産物輸出額の多い品目および貿易国を示している。域内の農産物貿易額から見ると，タイの粗糖輸出，インドネシア，マレーシアを中心とするパーム油，ココナッツ油などの植物性油脂の輸出が最大シェアを占めている。インドネシア，マレーシアで生産，加工されたパーム油は，食用および工業用として，中継地としてのシンガポールだけではなく，ベトナム，フィリピン，ミャンマーに輸出される量も多く，域外への輸出だけではなく域内国の国内市場にも供給されていることがわかる。また，タイとベトナムは，2013年のコメ輸出額がインドに次いで，世界第2位，3位を占め，両国で世界のコメ輸出総額の約30%を占める米輸出大国であるが，域内向けについてもベトナムが最大の輸出国で，マレーシア，フィリピン，インドネシアといった国内市場の大きい国に向けての輸出額が大きい。各国内の農業部門の付加価値生産額を比較すると，インドネシアが最大で，次いでタイ，ベトナム，フィリピ

図表2-7　ASEAN域内の農林水産物（HS01-22）輸出の上位品目・国（2013年）

輸出国	輸入国	品目	輸出額（1000米ドル）	域内農産物輸出に占める割合
タイ	インドネシア	粗糖	673,479	3.1%
インドネシア	シンガポール	パーム油およびその分別物	650,147	3.0%
マレーシア	ベトナム	パーム油およびその分別物	379,847	1.8%
インドネシア	マレーシア	パーム油およびその分別物	372,765	1.7%
シンガポール	ベトナム	アルコール飲料	345,272	1.6%
マレーシア	シンガポール	パーム油およびその分別物	317,025	1.5%
タイ	カンボジア	粗糖	308,494	1.4%
インドネシア	マレーシア	カカオ豆	302,162	1.4%
シンガポール	マレーシア	アルコール飲料	294,600	1.4%
ベトナム	マレーシア	コメ	231,433	1.1%
ベトナム	フィリピン	コメ	225,122	1.1%
タイ	ベトナム	ミネラルウォーター・炭酸水	212,448	1.0%
インドネシア	マレーシア	ヤシ油およびその分別物	204,132	1.0%
マレーシア	シンガポール	家禽類	203,885	1.0%
インドネシア	フィリピン	コーヒー，茶	186,844	0.9%

資料：国際連合COMTRADE Statisticsデータベースより作成。HS2002版を使用。

ン，マレーシアと続く（図表 2-8）。これらの農産物生産規模が大きい国が域内の農産物貿易を主導している。

農産物の域内貿易を，家庭消費向けの食糧品（未加工品）に限って見たのが図表 2-9 である。家庭消費向けの食糧品輸入の域内依存度が高いのはカンボジア，ブルネイであり，両国ともそれぞれ隣接するタイ，マレーシアが主要輸入相手国である。一方，域内の主要な農産物輸出国であるタイ，インドネシア，ベトナムの家庭消費向け食糧の主要輸入相手国には，新規加盟国であるカンボジアやミャンマーが含まれている。ミャンマーの 2010 年の主要域内輸出品の上位には，シンガポール向けの生鮮食品（野菜，魚介類）が多く，またカンボジアの 2013 年の主要域内輸出品では，マレーシア向けの米，植物性油脂が大きなシェアを占めている。シンガポールやマレーシアの消費者に向けた食糧品供給国としてだけでなく，食品加工用の農産物供給国として，ミャンマー，カ

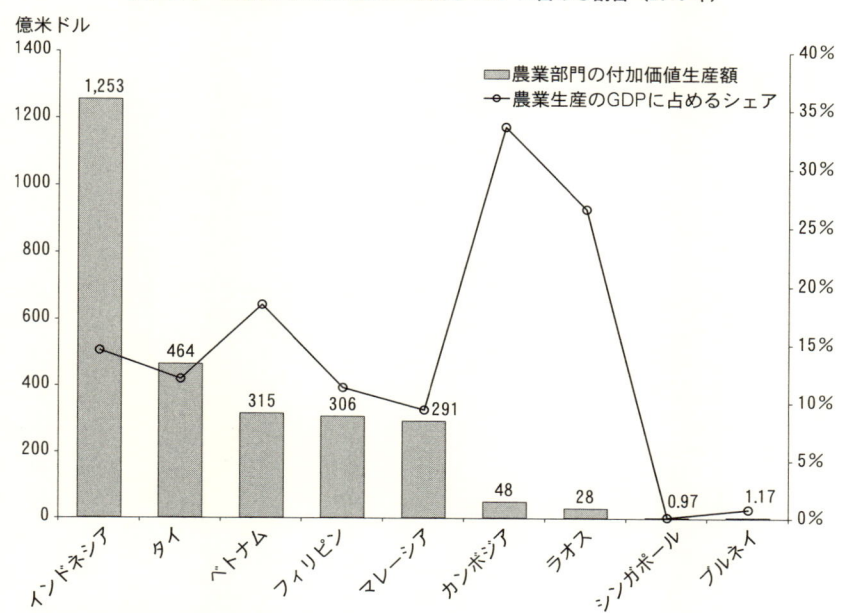

図表 2-8　農業部門の付加価値生産額と GDP に占める割合（2013 年）

資料：世界銀行の World Development indicators より作成。

図表 2-9 ASEAN 各国の食糧品（家庭消費向け）の貿易額・貿易相手（2013 年）

	輸出額合計（対世界）	輸出額合計（対ASEAN）	ASEAN輸出割合	主要輸出相手	輸入額合計（対世界）	輸入額合計（対ASEAN）	ASEAN輸入割合	主要輸入相手
タイ	4,460,198,698	527,594,798	11.8%	ベトナム、シンガポール、マレーシア	1,690,679,975	335,872,355	19.9%	ベトナム、ミャンマー、カンボジア
マレーシア	1,076,022,907	608,148,088	56.5%	シンガポール、ベトナム、インドネシア	2,146,171,719	536,295,231	25.0%	インドネシア、タイ
インドネシア	3,119,432,141	546,106,320	17.5%	ベトナム、シンガポール、マレーシア	1,483,575,980	206,496,688	13.9%	タイ、ミャンマー、ベトナム
ベトナム	6,362,698,318	404,981,168	6.4%	シンガポール、タイ、マレーシア	1,557,511,687	538,376,337	34.6%	カンボジア、インドネシア、タイ
シンガポール	515,576,256	226,415,368	43.9%	マレーシア、インドネシア、ベトナム	2,203,394,441	994,783,136	45.1%	マレーシア、インドネシア、ベトナム
フィリピン	1,530,325,706	106,612,663	7.0%	シンガポール、マレーシア、タイ	469,970,137	83,507,312	17.8%	タイ、ベトナム、ミャンマー
カンボジア	19,454,994	6,426,153	33.0%	シンガポール、タイ	22,355,569	15,526,036	69.5%	タイ、ベトナム、シンガポール
ブルネイ	4,652,746	3,356,153	72.1%	マレーシア	101,113,416	62,676,078	62.0%	マレーシア、シンガポール、タイ
ミャンマー (2010)	1,221,548,939	351,139,890	28.7%	シンガポール、タイ、マレーシア、インドネシア	3,524,391	668,502	19.0%	シンガポール、タイ

資料：国際連合 COMTRADE Statistics データベースより作成。Broad Economic Categories (BEC) 分類を使用。

ンボジア，ラオスからもこれらの国へ相対的にかなり小規模ながら輸出が行われている。ベトナム以外の新規加盟3国は，域内貿易額全体からみるとシェアは小さく目立たないが，ASEANの域内の農産物のサプライチェーンに組み込まれていることがうかがえる。とくに，ミャンマー，カンボジアは，シンガポール，タイ，インドネシア，マレーシアという規模の大きい市場への輸出が中心であり，域内農産物の貿易・流通の自由化や円滑化は，付加価値生産額や労働従事者数に占める農業部門の割合が相対的に大きい新規加盟国の経済発展には有効であるといえる。

3.4 新規加盟国の生産ネットワークへの組み込み

　AEC構築の柱の1つである域内格差の縮小のためには，今後，新規加盟国が域内生産ネットワークに組み込まれる形で経済成長を実現できるかどうかが鍵となる。新規加盟国のうち，ベトナムはこれまで見たように，電子機器産業で国内生産と域内輸出額で見てASEAN5に次ぐ位置を占めるようになってきている。また，集積回路で見ると全生産額の40％をマレーシア，シンガポール，タイ，フィリピン，インドネシアへと輸出しており域内分業の一端を担うようになっていることがうかがえる。

　一方，カンボジア，ミャンマーについては対世界およびASEAN域内との貿易額と貿易品目構成を見ると，1次産品または衣料縫製品などの軽工業が大きなシェアを占めており，両国の製造業は，まだASEAN域内の電子機器や輸送機器の域内生産ネットワークのもとで生産を行っている段階ではない[9]。カンボジアでは，対世界の輸出の半分以上（54％）が，衣料品（HS61-62）であり，かつ輸入の31％が衣料品原料（繊維・布（HS50-60））である（図表2-10）。衣料品原料を輸入して国内で縫製・加工して輸出するという，労働集約的な衣服産業がカンボジア製造業の主力産業になっていることがわかる。対ASEAN貿易で見ると，輸出の最大額はシンガポールへの紙幣が57％を占めており，それ以外の実質的な生産品の域内貿易はまだ少ない。タイへの電子機器部品の輸出額が4.6％を占めているが，カンボジア国内での生産規模はまだ

---

[9] ラオスについては詳細な貿易品目，相手国別の統計データが利用できなかったため，ここではカンボジアとミャンマーのみを考察している。

小さく，域内分業体制へと発展できるかどうかはまだ明確でない。

　ミャンマーは対世界，および対 ASEAN への輸出品のほとんどが，天然ガス，非鉄鉱物，果物野菜といった1次産品で占められている。輸入については，対世界および対 ASEAN のどちらも石油が最も多い。電子機器や輸送機器などの製造業製品がほとんど上位には入っておらず，製造業生産の基盤がまだ整っていないことが表れている。一方，対世界の輸入額の上位に建設用および鉱業用の機械，内燃エンジン，空調装置などが入っており，対 ASEAN 輸

図表2-10　カンボジアおよびミャンマーの主要輸出入品目（単位：億米ドル，%）

カンボジア（2013年）					
対世界			対 ASEAN		
輸出品目	金額	シェア	輸出品目	相手国	金額	シェア
紙幣・有価証券等	22.6	24.4%	紙幣・有価証券等	シンガポール	7.4	57.1%
綿製Tシャツ・シングレット	8.4	9.1%	電話機部品	タイ	0.6	4.6%
衣服（女性用ズボン）	7.3	7.9%	精米（精白米）	マレーシア	0.5	3.6%
輸入品目	金額	シェア	輸入品目	相手国	金額	シェア
紙幣・有価証券等	9.8	10.6%	石油製品（軽質石油蒸留物）	タイ	2.6	8.7%
メリヤス・クロセ編物（その他）	8.1	8.8%	石油製品（軽質石油蒸留物）	ベトナム	2.5	8.5%
メリヤス・クロセ編物（30cm幅以下）	7.4	8.1%	紙巻たばこ	インドネシア	1.6	5.3%

ミャンマー（2010年）					
対世界			対 ASEAN		
輸出品目	金額	シェア	輸出品目	相手国	金額	シェア
天然ガス	29.4	38.6%	未加工の貴石・半貴石	タイ	29.4	78.6%
未加工の貴石・半貴石	18.6	24.5%	乾燥した豆（緑豆）	シンガポール	1.0	3.2%
乾燥した豆（緑豆）	7.5	9.9%	天然ゴム（スモークドシート）	マレーシア	0.9	2.5%
輸入品目	金額	シェア	輸入品目	相手国	金額	シェア
石油製品（軽質石油蒸留物）	9.1	21.8%	石油製品（軽質石油蒸留物）	シンガポール	8.7	44.1%
掘削・生産用プラットホーム	1.7	4.1%	掘削・生産用プラットホーム	タイ	1.7	8.8%
パーム油	1.7	4.0%	ポートランドセメント	タイ	0.7	4.8%

資料：国際連合 COMTRADE Statistics データベースより作成。HS2002版を使用。

入額の第 2 位はタイからの浚渫（しゅんせつ）船であり，輸入額が大きい。ミャンマーでは経済成長にともなってインフラ整備が急速に行われており，そのための建設用機械，船舶などの輸入が急増していることが見て取れる。

　ミャンマー，カンボジア両国ともに，現時点では ASEAN 域内の生産ネットワークに参入する段階ではないように見えるが，両国への製造業での直接投資は衣服縫製産業を中心に堅調に増加しており，これらの産業からさらなる産業構造高度化が実現できるかが，ASEAN でのキャッチアップの鍵になるだろう。世界銀行の「ビジネス環境評価」（Doing Business Report 2014）では，2013 年のカンボジアとミャンマーの投資環境ランキングは 189 カ国中，それぞれ 137 位，182 位であり依然として低い。両国ともに，外国企業の新規開業時のコストが高く，認可までの時間が長いことや，契約のためのコストや時間が大きな障壁となっている。インフラ整備だけではなく，投資やビジネス履行のための制度整備が必要である。製造業の育成と発展のためには，今後，直接投資の受け入れ環境を改善し，製造業の育成と発展を進めていくことにより，ASEAN 先発加盟国へのキャッチアップを実現させていくことが必要である。

4. 市場としての ASEAN

4.1　ASEAN の市場規模

　域内貿易はこれまで，域内の生産・販売のネットワークを中心に発展してきた。しかし，近年，急速な経済成長による所得水準の上昇に伴い，消費市場が急成長している。とくに域内人口の 40％ を占めるインドネシアでは，乗用車のような耐久消費財市場の拡大が著しい。図表 2-11 は，ASEAN4 カ国（インドネシア，マレーシア，フィリピン，タイ）における日系企業の輸出・販売の内訳を業種別に示したものである。製造業全体で，現地市場向けが売り上げの約 60％ を占めており，ASEAN は生産地だけではなく消費地でもあることがわかる。とくに，ASEAN 域内の生産に用いられる石油石炭，鉄鋼，汎用機械などのような，原材料や資本財部門で現地販売額の割合が高いだけでなく，食料品，輸送機械など非耐久・耐久消費財として用いられる製品についても現地

図表 2-11　日本企業の ASEAN 4 カ国における輸出・販売の内訳（2012 年）

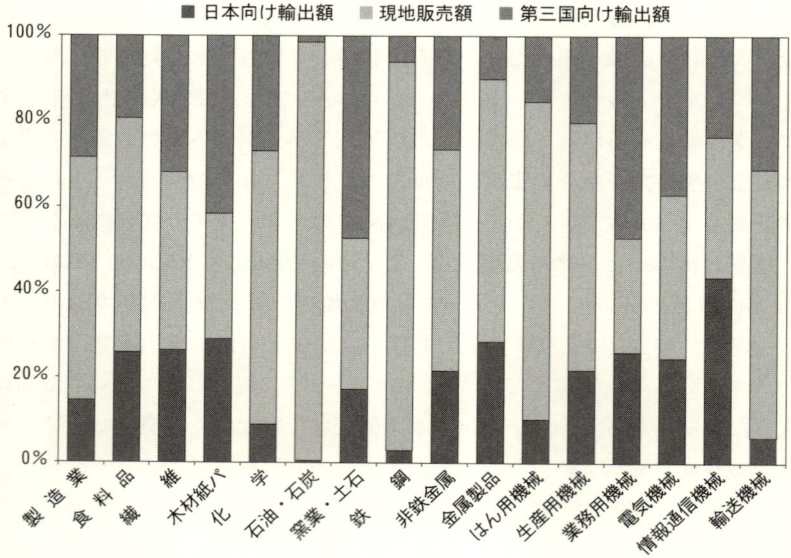

注：ASEAN 4 カ国は，インドネシア，マレーシア，フィリピン，タイ。
資料：経済産業省「第 43 回海外事業活動基本調査結果（2012 年度実績）」より作成。

販売額の比率は高くなっている。また，電気機械についても，現地販売比率が一貫して上昇してきており，近年 5 年間ほどは，現地販売が，日本向けや第 3 国向けを上回って最も多くなっている。これらのことから，ASEAN は，製造業の成長とともに，その中間財，資本財の市場を拡大してきただけではなく，経済成長にともなう所得水準の上昇に伴い，耐久財および非耐久財の消費市場としても発展してきているということがうかがえる。

最終財の消費地としての ASEAN をもう少し見てみたい。図表 2-12 は，各国の人口規模と 1 人当たりの最終消費を比較したものである。各国の所得水準や人口規模から考えると，インドネシア，フィリピン，ベトナムのように，人口規模が大きい一方，1 人当たり最終消費額が低い国々の国内市場はこれからまだ拡大の余地があるだろう。

図表 2-13 は各国の耐久・非耐久消費財の対世界輸入額，対 ASEAN 輸入額

4. 市場としての ASEAN

図表 2-12 人口規模と1人当たり最終家計消費（2013年）

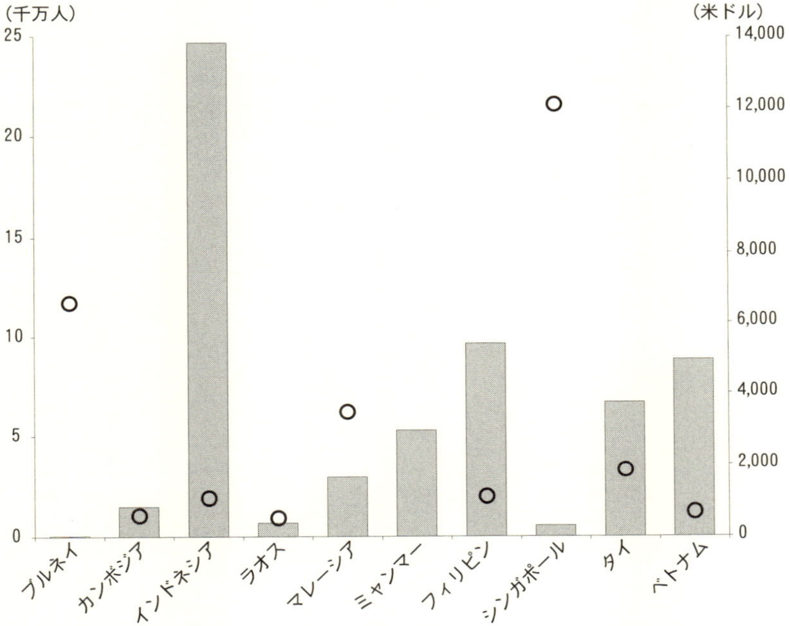

注：棒グラフの高さが人口を，○印が1人当たり最終消費を示す。カンボジアのデータは2011年のもの。
資料：世界銀行のWorld Development indicatorsより作成。

とそれぞれの2010年から四年間の増加率を見たものである。耐久消費財については，ベトナムの輸入規模は対世界，対ASEAN域内ともにインドネシアと同等またはそれ以上の大きさであり，かつ域内からの輸入額の増加率は最も高く，対世界輸入額もカンボジアに次いで高い成長率である。このことから，ベトナムの国内市場が急速に成長していることがわかる。また，タイも輸入規模，増加率ともに高く，国内市場はまだ成長の余地があると思われる。

非耐久消費財については，フィリピン，カンボジア，ブルネイ以外の域内依存度は耐久財に比べると低く，タイ以外のほとんどの国で対世界輸入額の増加率が，対ASEAN輸入額の増加率を上回っている。これらの多くの国ではASEAN以外からの非耐久消費財の最大の輸入相手国は中国であり，近年その

図表 2-13　各国の耐久・非耐久消費財の輸入額（2013 年）

(単位：1000 米ドル)

耐久消費財				
輸入国	対世界輸入総額 (1000 米ドル)	2010 年からの 増加率	域内輸入額 (1000 米ドル)	2010 年からの 増加率
シンガポール	8,786,403	20.7%	2,997,398	5.9%
タイ	2,499,253	45.9%	523,467	21.9%
マレーシア	2,419,756	44.5%	691,594	9.4%
ベトナム	1,348,467	48.9%	734,311	48.4%
インドネシア	1,324,125	48.1%	614,339	26.5%
フィリピン	602,448	42.2%	211,417	14.7%
ブルネイ	99,038	-	47,986	-
カンボジア	43,846	60.7%	17,910	44.5%

非耐久消費財				
輸入国	対世界輸入総額 (1000 米ドル)	2010 年からの 増加率	域内輸入額 (1000 米ドル)	2010 年からの 増加率
シンガポール	7,504,801	26.9%	1,393,385	14.4%
タイ	4,351,907	32.1%	738,772	50.3%
マレーシア	4,121,429	32.9%	1,240,230	28.9%
ベトナム	3,413,942	40.0%	516,367	25.6%
インドネシア	2,621,339	39.3%	771,314	24.0%
フィリピン	1,791,374	32.8%	535,540	18.1%
カンボジア	537,338	44.0%	277,332	36.0%
ブルネイ	185,581	-	132,573	-

資料：国際連合 COMTRADE Statistics データベースより作成。BEC 分類を使用。

シェアが急増していることが，域内輸入額増加率の低さの理由として考えられる。マレーシア，フィリピン，タイでも同じく中国が非耐久消費財の最大の輸入相手国であり，近年そのシェアは拡大している。しかし，各国とも対世界，および対 ASEAN 輸入額ともに，その増加率は，1 人当たり最終家計消費額の 2010 年から 2013 年までの増加率（5%-18%）を大きく上回っており，全体的に非耐久消費財についても ASEAN 全体，および各国の消費市場は成長を続けているといえるだろう。

4. 市場としてのASEAN　67

　図表 2-14 はインドネシアを例として，耐久消費財市場の増加の詳細を見たものである。乗用車，エアコン，冷蔵庫については，対世界および対 ASEAN の輸入額は，世界金融危機の影響があった 2009 年を除いてほぼ一貫して増加を続けている。とくに，エアコンについては対 ASEAN 輸入額の割合が高く，また 2012 年までほぼ一貫して急増してきた。また，家電製品の冷蔵庫も 2003 年から増加し続けており，とくに 2009 年以降の対世界輸入額の増加幅が大きくなっている。インドネシアではエアコンや冷蔵庫の普及は依然として低い[10]。冷蔵庫やエアコンは所得水準の上昇につれて，生活必需品に近い家電製品となることと，人口規模の大きさからすると，まだしばらく輸入は急速に増加を続けると考えられる。パソコンの輸入については，ASEAN 域内からの輸入よりも域外，とくに中国からの輸入が大部分を占めている。パソコンも，エアコンや冷蔵庫のような家電製品と同じく，所得水準の上昇とともに，家電製品を上回るスピードで普及していることが輸入額の急増に反映している。

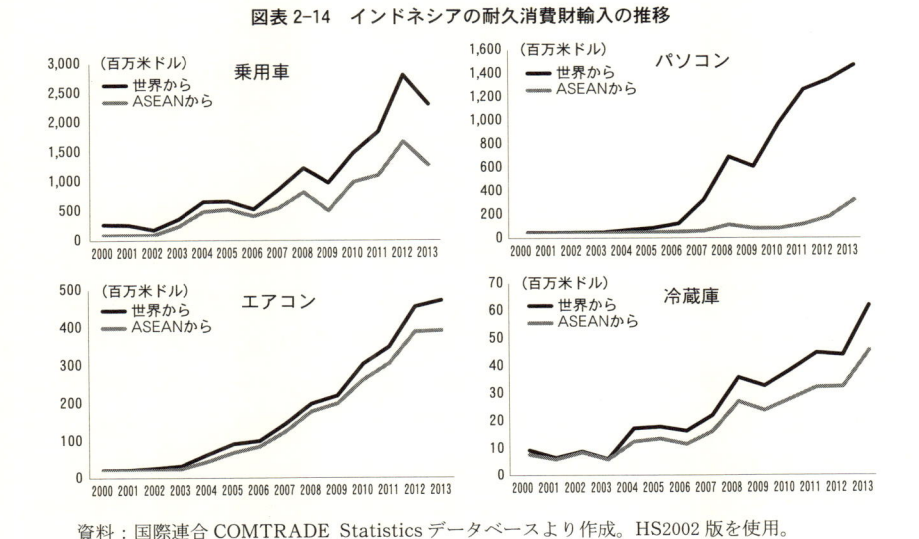

図表 2-14　インドネシアの耐久消費財輸入の推移

資料：国際連合 COMTRADE Statistics データベースより作成。HS2002 版を使用。

10　経済産業省（2013）によると，インドネシアの 2012 年時点での普及率はエアコン 7.6％，冷蔵庫 30.6％，乗用車 7.4％と推計されている。

乗用車は2002年以降増加しており，とくに2010年から2012年まで急増している。しかし，エアコンや冷蔵庫などの家電製品に比べると，2009年の世界金融危機のような外的なショックを受けやすく，比較的変動している。二輪車に比べて乗用車は，高所得者層が主な消費者であり，所得の変動の影響を受けやすい贅沢財であるため，景気動向や金融危機などの経済ショックによって売上額が大きく変動する。しかし，傾向としては2000年代半ば以降，輸入額は急激に増加していることを考えると，インドネシア経済の成長ともに乗用車市場も拡大し続けるだろう。

以上見てきたように，ASEAN域内の市場の成長は，生産部門における中間財・資本財需要だけでなく，消費者の耐久消費財，非耐久消費財の需要の大幅な増加によっても支えられている。インドネシアやベトナムのような大きな人口規模に対して1人当たり消費額がまだ低い国が，今後もASEANの消費市場の成長を主導していくと思われる。

5. おわりに

本章では，ASEAN域内の財貿易の現状を観察し，その構造を把握することで，ASEAN域内貿易の進展度合いを考察してきた。域内の生産ネットワークの形成とともに，ASEAN域内貿易は一般・電子機器・輸送機器を中心とする部品や中間財の取引の増加によって拡大してきた一方，近年では，域内生産の拡大につれて増加した燃料需要に対応するため，原油とその精製品の域内貿易が急速に拡大している。また，これまでASEAN域内貿易は，シンガポール-マレーシアの2国間に大きく偏っていたが，生産ネットワークの拡大や消費市場の成長によって，他の2国間での貿易のシェアが拡大し，より多くのASEAN加盟国が域内貿易を担うようになってきている。

ASEAN域内貿易は緩やかに拡大し，ASEAN域内貿易シェアはその経済規模に見合った水準にまで上昇している。今後も加盟国の持続的な経済成長や，非関税障壁の撤廃や，ビジネス環境の整備による直接投資受け入れを進めることで，域内貿易の活発化とシェアの上昇を実現させることは可能だろう。

また，ASEAN 域内の生産ネットワークは域内貿易を進展させてきたが，現在は，新規加盟国であったベトナムが生産ネットワークに組み込まれながら経済成長を実現させている。また，ASEAN は市場としても近年成長が著しい。ASEAN の経済統合は，生産ネットワークにより多くの加盟国を組み入れながら，「生産基地」として拡大し深化する一方で，消費の拡大によっても域内貿易を活発化させることができるだろう。

一方で，AEC として ASEAN の経済統合を完成させるためには多くの課題が残されている。ミャンマーやカンボジアのような新規加盟国では依然として，域内外との主要貿易品目の多くが一次産品であり，産業構造高度化のための基盤はまだできていない。今後，域内貿易と，現在増加しつつある直接投資を通じて産業構造の高度化を進めていくことで，域内格差の縮小を実現することが期待される。

さらに，ASEAN 域内の生産ネットワークは，周辺国，とくに中国に拡大しつつあり，ASEAN 加盟国と中国との貿易が急増している。関税撤廃以外のASEAN 域内の貿易自由化，円滑化措置をさらに進めることで，ASEAN で生産することの価値を高め，「単一市場」ASEAN を早期に実現することが望まれる。

参考文献

磯野生茂（2014）「インドネシアの自動車産業」，西村英俊・小林英夫編『アセアンの自動車・同部品産業と地域統合の進展』第 2 章，ERIA
経済産業省（2013）『平成 25 年版　通商白書』第Ⅱ部第 2 章，90 ページ
佐々木創（2013）「中進国における国際リユース―中継地としてタイと周辺国の諸相」，小島道一編『国際リユースと発展途上国』調査研究報告書，アジア経済研究所
助川成也（2013）「物品貿易の自由化・円滑化に向けた ASEAN の取り組み」，石川幸一・清水一史・助川成也編著『ASEAN 経済共同体と日本―巨大統合市場の誕生』文眞堂
日本貿易振興機構（2014）「世界貿易投資報告：カンボジア編　2014 年版」
日本貿易振興機構（2014）「世界貿易投資報告：ミャンマー編　2014 年版」
The World Bank (2014), "Doing Business 2014 : Understanding Regulations for Small and Medium-Size Enterprises"
UNCTAD (2014), World Investment Report 2013: Global Value Chains: Investment and Trade for Development, United Nations

（岡部　美砂）

第 3 章

ASEAN 域内直接投資の現状・展望
―― ASEAN 自身が最大規模の投資主体に

1. はじめに

　ASEAN では 2015 年末に経済共同体（AEC）が創設される。AEC では加盟国間の関税および非関税障壁の撤廃，サービス貿易と投資の自由化などが予定されている。このため，第 2 章でみた加盟各国による相互の域内貿易だけでなく，域内の直接投資（FDI）も活発化すると期待される。
　このように期待が高まっている ASEAN の域内 FDI について，その現状を分析することが第 3 章の目的である。各種統計を主な手掛かりとして，可能な限り域内 FDI の実態に迫る。なお，ASEAN の FDI に関しては統計の制約が大きいことから，データが取れない部分については個別企業レベルの情報で捕捉する。
　以下，第 2 節では，グローバルな FDI の中での ASEAN の位置づけを確認する。第 3 節では，ASEAN の域内 FDI について国別や業種別の内訳を分析する。第 4 節では域内 FDI が行われる背景を検討し，最後の第 5 節では今後の ASEAN 域内 FDI の展望も行う。

2. グローバルな FDI

2.1　世界全体の FDI

　ASEAN 域内の FDI 動向をみる前に，グローバルな FDI の動向を確認する。UNCTAD（国際連合貿易開発会議）のデータベースによると，世界全体

のFDIは2013年に1兆4520億ドルに達し，前年比＋9.1％と2年ぶりの増加を示した（図表3-1）。

2013年を振り返ると，5月22日，米国連邦準備制度理事会（FRB）のバーナンキ議長（当時）が，量的金融緩和第3弾（QE3）を縮小する可能性について発言したところ，米国から世界への投資マネーフローは鈍るとの観測が広がり，各国通貨を売ってドルを買う動きが夏頃にかけて強まった。こうした中で，短期的なリターンを重視する証券投資が年初から年後半にかけて減少したのに対し，長期的な視点から行われるFDIが通年で増加したことは，投資家が長期的にはポジティブな見通しを保っていたことがうかがわれる。

もっとも，中長期的な推移をみると，2013年の世界全体のFDIは，リーマンショックの前年にあたる2007年に記録した2兆20億ドルのピークを依然として3割ほど下回っている。先進国向けのFDIが，2007年の1兆3228億ドルに対し，2013年は5656億ドルと半分以下にとどまっていることが主因である。

これに対し，先進国に遅れて2008年に7864億ドルのピークをつけた新興国

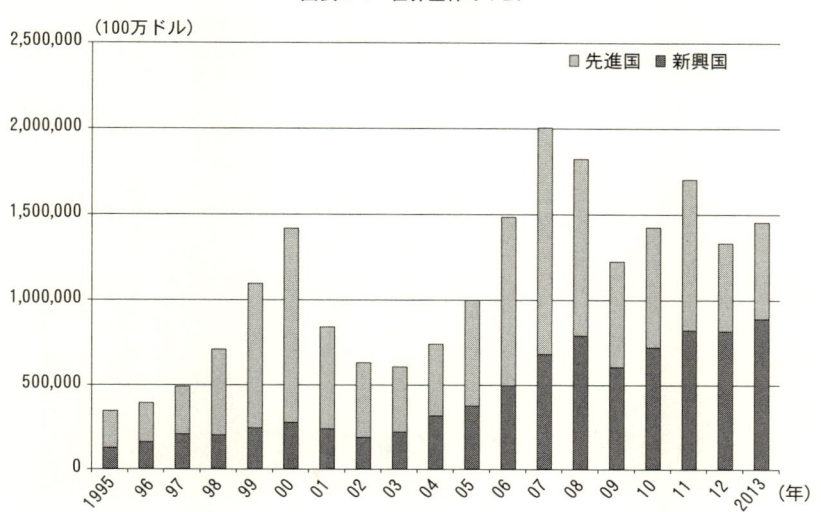

図表3-1　世界全体のFDI

資料：UNCTAD.

向けの FDI は，2 年間の停滞を経て，2011-13 年には連続して過去最高を更新した。2013 年時点では，8863 億ドルと先進国向けを上回る規模になっている。

2.2　世界全体から ASEAN への対内 FDI

　世界全体から ASEAN への対内 FDI は 2013 年に 1254 億ドルであり，前年比＋6.7％と拡大した（図表 3-2）。国別では，シンガポール向けが 638 億ドル（前年比＋4.3％）と半分を占め，インドネシア向けの 184 億ドル（同▲3.6％），タイ向けの 129 億ドル（同＋20.9％），マレーシア向けの 123 億ドル（同＋22.2％）と続いた。これらの国の中で，インドネシアについては，前述のバーナンキ発言を受けて通貨ルピアが ASEAN 通貨の中でも相対的に急落したものの，FDI の落ち込みは小幅にとどまって，シンガポールに次ぐ ASEAN 第 2 位の FDI 受入国の定位置を保った。タイについても，11 月以降にインラック政権（当時）に反対する大規模デモが首都バンコクで発生して政治混乱に陥ったも

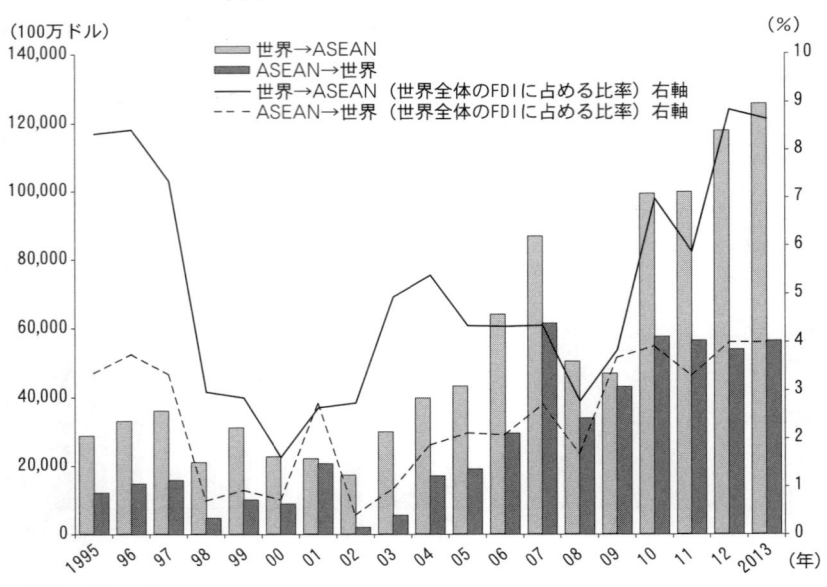

図表 3-2　世界全体における ASEAN の FDI

資料：UNCTAD．

のの，FDI は急増を遂げた。これらについても，インドネシアとタイの長期的な成長について，投資家が見方を大きく変えてはいないことがうかがわれる。

中長期的に世界から ASEAN への対内 FDI をみても，2013 年は金額ベースで過去最高に達した。ASEAN への対内 FDI は，2007 年にいったん 867 億ドルのピークをつけた後，リーマンショックの影響で 2009 年には 467 億ドルまで半減したが，2010-13 年の 4 年間に V 字回復を遂げた。先述したとおり，この間に先進国向けの FDI は低迷を続けたこととは対照的である。また，その他の新興国・地域と比較しても，ASEAN への対内 FDI の回復ペースは際立っていた。

ASEAN への対内 FDI が世界の FDI に占める比率も，過去最高を更新している。同比率は 1995-96 年に 8 ％台前半に達していたが，1997 年のアジア通貨危機を受けて低下し，2000 年には 1.6％ となった。その後，リーマンショック直前まで ASEAN 向け FDI の金額は回復したものの，世界全体でも FDI は盛り上がったことから，同比率は停滞を続けた。そして，リーマンショック以降の ASEAN 向け FDI 金額の回復が他地域より顕著だったことを反映し，ついに同比率は 2012-13 年に 8 ％台後半へ上昇した。

世界から ASEAN 向けの FDI が順調に拡大していることは，2013 年に中国向けを上回ったことからもうかがわれる。リーマンショック以降，中国向け FDI の回復は緩やかなペースとなっており，2013 年は前年比＋2.3％ の 1239 億ドルと ASEAN の 1254 億ドルに届かなかった。UNCTAD（2014）によると，アジア向け FDI の重心が，中国に香港や韓国を加えた東アジアから，ASEAN へのシフトが続いていると指摘されている。

一方，ASEAN から世界全体への対外 FDI も，ASEAN への対内 FDI と同様に堅調である。金額ベースでは 2013 年に 564 億ドル（前年比＋4.7％）で，過去最高だった 2007 年の 614 億ドルに迫っている。世界全体の FDI に占める比率でみると，2013 年は 2 年連続で 4.0％ と過去最高だった。国別では，シンガポールの対外 FDI が 270 億ドルで，前年比＋100.3％ となった。この他の主な国では，マレーシアが 136 億ドル（同▲20.5％），タイが 66 億ドル（同▲48.6％）で，双方とも対外 FDI を減らした。しかし，シンガポールの急増によって，ASEAN 全体の対外 FDI は前年比で拡大したのである。

74　第3章　ASEAN域内直接投資の現状・展望

以上をまとめると，世界の中で，ASEANはFDIの主要な受け手となっているだけでなく，出し手としてもプレゼンスを高めつつあると評価できよう。

2.3　日本からASEANへの対内FDI

日本側の統計により，日本からASEANへの対内FDIを確認する。2013年は236億ドルと2年ぶりに過去最高を更新し，前年比＋121.3％の急増を示した（図表3-3）。

日本からASEANへのFDIの内訳をみると，最も多かったのはタイ向けの102億ドルで，前年から19倍と急増した。従来からの主力である自動車向けは堅調だったが，それ以上に金融保険業向けが膨張しており，邦銀による地場大手行の巨大買収案件が主因とみられる。

第2位はインドネシア向けで，輸送機械や金融保険業への投資が増えた。従来の資源関連産業に代わり，近年は輸送機械と金融保険業が主な投資先に変化しており，インドネシアの内需が拡大していることに合わせた動きとみられる。

図表3-3　日本からの直接投資（単位：金額は億ドル，前年比と構成比は％）

		2008年	2009年	2010年	2011年	2012年	2013年	前年比	構成比
ASEAN		63	70	89	196	107	236	121.3	17.5
	シンガポール	11	29	38	45	16	35	126.4	2.6
	タイ	20	16	22	71	5	102	1761.3	7.5
	インドネシア	7	5	5	36	38	39	2.5	2.9
	マレーシア	6	6	11	14	13	13	▲ 3.3	0.9
	フィリピン	7	8	5	10	7	12	69.8	0.9
	ベトナム	11	6	7	19	26	33	27.1	2.4
	その他	1	0	0	1	1	2	55.2	0.2
中国		65	69	73	126	135	91	▲ 32.5	6.7
米国		447	107	92	147	320	437	36.7	32.4
EU		229	170	84	361	290	310	6.8	23.0
合計		1308	747	572	1088	1224	1350	10.4	100.0

注：原典は日本銀行「国際収支統計」。金額は四捨五入。
資料：ジェトロホームページ。

第3位だったシンガポール向けのFDIについては，後述するように，さらに第3国に再投資される部分も含まれるとみられる。

　日本からASEANへのFDIは，日本が行うFDI全体の中で2013年に17.5％のシェアを占めた。米国向けの32.4％，EU向けの23.0％に続く第3位である。近年，ASEAN向けのFDIは欧米向けを上回るペースで伸びていることから，ASEANのシェアは欧米との差を縮める傾向にある。一方，中国向けFDIのシェアは6.7％であり，ASEAN向けの4割にとどまった。中国での生産コスト上昇や，尖閣諸島問題などから，中国向けFDIは伸び悩んでいる。

　日本企業の関心がASEANに対して高まり，中国に対しては低下していることは，アンケート調査結果からもうかがわれる。みずほ総合研究所によると，1999年の第1回調査から一貫して「今後最も力を入れていく予定の地域」との回答が最多だった中国は，2012年調査で2位に陥落した。代わりに最多となったASEANは，最新の2013年調査で中国との差をさらに広げる結果となった。

3．ASEANの域内FDI

　2.2項で確認したように，ASEANは世界の中でFDIの主要な受け手になっているだけでなく，出し手としても台頭しつつある。それでは，ASEANへの対内FDIについて，ASEAN域外からと域内からに分けてみると，それぞれどのように推移しているのだろうか。また，ASEANによる対外FDIについても，域外向けと域内向けはどうなっているのだろうか。

　域内FDIのデータとしては，ASEANによって公表される"ASEAN Investment Report"と"ASEAN FDI Statistics"，UNCTADの"UN Bilateral FDI Statistics"が主なものである。ここでは，データの収録期間が長いUNCTADのデータを基に分析し[1]，必要な場合にはASEANのデータで補うこととする。

1　以下，とくに断りのない限り，UNCTADのデータを基に分析する。

3.1 域内 FDI の全体像

　まず，ASEAN への対内 FDI を ASEAN 域内からと域外からの出し手別にみると，域内 FDI 金額は 2000 年代初頭から直近にかけて順調に拡大している（図表 3-4）。ASEAN 統合の進展に伴い，FDI には求心力が加わっていることがうかがわれる。一方，ASEAN がグローバル経済におけるプレゼンスを高めたことを反映して，域外からの FDI 金額も拡大してきた。

　この結果，域内 FDI が ASEAN への対内 FDI 全体に占める割合（域内 FDI 比率）は，2005 年の 22.2％から，2007 年の 8.3％へと下振れる局面はあったものの，ここ数年は 15％前後で推移しており，UNCTAD の直近のデータが得られる 2011 年では 14.6％となっている。

　なお，ASEAN（2014）"ASEAN Investment Report 2013-2014" では，2010-2013 年の 4 カ年分の域内 FDI データが収録されている。これによると，域内 FDI 比率は 2010 年に 15.1％，2011 年に 15.6％，2012 年に 18.1％，2013

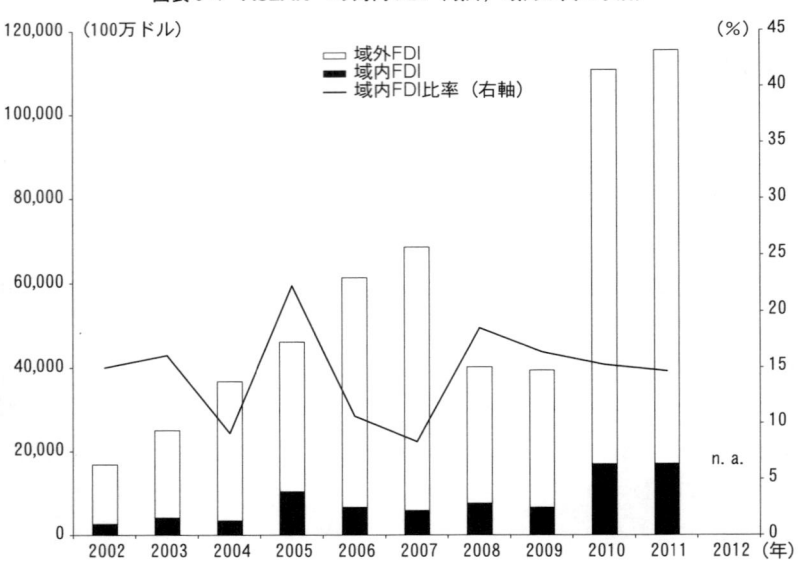

図表 3-4　ASEAN への対内 FDI（域外，域内の出し手別）

注：2012 年はシンガポールのデータが未公表。域内 FDI 比率＝域内 FDI／対内 FDI。
資料：UNCTAD "Bilateral FDI Statistics".

年に17.4%である。2011年までのデータはUNCTADのものとほぼ同じであり，2012-13年は上昇傾向にあったことを示している。

さらに，ASEAN（2014）に拠って，対内FDIの出し手国・地域別構成比をみると，近年はASEAN自身からの域内FDIが日本からのFDIと並んで最大となっている。英国とオランダも欧州として一括りにすれば，年によっては欧州がASEANと日本に匹敵する投資主体である。こられに次いで，中国と米国からのFDIが多い（図表3-5）。

以上から，従来は域外からのFDIを梃子に成長を遂げてきたASEANは，今や自らが日欧と肩を並べる最大の投資主体となっており，域内FDIも貴重な資金源としていることがうかがわれる。

次に，ASEANからの対外FDIを域内向けと域外向けの仕向け先別にみると，全体に占める域内FDI比率は近年に25-40%のレンジで推移している（図表3-6）。残念ながらデータの得られる期間が2008年以降と短いため，トレンドとして上昇しているのか下降しているのか判断は難しい。とはいえ，対内FDIの場合と比較すると，対外FDIのほうが域内比率は高い傾向にある。

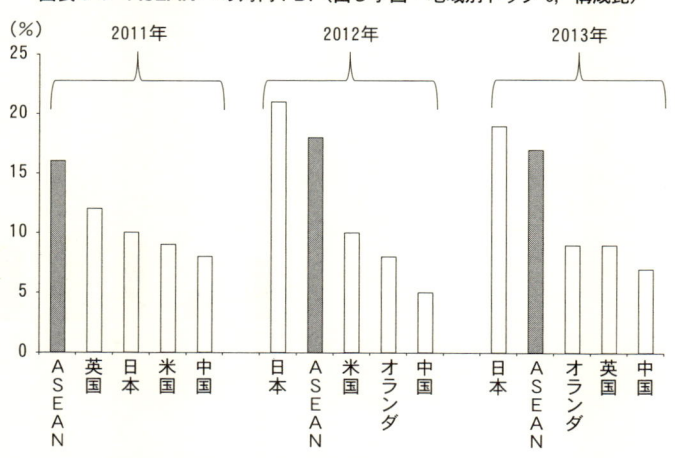

図表3-5　ASEANへの対内FDI（出し手国・地域別トップ5，構成比）

注：対内FDIに占める出し手国・地域別の構成比。
資料：ASEAN（2014）.

ASEAN が投資先として自らを重視し，積極的に資金を投入していることを映す数字といえるであろう[2]。

　ASEAN の域内 FDI を，EU のそれと比較するとどうだろうか。EU は 1958 年に 6 カ国によって設立された欧州経済共同体（EEC）を起源とし，現在の 28 カ国に拡大するまで半世紀以上もの歴史を重ねてきた経済統合体の代表格である。1995 年の時点で加盟していた 15 カ国のベースでみると[3]，対内 FDI に占める域内 FDI 比率は 2000 年に 8 割に達していた（図表 3-7）。一方，対外 FDI に占める域内 FDI 比率も同時期に 6 割程度の高水準だった（図表 3-8）。EU 市場の統合深化を反映し，加盟各国が相互に活発な投資を行っていたことがうかがわれる。

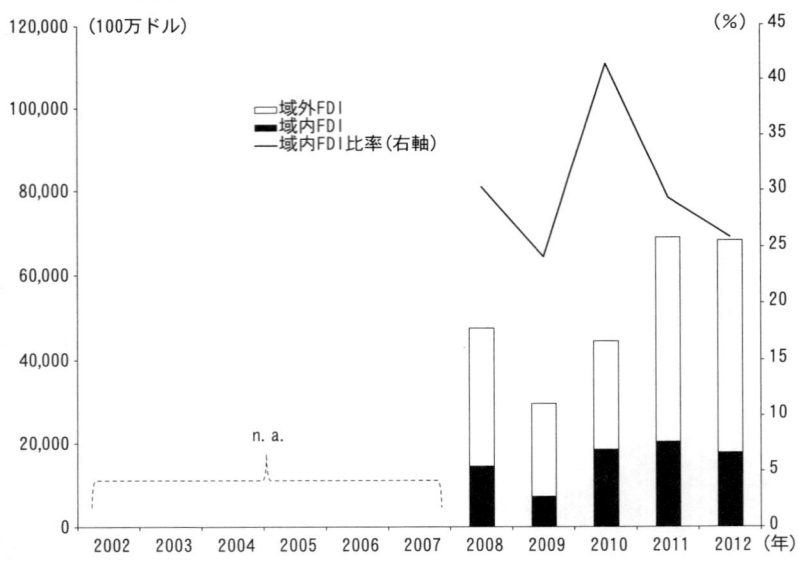

図表 3-6　ASEAN からの対外 FDI（域外，域内の仕向け先別）

注：2002-2007 年はマレーシアのデータが未公表。域内 FDI 比率＝域内 FDI／対外 FDI。
資料：UNCTAD "Bilateral FDI Statistics".

2　ASEAN 企業の ASEAN 域内における事業展開については第 4 章を参照。
3　ベルギー，デンマーク，フランス，ドイツ，ギリシャ，アイルランド，イタリア，ルクセンブルク，オランダ，ポルトガル，スペイン，イギリス，オーストリア，フィンランド，スウェーデン。

3. ASEAN の域内 FDI　79

図表 3-7　EU への対内 FDI（域外，域内の出し手別）

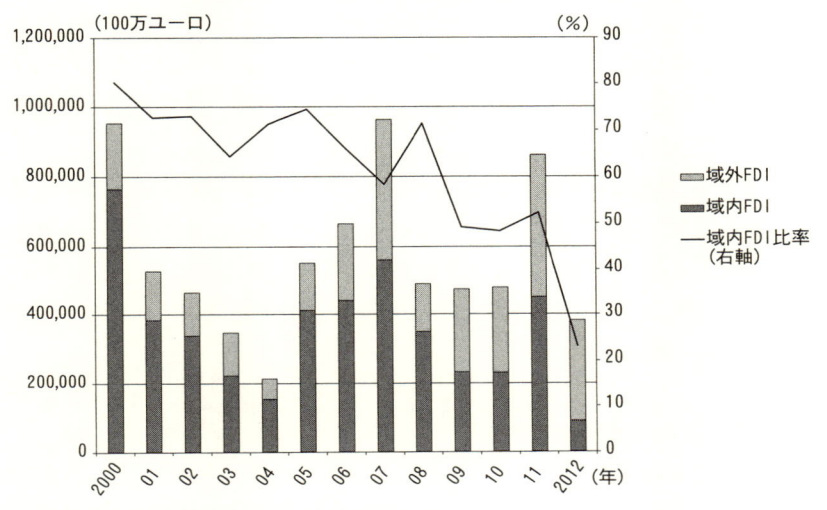

凡例：
- 域外FDI
- 域内FDI
- 域内FDI比率（右軸）

注：域内 FDI 比率＝域内 FDI／対内 FDI。
資料：Eurostat.

図表 3-8　EU からの対外 FDI（域外，域内の仕向け先別）

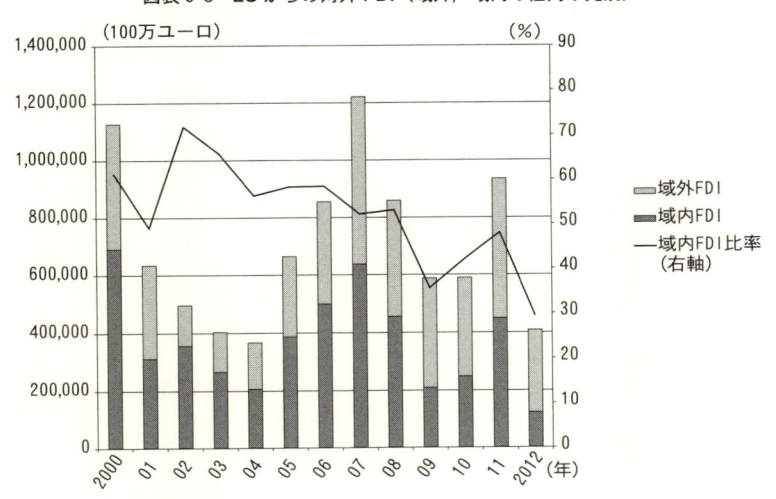

凡例：
- 域外FDI
- 域内FDI
- 域内FDI比率（右軸）

注：域内 FDI 比率＝域内 FDI／対外 FDI。
資料：Eurostat.

しかし，リーマンショックや，2009年以降の欧州債務危機を経て[4]，状況は一変している。2012年の域内比率は対内FDIで23.0%，対外FDIで29.3%まで急落しており，今やASEANとの差はなくなってきている。金額ベースでも域内FDIはリーマンショック以降に減少傾向であり，ASEANでは増加していることと対照的な動きとなっている。

以上より，ASEANとEUを比較すると，ASEANではFDIに求心力が働いているのに対し，EUでは求心力が低下しているようにみえる。成長著しいASEAN域内ではASEAN自らが商機を求めて投資を増やしているのに対し，経済が停滞気味であるEUにおいてはそのような動きが域内で減退していることを示唆している。

3.2 域内FDIの業種別仕向け先

次に，ASEANの域内FDIについて，業種別の仕向け先をみる。UNCTADのデータでは業種別の動向が判らないため，この点についてはASEAN (2013) "ASEAN Investment Report 2012-2013" に収録されていたデータを基に確認する。

これによると，最新値の2011年では製造業向けが最も多く，59億ドルと全体の2割を占める。次いで，不動産業の39億ドル，金融業の27億ドル，商業の25億ドルが大きい。これらに対し，農業，鉱業，建設業といった業種向けは低調である[5]（図表3-9）。

各業種について2002年から2011年の時系列推移をみると，製造業向けは当初から相対的に大きく，しかも直近にかけて急増していた。同様に，不動産業向けと商業向けも急速に増加していたことが確認できる。これらに対し，金融業向けは高水準で頭打ちとなっているようにみえる。

---

[4] 英語表記の頭文字をとってPIIGSと呼ばれたポルトガル，イタリア，アイルランド，ギリシャ，スペインなどで，財政債務の返済能力に対する懸念から信用不安が発生した。

[5] ASEAN (2014) では，2012年と13年の2年分の業種別域内FDIデータが得られる。ASEAN (2013) とは業種分類が異なり，連続性が保障されないことに留意する必要があるが，2013年時点においても，製造業，金融業，不動産業，商業と分類されている業種が域内FDIの主な仕向け先であることは同様である。なお，製造業とサービス業という2分類で比べれば，後者の規模が圧倒的に多い。サービス業を中心にASEAN企業が積極的にASEAN域内で事業展開をしていることについては，第4章を参照。

3. ASEANの域内FDI　81

図表 3-9　域内 FDI の業種別仕向け先（2002-2011年）

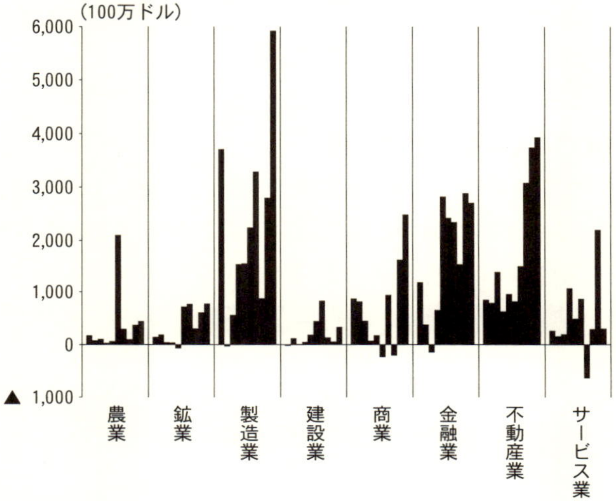

（縦軸：100万ドル、-1,000〜6,000。業種：農業、鉱業、製造業、建設業、商業、金融業、不動産業、サービス業）

注：産業別に，2002-2011年の各年データを図示。
資料：ASEAN（2013）.

　業種別の動きからは，どういったことが読み取れるだろうか。例えば，FDIの動機に関する理論によると，鉱物等の資源追求型，相手国の市場追求型，関税回避等のコスト追求型，そして国際分業を行うための戦略追求型などに分類できる。

　製造業向けが増加したことについては，ASEANにおける消費市場の拡大を背景として，相手国で生産して販売まで行う市場追求型が多かったと考えられる。関税回避を目的とするコスト追求型は，既にAFTA（ASEAN自由貿易協定）の枠組みで関税率が引き下げられてきたことから，主たる動機になったとは思われない。ASEAN内で分業体制を構築する戦略追求型の動向については，業種別のデータだけでは判別し難いが，これまでは限定的とみられる。

　不動産と金融，商業といったサービス業向けが増加したことについても，相手国内での市場追求型のFDIと考えられる。とくに近年，ASEANにおける都市化や消費市場の拡大を背景に，不動産と商業向けのFDIが増えたのではないだろうか。

これに対し，鉱業や農業の資源追求型は盛り上がらなかった。ASEANでは，製造業やサービス業に経済発展のダイナミズムが移ってきていることがうかがわれる。

3.3 域内 FDI の出し手国と受け手国

活発化している ASEAN の域内 FDI の中でも，とくに積極的な出し手国と，そうでない国の2つに分かれる。出し手国としてはシンガポールが突出して多く，2012年に域内 FDI の 6 割を行っている。次いで，マレーシア，タイ，そしてインドネシアが続く。その他の国については，ほぼ皆無といって差し支えない状況である[6]（図表 3-10）。

域内 FDI の主な出し手国は，域内のどこへ投資を行っているのだろうか。図表 3-11 は，出し手の主要 4 カ国（シンガポール，マレーシア，タイ，イン

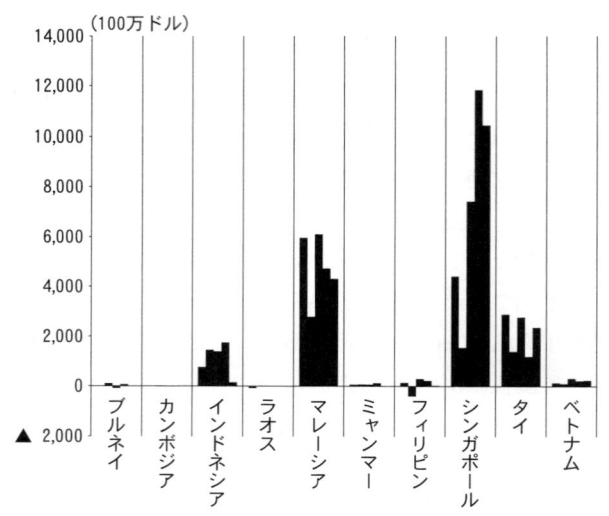

図表 3-10　ASEAN の域内 FDI（出し手国別，2008-2012年）

資料：UNCTAD "Bilateral FDI Statistics".

6　ただし，フィリピンやベトナムの企業の対 ASEAN 投資は足元で増え始めている（第 4 章参照）。

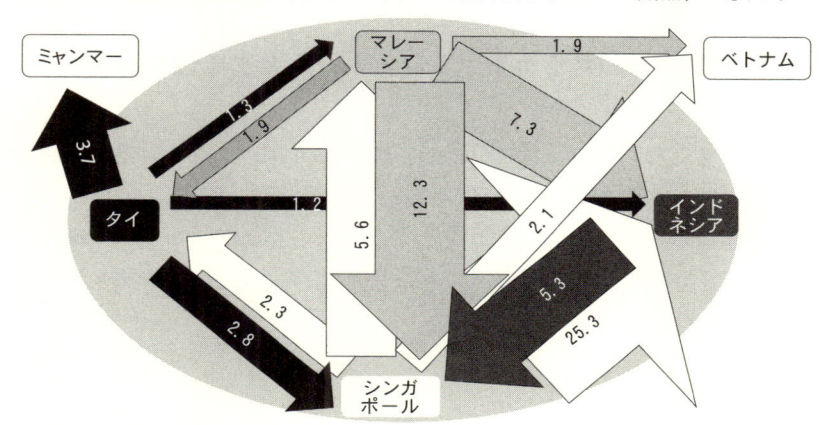

図表3-11 域内FDIの主要な出し手4カ国による仕向け先（2008〜12年累計，10億ドル）

注：対象期間中に10億ドル以上が行われたFDIフローのみを表示。
資料：UNCTAD "Bilateral FDI Statistics".

ドネシア）に関し，仕向け先別に金額を表したものである。これを眺めると，2つの特徴的な動きが確認される。

第1の特徴は，主要4カ国による域内FDIの仕向け先が，主要4カ国自身というものである。例えば，シンガポールにとっての最大の域内投資先はインドネシアであり，インドネシアにとっての最大（にしてほぼ唯一の）投資先はシンガポールであるというように相互関係がみられ，これら4カ国が域内投資のコアを形成している。

第2の特徴は，コアの4カ国を除くと，小規模ながらミャンマーとベトナムに対するFDIが行われている。とくにミャンマーについては，タイにとって最大のFDI仕向け先となっている。

このように域内FDIの国別内訳をみると，主要4カ国が相互に行うコア的な動きと，それ以外の国に対する周縁的な動きの2つのパターンが注目される。

4. 域内 FDI が行われる背景（シンガポールとタイのケース）

　域内 FDI をさらに掘り下げて分析し，域内 FDI が行われる背景を検討したい。以下では，ASEAN の域内 FDI にみられた 2 つのパターンの中から，主要 4 カ国によるコア的な域内 FDI として，最大の投資国シンガポールのケースを取り上げる。そして，周縁的な域内 FDI について，タイからミャンマーへのケースに焦点を当てる[7]。

4.1　シンガポールのケース

　シンガポールについては，FDI（残高ベース）の業種別内訳が政府によって公表されている。しかも，業種別データは 2 種類ある。1 つは，FDI を行う投資主体がシンガポール国内でどの業種に属するかに関するデータであり，もう 1 つは，それらの投資主体が実際に投資先でどの業種に資金を投じたかに関するデータである。主要 4 カ国によるコア的な域内 FDI としてシンガポールを取り上げることには，シンガポールが最大の投資国ということだけでなく，FDI データが相対的に豊富であり，分析を行いやすいという事情もある。

　まず，シンガポールの域内 FDI 残高を，国内投資主体の業種別にみると，2012 年末で最大の投資先であるインドネシア向けについては，金融業が行っているものが 84.4％と大宗を占める。マレーシア向けとタイ向けについても，それぞれ 65.2％，69.6％と，金融業が 7 割近くに達する。

　次に，投資先での業種別データをみると，インドネシアでは金融業向けのシェアが 29.9％であり，製造業向けの 28.7％と拮抗している。シンガポール側で大宗の投資を出している金融業は，必ずしもインドネシアの金融業に投資を行っているわけではなく，半分は製造業に対して行っているとみられる。同様の傾向はマレーシアとタイでも認められ，金融業向けのシェアはそれぞれ 49.2％と 45.8％と過半数を割り込む一方，製造業向けのシェアは 32.4％と 30.7％に

7　マレーシアの対 ASEAN 投資については第 4 章で詳述する。

上る（図表3-12）。

シンガポール側で金融業に分類されるFDIの主体としては，GIC（Government of Singapore Investment Corporation）と，テマセック（Temasek Holdings）という2つの国家ファンドが考えられる。GICとは，シンガポール通貨庁の保有する外貨準備を運用する機関である。正確な運用規模は非公表だが，GICのホームページによると1000億米ドル（11兆7000億円）以上とされており，それよりも多いとの説もある。運用資産の中身については年次報告書で公表されており，2014年時点では57％を株式で運用している。株式運用についてのFDI（直接投資）と証券投資の分類は不明だが，FDIに関与していることは十分に考えられる[8]。一方，テマセックとは，シンガポール財務省が100％出資する機関であり，元来はシンガポール政府系企業の安定株主として機能してきたが，近年は海外企業に対する出資も行っており，GICと同様にシンガポールのFDIに貢献しているとみられる。

図表3-12　シンガポールによる域内FDI（業種別シェア，2012年残高）

	シンガポール投資主体の業種別シェア			投資先の業種別シェア		
	インドネシア向け	マレーシア向け	タイ向け	インドネシア向け	マレーシア向け	タイ向け
製造業	2.3	8.8	4.0	28.7	32.4	30.7
建設業	0.2	0.3	0.0		0.3	0.4
卸小売業	8.3	13.1	22.5	4.0	8.6	11.4
ホテル外食		1.1	0.1	0.7	1.6	2.9
運輸	0.6	1.3	1.3	1.9	1.0	2.0
情報通信	0.1	0.4	0.3		0.5	3.7
金融	84.4	65.2	69.6	29.9	49.2	45.8
不動産		6.3	0.2	6.1	2.5	1.3
専門サービス	2.2	3.3	2.0	0.9	1.4	0.3
その他	0.1	0.3	0.0	18.8	2.5	1.6

資料：Statistics Singapore（2014）"Singapore's Investment Abroad, 2012".

---

[8] 熊谷（2014）。また，Pananond（2008）も，ASEAN域内FDIでは投資主体として政府系機関が重要な役割を担っていると指摘している。

投資先の情報が比較的開示されているテマセックによると，2014年の業種別投資先の30%が「financial Service」であり，23%の「Telecommunications, Media & Technology」と合わせて半分を超える。製造業を含むとみられる「Transportation & Industrials」は20%に過ぎず，しかも主な投資先は地場企業であり，外国企業は目立たない。

国家ファンドの投資先として金融業と通信業のシェアが高い背景としては，シンガポールがアジアの国際金融センターを目指して金融セクターの発展を進めてきたノウハウや，政府主導で通信インフラの整備を進めてきた経験を活かす目的があるとされる[9]。テマセックの背後にはシンガポール政府があり，かつ投資先は金融業や通信業といった内需型サービス業が中心であることから，これらは国家主導による相手国の市場追求型FDIといえよう[10]。

一方，国家ファンドの投資先として製造業のシェアが低いことは，図表3-12で金融業による製造業へのASEAN域内FDIが比較的多かったことと比べてギャップがある。このギャップを埋めるものとしては，シンガポールに設立された投資目的会社等にグローバルマネーがいったん集まり，そこからASEAN域内の製造業へFDIが行われていることが考えられる。この場合，統計上はシンガポールの金融業によってFDIが行われたと計上されるが，実態としては第3国によるシンガポール経由のFDIである。シンガポールは，① 法人税率が17%と世界的に低いこと，② キャピタルゲイン課税がないこと，③ 配当についても非課税になる場合があること，④ ASEANを含む世界各国と租税協定を結び投資収益の二重課税を免れやすいことから，グローバルマネーを集めて，再投資を行う金融ハブ拠点になっている[11]。

ASEAN域内でシンガポールからのFDIが突出して多い背景には，このような事情があると考えられる。第3国によるシンガポール経由のFDIは，本質的にはシンガポールによるものではないが，シンガポールの税制によってもたらされた部分があり，FDIに関しては税制を含めた政策が重要な要素とな

---

[9] みずほ総合研究所 (2008)。
[10] 国家ファンドによるFDIには，シンガポール政府の何らかの政治的意図があると，投資受入国が警戒することもある。これに対し，シンガポール側は政治的意図を否定し，純粋に投資収益を追求する目的であると説明している（みずほ総合研究所2008）。
[11] 花水・副田 (2014)。

ることを示唆する。

4.2 タイのケース

　タイによる域内 FDI の特徴は，シンガポール，マレーシア，インドネシアの ASEAN 主要国だけでなく，ミャンマーに対しても活発に行われていることだ。

　タイによるミャンマーへの直接投資については，業種別等の詳細なデータを得ることはできないものの，従来から石油やガス等の資源追求型が多いと指摘されてきた。例えば，タイのエネルギー企業 PTT は，既に 15 年以上にわたりミャンマーで事業を行っており，現在は 3 つのプロジェクトで天然ガスの生産・探査を実施している。生産したガスの 30%は，タイへ輸出することがミャンマー側によって認められている[12]。

　しかし，統計では確認できないものの，近年は資源追求型ではないミャンマー向け FDI も，タイ企業によって行われている。例えば，20 年以上ミャンマーへ輸出を行ってきた老舗大手サイアム・セメントは，2014 年 7 月，ミャンマーに 4 億ドルを投資し，初のセメント工場を建設すると発表した。同社によると，ミャンマー市場の拡大を期待して，輸出を補うために工場を建設したという。

　消費関連では，タイの小売業者がミャンマーでホテル事業を行ったり，ショッピングモールの建設も計画したりしている。

　2014 年 10 月には，大手のバンコク銀行が，日本の 3 メガバンクを含む 8 行と共に，ミャンマーでの銀行業ライセンスを得た。

　また，2014 年 6 月，タイ財閥のサハ・グループが，物流会社をミャンマー企業と合弁で設立した。同グループは，ミャンマーに 20 億バーツ（本稿執筆時点のレートで約 72 億円）を投じて工業団地を開発する計画を立てており，それに向けた布石を打った合弁事業とみられる。

　このように，タイ企業の投資対象は多岐にわたるようになっている。ミャンマーの内需発展を反映して，建設資材や消費・金融サービスといった市場追求

12　カンヤラット（2013）。

型の投資が現れている。また，ミャンマーではインフラ需要も拡大していることから，工業団地開発も市場追求型として捉えることができよう。

ところで，タイでは最低賃金が2012-13年に大幅に引き上げられて労働コストが上昇し，今後は少子高齢化の進行で労働力不足が予想されることから，低廉な労働力が豊富なミャンマー等の周辺国へ労働集約的な工程は移管し，タイ国内では資本・知識集約型の工程に特化するというタイ・プラスワンの垂直型分業が関心を集めている。

ただし，今のところ，ミャンマーに関してはタイと分業する戦略追求型の直接投資はほとんど行われていないようだ。この背景には，ミャンマーの人件費は確かに低いものの，工業団地や，タイと連絡する産業回廊の整備が現状では遅れていることなどが考えられる。一方，ミャンマーと比較して，同様に賃金が低く，工業団地と産業回廊の整備が進んでいるカンボジアには，一部の日系企業がタイとの間で工程間分業を行う事例が確認される[13]。

5. 今後の展望

5.1 ASEAN統合の影響

本章の冒頭で述べたように，2015年末のAEC創設により，域内FDIが活発化すると見込まれる。ASEAN統合のプロセスが，域内FDIにプラスの影響を与えることについては，Cheong and Plummer (2009) といった実証研究もある。

ASEAN統合の中で投資に関する政策枠組みには，ASEAN包括的投資協定(ACIA)があり，2012年3月に発効している。その目的は，ASEAN域内での投資を拡大し，域内における各国の相互補完的分業体制の構築を促すことである。主な内容としては，投資の自由化，促進，円滑化，保護に関する規定が

---

[13] 小林 (2014)。もっとも，日系企業がタイの労働集約工程をカンボジアに移管する場合でも，統計上はタイによるカンボジアに対するFDIとカウントされるとは限らない。日本からカンボジアにダイレクトでFDIを行うことや，日本からシンガポール等の第3国を経由するFDIの流れが考えられるからである。

ある。このうち投資の自由化に関しては，製造業，農業，漁業，林業，鉱業，採石業，およびこれらに付随するサービス業が対象であり，これら業種の中で自由化しない分野を各国が示すネガティブリスト方式がとられている。すなわち，同リストに掲載されていない分野については，自由化されたことになる。

ACIAについては，自由化しないネガティブリストを段階的に削減することが規定されている。2014年8月に開催された第46回ASEAN経済相会合では，ACIAを修正するための議定書が署名された。ネガティブリストの対象業種について，削減に着手する準備が始まったことを意味し，域内投資の自由化が今後も進むことを期待させる。

ACIAは主に製造業をカバーするのに対し，サービス分野の投資自由化に関する取り組みとしては，ASEANサービス枠組協定（AFAS）がある。2015年末のAEC形成までに，サービス分野（金融等の一部を除く）における域内投資家の出資比率規制を段階的に70%まで引き上げる目標を掲げている（図表3-13）。その意義としては，ASEANではサービス業の外資比率に厳しい規制を課す国が多い中で，AFASの目標が達成されると域内投資家に限り70%までのFDIが認められ，域外投資家よりも優遇されることである。

AFASによる域内サービス業の外資規制緩和については，2014年8月のASEAN経済相会合において，2013年中の合意を目指していた第9パッケージの中間目標に関し，1年遅れでほぼ合意にこぎ着けた。今後は，域内投資家

図表3-13　AFASによる域内サービス自由化交渉スケジュール

	第8パッケージ		第9パッケージ		第10パッケージ	
交渉期限	2012年 （完了）		2013年 （1年遅れでほぼ完了）		2015年	
開放対象分野	分野数	外資比率（%）	分野数	外資比率（%）	分野数	外資比率（%）
優先統合分野	29	70	29	70	29	70
ロジスティクス	9	51	9	70	9	70
その他サービス	42	51	66	51	90	70
合計	80	-	104	-	128	-

注：優先統合分野は，e-ASEAN（電子関連，電気通信，音響映像など），観光。
　　第9パッケージの交渉状況はタイ商務省情報に基づく。
資料：ジェトロ（2014年9月2日）「通商弘報」。

の出資比率を 70％まで引き上げる最終目標の第 10 パッケージが交渉され，実現されればサービス業の域内 FDI が活性化すると期待される。

5.2 拡大が予想される域内 FDI の類型

　ASEAN の統合で域内 FDI に追い風が吹く中で，目的別としては相手国の需要獲得を目指す市場追求型を中心に増えると予想される。その場合には，市場の大きさが重要な要素になることから，シンガポール，マレーシア，タイ，インドネシアのコア 4 カ国が主な受入国となるだろう。一方，主な出し手としては，シンガポール，マレーシア，タイ，インドネシアの政府関連機関や財閥，これら 4 カ国に所在する外資系企業が中心になると考えられる[14]。

　一方で，垂直型の国際分業を目指す戦略追求型の FDI については，現状では限られているものの，次第に増加する方向に向かうと思われる。このタイプの域内 FDI の受入国になると予想されるのは，相対的に賃金の低いミャンマー，カンボジア，ラオス（CLM）である。例えばミャンマー側では，2015 年にティラワ SEZ（経済特別区）の工業団地が開業予定などインフラ開発を進め，それに合わせて FDI 関連法制も整備しており，FDI の受け入れ準備を急ピッチで整えている。主な出し手としては，労働コストが上昇して少子高齢化による労働力不足も懸念されるタイが考えられる。とくにタイについては，CLM 各国と国境を接しており，他の ASEAN 主要国に比べて垂直分業を行いやすい位置にある。さらに，タイ政府は 2014 年 8 月に新投資戦略を打ち出し，国内で労働供給が制約を受けることを考慮して，ミャンマー，カンボジア，ラオスといった周辺国への対外 FDI を支援する方針を発表した[15]。支援の具体的な中身は固まっていないが，従来の対内 FDI を促進する投資政策から，対外 FDI も進める方向にタイが舵をきったことは注目される。

14　ただし，在 ASEAN の外資系企業が他の ASEAN 各国に投資を行う場合，脚注 13 と同じ理由から，それが域内 FDI として統計に記録されるとは限らず，ASEAN 域外の母国等からの FDI として計上されることがありうる。

15　Board of Investment (2014) "BOI approves another 15 projects worth over 40,000 million Baht", August 19, 2014.

5.3 日本企業へのインプリケーション

ASEANが統合を進化させることは，日本にとってもFDIの環境が改善することを意味する。したがって，今後も日本からASEAN向けFDIは活発に行われると思われる。

ASEAN向けFDIを行うに際して検討すべきことの1つは，日本から直接行うのか，シンガポール等の第3国を経由して行うのかということである。前述のとおり，さまざまな税制メリットを得るため，シンガポールを経由して他のASEAN各国にFDIを行うケースが多くみられる。例えば，サービス投資自由化に関するAFASの枠組みでは，域内投資家に限り出資比率を70%まで引き上げ，域外投資家よりも優遇することが目標とされている。日本企業がこのメリット得るためには，いったんシンガポールの地域統括拠点等に直接投資を行って，そこから最終目的地のASEAN各国に再投資を行うスキームが考えられる。

ただし，留意点がある。AFASの自由化メリットに関しては，地域統括拠点など在ASEANの外資系企業や，実質的なビジネスを行っていない投資目的会社にも適用されるのか，現段階では不透明との指摘があるからだ[16]。

このように，ASEANのFDI自由化プロセスには不透明な部分がある。日本からASEAN向けにFDIを行う際には，実務レベルの問題として，当局や法律事務所等から情報収集を行うことが重要である。

参考文献

梶田朗・安田啓『FTAガイドブック2014』，Jetro

カンヤラット・キティサーンウティヴェット（2013）「タイからGMS諸国への投資」，MHCB Consulting（Thailand）『みずほタイ月報』，2013年10月号

熊谷章太郎（2014）「拡大するシンガポールのアジア向け直接投資」，日本総合研究所『アジア・マンスリー』，2014年9月号

小林公司（2014）「カンボジア経済の大メコン圏横断的視点からの分析 〜新たな生産拠点としての現状と発展可能性〜」，みずほ総合研究所『みずほ総研論集』，2014年Ⅰ号

花水康・副田達也（2014）「シンガポールを経由したクロスボーダーM&A (1) : ミャンマー」，三菱東京UFJ銀行国際業務部『BTMU Global Business Insight Asia & Oceania』，June 27, 2014

みずほ総合研究所（2008）『迷走するグローバルマネーとSWF 国際金融危機の深層』，東洋経済新報社

---

16 梶田・安田（2014）。

ASEAN (2013) "ASEAN Investment Report 2012-2013"
———— (2014) "ASEAN Investment Report 2013-2014"
Cheong, David and Plummer, Michael (2009): "FDI Effects of ASEAN Integration", "MPRA Paper No. 26004"
Pananond, Pavida (2008) "Outward foreign investment from ASEAN: Implications for regional integration"
UNCTAD (2014) World Investment Report 2014

(小林　公司)

第 4 章

ASEAN 企業，域内事業展開を強化
―― 域内統合の担い手として高まる存在感

1. はじめに

　東南アジア諸国連合（ASEAN）の地場企業が勢いづいている。資金力や技術力，経営ノウハウを蓄積した ASEAN の地場企業群（以下，ASEAN 企業と呼ぶ）は，自国から他の ASEAN 諸国，さらに世界へと羽ばたき，国際的な存在感を増している。国際化を加速する ASEAN 企業にとって，経済共同体（AEC）構築を掲げる "お膝元" の ASEAN は当然ながら生産や販売拠点の展開先として重点強化すべき地域であり，事実，ASEAN 重視を声高に叫ぶ ASEAN 企業は数多い。

　AEC 構築に向け ASEAN 加盟国間では関税・非関税障壁の削減・撤廃，さまざまな制度・ルールの自由化・共通化等の作業が進められているが，経済統合を考察する際には，貿易や投資の実際の担い手である企業の動きも押さえておく必要がある。ASEAN は日本や欧米の大企業が多数展開する地域であるが，本章ではあえて ASEAN 企業に着目し，それらの企業群が域内での経営にどれだけ注力しているのか論じる。すなわち ASEAN 企業の「ASEAN 化」という側面から，ASEAN 経済統合の実態に迫るのが，本章の主要な目的である。

　構成は以下の通り。第 2 節で各種ランキング等から国際化で先行する主要な ASEAN 企業の顔触れを確認し，それらの企業群が ASEAN 域内での経営を重視している状況を見る。第 3 節は ASEAN の中で地元企業の海外展開が目立つ国の 1 つ，マレーシアに着目し，同国企業の国際化の経緯・特徴を解説した上で，ASEAN での事業拡大に意欲的な 3 社を取り上げ，その戦略を個別に

詳述する。第4節ではASEAN企業の域内投資の新潮流として，主体としてインドネシアやフィリピンの企業群，セクターでは健康・医療分野が浮上してきた状況を見る。最後に日本企業にとってのASEAN企業台頭の含意等を考察して締めくくる。

2. 国際化を推進するASEAN企業

2.1 実力高めるASEAN企業

　経済成長が続くASEAN域内には国際的な有力企業が少なからず存在する。本節ではまず，特定の業界・分野で「世界有数」ないしは「アジア有数」と冠される企業をいくつか紹介し，躍進するASEAN企業の実力の一端に触れておこう。こうした企業が多いのは，ASEANの中でも経済が発展しているシンガポール，マレーシア，タイの3カ国である。

　まず，タイにはインドラマ・ベンチャーズ（IVL）という石油化学の企業がある。IVLはペットボトルの原料であるポリエチレンテレフタレート樹脂市場で世界シェア約15％を握る最大手で，積極的な買収により海外に生産拠点網を構築，米コカ・コーラやスイスのネスレなど巨大企業に製品を供給している。ツナ缶メーカーの世界最大手，タイ・ユニオン・フローズン・プロダクツも同じタイ企業であり，1990年代後半に米大手ツナ缶メーカーを買収したのを機に国際化を推進し，ガリバー企業へ変貌した。2010年に仏水産加工食品会社を買収し，20年までに売上高を倍増させると意気込んでいる。

　マレーシアに本社を置くのは，世界シェア約25％を握るゴム手袋製造の最大手トップ・グローブである。97年のアジア通貨危機後，国内市場の低迷に対応し，欧米向けに割安な医療用手袋を輸出する戦略に転換，急成長を遂げた。同国企業ではまた，パーム油の大規模農園（プランテーション）などを経営するサイム・ダービーが，農産物の生産を主要事業とする企業として世界最大規模だ（後述）。この他にも格安航空のエアアジア，大手病院チェーンのIHHヘルスケアなど，マレーシアには各業界でアジア最大級の企業が存在する。

一方，シンガポールにはオラム・インターナショナルという世界有数の農産物商社がある。穀物や砂糖，香辛料などの取引を手掛け，世界 65 カ国に経営拠点を展開，約 2 万 3000 人のグループ従業員を抱える[1]。ASEAN の「ビジネスセンター」である同国には金融や不動産，通信などの分野で ASEAN 有数の企業が本社を構えるが，近年新たな企業群が台頭してきた。オラムはその 1 社だ。アジア 12 カ国で専門学校など 34 校を運営し，毎年 2 万人超の入学者を獲得しているラッフルズ・エデュケーションというアジア最大級の教育企業もある。

一連の ASEAN 企業の多くに共通するのは，2000 年代に入り M&A（合併・買収）も梃子に経営規模を拡大し，海外市場で攻勢をかけた点であろう。2000 年代は世界的に貿易・投資が膨らみ，経済のグローバル化が加速した時期であったが，それに乗る形で ASEAN 企業も国際的な存在感を高めたのである。その背景としては ASEAN 経済の成長に伴い，地場の企業群が資金力や技術力を向上させたことも，もちろん指摘できよう。

2.2 ランキングで見る主要 ASEAN 企業の顔触れ

以下では国際機関等が作成したランキングから，海外事業を手掛ける ASEAN 有力企業の顔触れを見ていこう。まず国連貿易開発会議（UNCTAD）が海外資産規模をベースに毎年作成している「発展途上国の多国籍企業 100 社ランキング」（金融を除く）である。その 2014 年版[2]を見ると，4 位ペトロナス（マレーシア，石油），13 位シンガポール・テレコミュニケーションズ（通信），18 位ウィルマー・インターナショナル（シンガポール，食料），25 位キャピタランド（同，不動産），28 位ゲンティン（マレーシア，農園経営・娯楽）など ASEAN 企業 14 社が食い込んでいる（図表 4-1）。国別内訳は，シンガポール 9 社，マレーシア 4 社，フィリピン 1 社と，シンガポールとマレーシアで大半を占めている。

UNCTAD では「農産物の生産を主要事業とする企業」[3]に限定した世界ラ

---

1 これらの数字は 14 年 8 月時点のもの。
2 UNCTAD「世界投資報告（World Investment report）」2014 年版の付表として掲載されている。2012 年時点の資産額をベースに作成されている。
3 UNCTAD「世界投資報告（World Investment Repoort）」2009 年版。

第4章 ASEAN企業，域内事業展開を強化

図表 4-1　発展途上国の多国籍企業 100 社ランキング（金融を除く）

順位	会社名	国名	業種	海外資産（百万ドル）
1	ハチソン・ワンポア	香港	複合企業	85,721
2	CITIC グループ	中国	複合企業	78,602
3	鴻海（ホンハイ）精密工業	台湾	電子機器受託製造	65,471
4	ペトロナス	マレーシア	石油	49,072
13	シンガポール・テレコミュニケーションズ	シンガポール	通信	25,768
18	ウィルマー・インターナショナル	シンガポール	食料	23,088
25	キャピタランド	シンガポール	不動産	18,926
28	ゲンティン	マレーシア	娯楽，農産物	17,719
39	ゴールデン・アグリ・リソーシズ	シンガポール	農産物商社	13,286
41	YTL コーポレーション	マレーシア	複合企業	13,010
54	サンミゲル・グループ	フィリピン	飲食品	9,437
56	フレクトロニクス・インターナショナル	シンガポール	電子機器受託製造	9,395
72	サイム・ダービー	マレーシア	複合企業（農産物など）	6,628
75	オラム・インターナショナル	シンガポール	農産物商社	6,039
80	ケッペル・コーポレーション	シンガポール	複合企業	5,652
86	フレーザー・アンド・ニーブ	シンガポール	飲食品	4,995
91	シティ・デベロップメンツ	シンガポール	不動産	4,555

注：上位 100 社からトップ 3 の企業および 4 位以下の ASEAN 企業を抽出した。海外資産額は 2012 年の数字。
資料：UNCTAD, World Investment Report（2014 年版）より作成。

ンキングを過去に作成している。09 年公表のやや古い情報であるが，興味深い内容である。サイム・ダービー（マレーシア）がドール・フード・カンパニー（米国）を押さえて 1 位になっているのをはじめ，5 位チャロン・ポカパン（CP）フーズ（タイ），7 位クアラルンプール・ケポン（マレーシア），9 位クリム（同）と世界の上位 10 社中，ASEAN 勢が 4 社を占める[4]。サイムなどマレーシア 3 社はいずれもプランテーション経営大手，CP フーズは飼料の生産や家畜，養殖を手掛ける有力企業である。パーム油や天然ゴムなど一次産品の主産地である ASEAN 域内には農産物分野で世界的にも指折りの企業が多いことがわかる。

UNCAD 作成のランキングは海外資産規模に基づくものであるが，ASEAN

---
[4]　ランキングは 07 年の数字に基づいて作成されている。

(2013) を参考に筆者が作成した ASEAN 企業の海外売上高ランキングも紹介しよう（図表 4-2）。

それによればトップ 3 の顔触れは，1 位ウィルマー・インターナショナル，2 位フレクトロニクス・インターナショナル（シンガポール），3 位サイム・ダービーである[5]。上位 25 社の国別内訳を見ると，シンガポールの 13 社が最

図表 4-2　ASEAN 企業，海外売上高ランキング

順位	社名	国名	業種	海外売上高（百万ドル）	海外売上高比率
1	ウィルマー・インターナショナル	シンガポール	食料	33,372	77.2%
2	フレクトロニクス・インターナショナル	シンガポール	電子機器受託製造	14,573	48.4%
3	サイム・ダービー	マレーシア	複合企業	9,499	68.5%
4	シンガポール・テレコミュニケーションズ	シンガポール	通信	9,258	64.6%
5	オラム・インターナショナル	シンガポール	農産物	8,627	67.0%
6	ネプチューン・オリエント・ラインズ	シンガポール	海運	6,691	75.2%
7	ＹＴＬコーポレーション	マレーシア	複合企業	4,847	79.7%
8	ゲンティン	マレーシア	娯楽・農産物	3,720	60.3%
9	ＩＯＩコーポレーション	マレーシア	農産物・不動産	3,600	67.3%
10	バンプ	タイ	エネルギー	3,546	99.6%
11	セムコープ・インダストリーズ	シンガポール	複合企業	3,433	49.2%
12	ホンリョン・アジア	シンガポール	電器，エンジン	3,372	94.5%
13	フレーザー・アンド・ニーブ	シンガポール	飲食品	3,127	64.9%
14	アシアタ・グループ	マレーシア	通信	2,925	56.4%
15	チャロン・ポカパン	タイ	複合企業	2,553	39.1%
16	ＤＢＳグループ	シンガポール	金融	2,246	29.7%
17	ケッペル・コーポレーション	シンガポール	複合企業	1,949	25.1%
18	ＳＴエンジニアリング	シンガポール	防衛機器	1,870	40.5%
19	ＵＯＢ	シンガポール	金融	1,820	30.9%
20	ＯＣＢＣ	シンガポール	金融	1,710	29.5%
21	スリ・トラン・アグロ・インダストリー	タイ	農産物	1,644	38.8%
22	マラヤン・バンキング（メイバンク）	マレーシア	金融	1,263	17.5%
23	ＣＩＭＢグループ	マレーシア	金融	1,091	19.7%
24	ペトロン・コーポレーション	フィリピン	石油精製	642	10.3%
25	インドフード・スクセス・マクムル	インドネシア	食品	547	10.9%

注：海外売上高，海外売上高比率は 2011 年実績。航空は除く。数字は ASEAN（2013）に掲載されたものを用いて算出，作成した。マレーシアのペトロナス，タイ石油公社（PTT），フィリピンのサンミゲルなどの海外売上高に関する記述はないため，これらの有力企業は図表には含まれていない。

資料：ASEAN（2013）を参考に筆者作成。

---

[5] ASEAN（2013）にはマレーシアのペトロナスやタイ石油公社（PTT）などの情報が記載されていないため，これらの有力企業はここでは対象外とした。

多であり，マレーシアの7社が続く。以下，タイ3社，インドネシアとフィリピン各1社の順である。

ランキング入りした企業の業種を見ると，プランテーション経営など一次産品関連，金融や通信，輸送などサービス業が目立ち，製造業の影は薄い。これは先に紹介したUNCTADのランキングからも同様に観察される現象である。ASEANの製造業部門では総じて域外から進出してきた日米欧などの多国籍企業が大きな存在感を有すが，地元市場に密着したサービス部門では政府系をはじめ地場企業が発展し，海外事業の拡大にも力を入れている。

2.3 ASEANを攻めるASEAN企業

経営力の増大に伴い，ASEAN企業は海外でM&A（合併・買収）を活発化している。UNCTADによれば，ASEAN企業の海外M&A額は13年に前年比65%増の276億3000万ドルに急増，07年の240億7000万ドルを上回り過去最高を記録した。世界の総M&A額に占める割合はまだ小さいが過去最高の約8%に達している。M&Aの主体を国別に見ると，従来から多かったシンガポール，マレーシア企業に加え，2000年代後半からタイ企業によるM&Aが増えており，13年はASEAN企業の対外M&A金額の約6割を占めた。

M&Aのターゲットは先進国企業が中心であるが，近年はASEAN企業を対象とする案件も増えている。ASEAN（2013）によれば，ASEAN企業は2007-11年に域内で累計158億7900万ドルのM&Aを実施した。年別の金額は，07年の20億6800万ドルが11年に約2倍の39億8000万ドルに膨張しており，ASEAN企業はM&Aを通じた域内での経営拡張に意欲的だ。

2010-12年の主なM&A案件は，マレーシアの医療サービス大手，IHHヘルスケア[6]によるシンガポールの大手病院，パークウエイ・ホールディングス買収（10年，約23億8000万ドル），タイの流通大手，ビッグC・スーパーセンターによる仏カルフールのタイ事業買収（11年，約11億8900万ドル），タイの大手飲料メーカー，タイ・ビバレッジによるシンガポールの飲料品メーカー，フレイザー・アンド・ニーズ（F&N）買収（12年，約22億1100万ド

---

6 実際は全額出資子会社インテグレーテッド・ヘルスケア・ホールディングスを通じて実施した。

ル)など,いずれも邦貨換算で1000億-2000億円台のメガ・ディール(mega deals)であった[7]。図表4-3に示す通り,13年以降もASEAN企業の域内M&Aは相次いでいる。

以下ではASEAN企業が「ASEANシフト」を強めている状況を,いくつかのアンケート調査の結果から確認する。まず,ASEANビジネス諮問委員会(Business Advisory Council: BAC)[8]がシンガポールのリー・クアンユー公共政策大学院と共同でASEAN企業を対象に実施したアンケート調査(13年)[9]では,回答企業の約6割が「今後3年間で最も有望な投資先」としてASEAN

図表4-3 ASEAN企業によるASEAN域内における主なM&A案件(2013年以降)

企業名(国)	国名	業種	内容	金額
バーリ・ユッカー	タイ	小売り	独流通大手メトロがベトナムで手掛けるディスカウント事業を買収。	約900億円
サイアム・セメント・グループ	タイ	製造	インドネシアの段ボール会社を買収。	約14億円
フレイザー・アンド・ニーブ	シンガポール	飲食品	ベトナム飲食品大手、ビナミルクの株式を追加取得。	約83億円
チャンドラー	シンガポール	医療	越最大の病院チェーンを買収。	約102億円
フェルダ・グローバル・ベンチャーズ・ホールディングス	マレーシア	農園	シンガポールに本社を置く農園経営会社を買収。	約213億円
サイム・ダービー	マレーシア	販売	ベトナムで独BMWなどの販売権を持つ企業を買収。	約39億円
アシアタ	マレーシア	通信	インドネシアの携帯電話事業会社を買収。	約977億円
IHHヘルスケア	マレーシア	医療	シンガポールの画像診断クリニック運営会社を買収。	約115億円
インドフード・スクセス・マクムル	インドネシア	砂糖精製	フィリピンの砂糖精製最大手企業を買収。	約66億円

注:2013-14年に報じられたものから抜粋。計画中のものを含む。金額は14年11月上旬の為替レートで邦貨換算。
資料:日本経済新聞,日経産業新聞,時事通信,ベトナム経済金融情報などの報道をもとに筆者作成。

---

[7] 金額はいずれもASEAN(2013)に基づく。
[8] ASEAN BACは2001年にASEAN諸国首脳が設立した。域内協力を推進するため民間との緊密な関係を維持するのが目的。民間の意見を吸い上げ,経済協力の優先分野を決める際などに役立てるとしている。
[9] アンケート調査の結果は,Wong and Wirjo(2013)がまとめている。調査対象企業は約500社。うち地場資本の出資比率が90%以上を占める企業が7割超を占める。

を挙げており，その割合は中国や米国を大きく上回った（図表4-4）。ASEANを挙げた企業の割合は，2011-12年の調査の約38%から急上昇し，中国を挙げる企業の割合が大きく低下したのと対照的であった。

回答企業を小・中・大の規模別[10]に見ると，最も有望視する投資先にASEANを挙げた企業の割合はいずれの規模でも最も多かったが，注目されるのは大企業の動向である。前回11-12年調査では中国とASEANを挙げる大企業はほぼ同数であったが，13年調査ではASEANが中国の約3倍と圧倒し，大企業の"ASEAN熱"の高まりが浮き彫りになった。

ASEAN-BACのアンケート調査はまた，「財・サービス市場」，「生産拠点」という2つの側面から，ASEANと中国がどの程度魅力的かを尋ねている。このうち「市場」としてのASEANの得点[11]は，2011-12年：7.18⇒13年：7.50と上昇し，中国が6.60⇒6.62と横ばいだったのを尻目に評価を高めた。この背景には「ASEAN諸国において内需が拡大する中，各国市場の成長力に着目する企業が増えた」（同調査）ことがあると思われる。

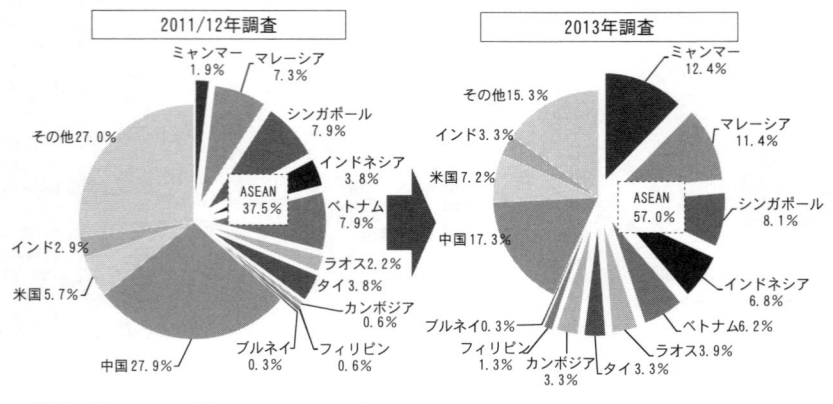

図表4-4 今後3年間の投資先としてASEAN企業が最も有望視する国・地域

2011/12年調査
- ミャンマー 1.9%
- マレーシア 7.3%
- シンガポール 7.9%
- インドネシア 3.8%
- ASEAN 37.5%
- ベトナム 7.9%
- ラオス 2.2%
- タイ 3.8%
- カンボジア 0.6%
- フィリピン 0.6%
- ブルネイ 0.3%
- 中国 27.9%
- 米国 5.7%
- インド 2.9%
- その他 27.0%

2013年調査
- ミャンマー 12.4%
- マレーシア 11.4%
- シンガポール 8.1%
- インドネシア 6.8%
- ASEAN 57.0%
- ベトナム 6.2%
- ラオス 3.9%
- タイ 3.3%
- カンボジア 3.3%
- フィリピン 1.3%
- ブルネイ 0.3%
- 中国 17.3%
- 米国 7.2%
- インド 3.3%
- その他 15.3%

資料：Wong and Wirjo（2013）より作成。

---

10 小規模を従業員50人未満，中規模を同50人以上200人以下，大規模を同200人超と定義している。
11 今後3年間を見通した場合の魅力を，最低0点，最高10点として評価したもの。

一方，米大手コンサルティング会社 A.T.カーニーなどが ASEAN 地場企業を中心に域内の企業幹部 50 人を対象に 13 年に実施した調査[12]によれば，ASEAN 経済共同体（AEC）が 2015 年末に発足することに関連して，回答者の 64％が AEC 発足後に域内の未進出国に参入する計画があるとしている。AEC 発足が自社の経営に及ぼす影響については，関税撤廃など貿易自由化を通じ自社の製品・サービスに対する需要が増えるなど，回答者の 97％が前向きな反応を示した。さらなる経済成長が見込める上，AEC 発足により地域経済圏としての発展も期待される ASEAN 域内において，地元企業は拡張戦略に拍車を掛けようとしている。

約 6 億人の市場，後発国のカンボジア，ラオス，ミャンマー（CLM）の躍動，日中韓などとの自由貿易協定（FTA）／経済連携協定（EPA）ネットワーク，そして AEC 発足……。注目材料が多い ASEAN には日米欧など域外企業も熱視線を注いでおり[13]，日本企業の間では 2010 年頃から ASEAN の注目度は急上昇した。こうしたトレンドは地元 ASEAN 企業においても同様に観察されるわけで，とくに「国内市場を既に押さえ，新たな展開先を求めるシンガポールやマレーシア，タイの企業」[14]が積極的とされる。つまり ASEAN 市場を巡る競争は，日米欧など域外企業と ASEAN 地元企業が入り乱れ熾烈になっている。この点は本章の最後に改めて触れる。

3. ASEAN 域内におけるマレーシア企業の事業展開

3.1　マレーシア企業の対外直接投資動向

本節では，シンガポールなどとともに国際事業の展開に意欲的な地元企業が多いマレーシアの動向について議論する。同国には後ほど詳述する格安航空のエアアジアや金融の CIMB グループのように，自らを「ASEAN 企業（ない

---

[12] A.T.Kearney and JWT (2013). 対象企業の約 4 分の 3 は ASEAN の地元企業である。
[13] 詳細は，日本経済研究センター（2012），（2014），牛山（2012），牛山・可部（2014）などを参照。
[14] The Economist Corporate Network (2013).

102　第4章　ASEAN企業，域内事業展開を強化

しはアジア企業）」と明確に位置づけ，域内市場に果敢に攻め込んでいるところが目立つ。これらの企業は ASEAN 域内で着実に実績を積み上げており，「リージョナル・プレーヤー」として存在感を増している。

　マレーシア企業の対外直接投資を振り返ると，1992 年まではほとんど観察されなかったものの 93 年以降増え始めた。その後，97 年に発生したアジア通貨危機の影響で伸び悩む局面もあったが，2005-06 年頃から拡大基調が鮮明になった。90 年代の対外直接投資は国営石油会社ペトロナスによる石油・ガスの探索など資源・エネルギー関連が大半を占めたが，後述するようにさまざまな要因が重なり，2000 年代半ばから金融や通信，航空など多彩なサービス分野に広がり，しかも投資の多くはアジア，とくに ASEAN 域内に向かった[15]。

　マレーシア企業の対外直接投資は 2000-05 年に年平均 68 億リンギであったが，06-12 年は同 398 億リンギと 6 倍近くに膨らんだ[16]。同国の直接投資収支は 07 年から対外が対内を上回る「出超」が続く。05 年末と 13 年末を比べると，対外直接投資残高は 832 億リンギから約 5 倍の 4186 億リンギへ急伸し，そのうち投資先としての ASEAN が占める比率は 28％から 34％へ上昇し，ASEAN は最大の投資先となった（図表 4-5）。

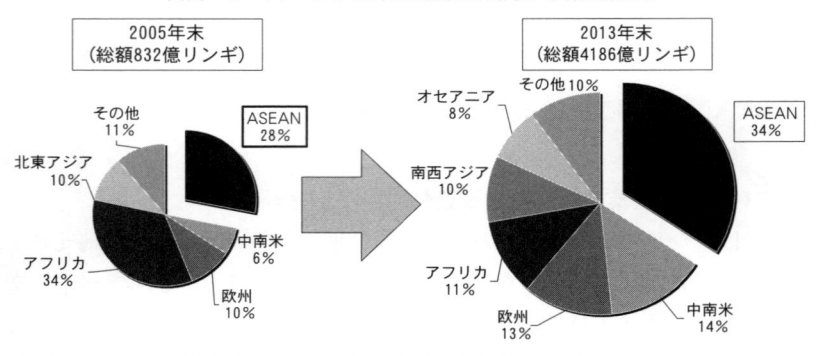

図表 4-5　マレーシアの対外直接投資残高の地域別構成比

2005年末
（総額832億リンギ）
- その他 11%
- 北東アジア 10%
- アフリカ 34%
- 中南米 6%
- 欧州 10%
- ASEAN 28%

2013年末
（総額4186億リンギ）
- その他 10%
- オセアニア 8%
- 南西アジア 10%
- アフリカ 11%
- 欧州 13%
- 中南米 14%
- ASEAN 34%

資料：マレーシア中央銀行（バンク・ネガラ）年次報告書より作成。

15　Bank Negara (2010), (2011).
16　CIMB (2013).

対外直接投資残高の業種別比率は，鉱業（石油・ガス含む）が05年末の45％から13年末に29％へ低下する半面，サービス業が36％から56％へ上昇し，鉱業に代わって最大のセクターに浮上した。サービス業の中では金融・保険（構成比30％）が最大で，以下，「その他サービス」[17]（同15％），情報・通信（同10％）と続く。マレーシア企業がサービス業を中心にASEAN域内で投資を拡大していることが見て取れる。

ASEAN諸国の対外直接投資は，シンガポールが先行し，マレーシアはそれに追随するように増やしてきた。人口約3000万人の同国は国内市場が小さく，都市国家シンガポールと同様，地元企業にとって海外進出は重要な戦略である。加えて国内賃金上昇，政府の支援策拡充，近隣諸国の投資自由化の動きも重なり，マレーシア企業は対外直接投資を増やした（Goh and Wong 2010）。マレーシアでは多数民族マレー系を優遇するブミプトラ政策の下，政府系企業が手厚い保護を受け，幅を利かせている。国内で収益機会が限られるため，国外に活路を見出そうとする地元企業が多いとも言われる[18]。

3.2 個別企業の動き

以下ではASEAN域内で積極的な経営を続けるマレーシア企業の代表的な事例として，格安航空のエアアジア，金融グループのCIMBグループ・ホールディングス，携帯電話のアシアタ・グループの3社を取り上げ，各社の戦略を個別に見る。これらの企業はもちろん事業展開先をASEANに限っているわけでなく，域外にも経営を展開しているが，本章では各社のASEAN事業に着目する。

【エアアジア：ASEAN最大の航空会社へ台頭】

「我々は真のASEAN航空会社。域内の全10カ国に路線を持っている」──。
マレーシアの大手格安航空（LCC），エアアジアはこう自負する[19]。実際には10カ国に飛ぶASEANの航空会社は他にもある。だが，域内の隅々に広げ

---

17 「その他サービス」には運輸，観光関連などが含まれるとみられる。
18 詳細は牛山（2013）参照。
19 2013年の年次報告書に記述されている。

た路線網，ASEAN随一の規模を誇る乗客数を見れば，同社がASEANを代表する航空会社となったのは間違いない。

エアアジアは，トニー・フェルナンデス・現グループ最高経営責任者 (CEO) らが2001年，経営難に陥っていた国内の航空会社をわずか1リンギ（約33円[20]）で買収し，事実上創業した。以後，徹底したコスト削減策によって実現した低運賃を武器に台頭。「さあ，誰もが飛行機に乗れます」をスローガンに潜在需要を開拓し，ASEAN航空市場の大衆化を一気に進めた。ASEANでは2000年代半ば以降，LCC業界が急成長し，航空需要に占めるLCCの比率（座席数ベース）は既に6割を超えた（CAPA 2014）。その最大の立役者がエアアジアだ。

本書の第5章，第6章で論じるように，ASEAN域内では労働や観光を目的とする人々の移動が活発になっている。ASEANには海で隔たれた国同士がある上，陸続きの場合でも道路や鉄道が貧弱な場合が目立ち，飛行機は貴重な移動手段である。だが，従来の高運賃では利用できない人も多かった。LCC業界の牽引役となったエアアジアは，ASEAN域内の人の移動を容易にしたという意味で，域内経済の一体化に寄与した存在でもある。

エアアジアは01年の事実上の創業後，03年：タイ，05年：インドネシア，10年：フィリピンに地元資本との合弁航空会社[21]を相次いで設立。07年にマレーシアで発足した中長距離専門子会社エアアジアXも，13年：タイ，14年：インドネシアに現地法人を開設した。こうしてエアアジアは母国マレーシアに加え，タイ，インドネシア，フィリピンのASEAN4カ国を運航拠点とする体制を構築した。

運航拠点の広がりにつれ乗客数は急ピッチで拡大，01年の年間30万人弱から6年後の07年にグループ全体（以下同）で1000万人の大台を突破した。その後も09年：2000万人台，12年：3000万人台，13年：4000万人台と乗客数は膨張を続けた（図表4-6）。

エアアジアの乗客数は09年にシンガポール航空とタイ国際航空を追い抜き，

---

[20] 15年4月下旬の為替レートで換算。以下，現地通貨を邦貨換算する際には同時点のレートを用いる。

[21] エアアジアの出資比率は，タイとインドネシアで各48.9%，フィリピンで39.9%。

3. ASEAN 域内におけるマレーシア企業の事業展開　105

図表 4-6　東南アジアの主要航空会社の乗客数

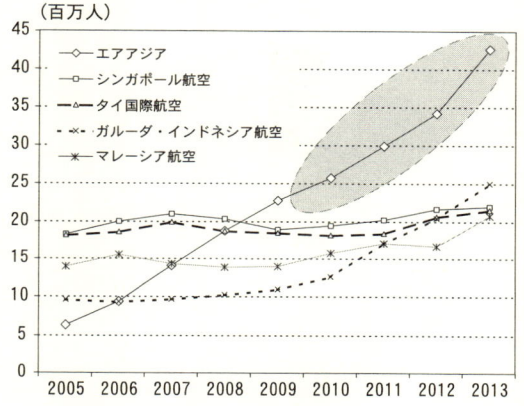

注：エアアジアはグループ全体。ただし，エアアジア X は除く。
資料：各社の年次報告各年版より作成。

ASEAN 域内で首位へ躍進した。2013 年の実績を見ると，シンガポール航空，タイ国際航空，マレーシア航空の 3 社がいずれも年間 2000 万人超なのに対し，エアアジアはこれら「ナショナル・フラッグ・キャリア」の約 2 倍の規模である。因みに日本航空の乗客数（13 年，国際・国内線の合計）は約 3894 万人で，エアアジアはそれも凌駕している。

　エアアジアの経営はどれほど「ASEAN 色」を強めているのか。運航拠点を置く 4 カ国の国別乗客数[22]を見ると，全体の約半分をマレーシアが占め，以下，タイ（25％），インドネシア（19％），フィリピン（5％）の順（図表 4-7）。タイとインドネシアを合計すると本拠地マレーシアとほぼ肩を並べる規模だ。各国での市場シェアは，本拠地マレーシアで国内線 49％（1 位）・国際線 43％（1 位）を占めるほか，タイで国内線 29％（2 位）・国際線 11％（2 位），インドネシアで国内線 5％（6 位）・国際線 26％（1 位）と強さを発揮している[23]。

　エアアジアの乗り入れ先は，ASEAN10 カ国に加え，日本，中国，韓国，台

22　エアアジア X を除く。
23　13 年の年次報告書。国際線シェアにはエアアジア X も含まれると思われる。順位は英スタンダードチャータード銀行などが推計したもの。

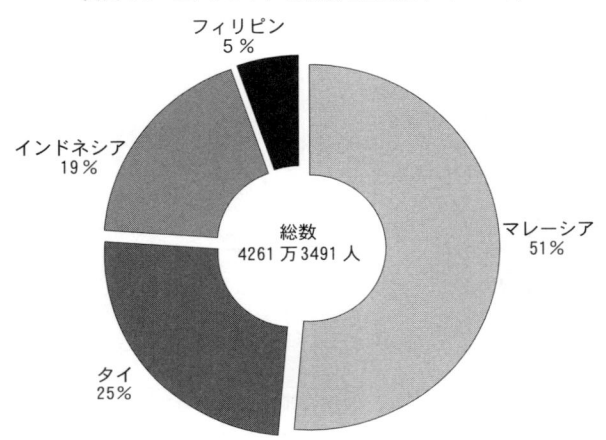

図表 4-7　エアアジア，乗客数の国別比率（2013 年）

- フィリピン　5％
- インドネシア　19％
- タイ　25％
- マレーシア　51％
- 総数　4261 万 3491 人

注：数字はエアアジアの各国法人の取り扱いベース。
資料：同社の年次報告書より作成。

湾，香港，インドなどアジア・オセアニアの 22 カ国・地域，88 都市に広がる。総路線数は ASEAN を中心に 180 超に上り，うち約 3 分の 1 はエアアジアのみが就航している[24]。同社が他社に先駆けてアジアの地方都市に積極的に路線を開設してきたことがうかがえる。

保有する航空機の数は拡大の一途を辿り，01 年の 2 機から 13 年末に 154 機まで増えた[25]。航空機はすべて欧州エアバス機である。かつてはボーイング機も使っていたが，補修・メンテナンス費を節約するためエアバス機に統一した。これらの航空機をフル活用し，「（短距離路線なら着陸してから）25 分で飛び立つ」という「アジア域内の航空会社で最速」[26]と自慢するオペレーションを実現し，高い生産性に結び付けている。

エアアジア躍進の歴史は，フェルナンデス氏抜きには語れない。同氏は創業

24　エアアジア X も含む。都市数や路線数，「3 分の 1 程度」という数字はホームページ上の記述に基づく。
25　2013 年の年次報告書。
26　エアアジアのホームページでの記述に基づく。

3．ASEAN 域内におけるマレーシア企業の事業展開　　107

前に米音楽大手ワーナー・ミュージックの東南アジア地域副社長を務めていたが，旅先の欧州で LCC の存在を知り，母国で起業に踏み切った。国有航空が政府の保護下にある中，当局と粘り強く折衝，新規路線を開設してきた。格安料金が大衆の支持を得るにつれ，当初は認可を渋った当局の姿勢も軟化したという。同氏の真骨頂は，既存秩序の打破に向けた強靱な意志と行動力であり，それはタイやインドネシアへ参入する際も発揮された。

マレーシアではブミプトラ政策の影響もあり，さまざまな分野で政府系企業（GLC）の存在感が際立つ[27]。そうした中で民間の新興エアアジアが国有マレーシア航空を蹴落とし，さらに他の ASEAN 諸国でも浸透し，地域を代表する航空会社へ躍進した。一方のマレーシア航空は旧態依然とした経営から脱却できず，業績低迷が続く。14 年には機体消息不明事件（3 月）とウクライナ上空での撃墜事件（7 月）を受け深刻な客離れに直面し，大株主の国営投資会社カザナ・ナショナルは 8 月，同航空を完全国有化する方針を明らかにした。

フェルナンデス氏は今後，AEC が創設される ASEAN 域内でミャンマーやカンボジアでも合弁会社を設立し，拠点網のさらなる増強をめざす。ホテルや保険，金融など多角化業務でも経営拡大を狙う。ASEAN 域外では 13 年に大手財閥タタ・グループなどとインドに合弁会社を発足した。14 年には日本で楽天などと合弁会社を設立し，15 年夏をめどに国内線に再参入する計画を表明している[28]。ASEAN を含むアジア全域で拡張戦略を推し進め，「（アジアに住む）30 億人の人々に奉仕する」[29]と意気込んでいる。

LCC 業界の競争激化，パイロット不足など，LCC 業界を取り巻く環境には懸念材料も多い。エアアジアの 13 年 12 月期は売上高こそ前年同期比 5％増の 51 億 8910 万リンギ（約 1712 億円）を確保したが，燃料調達コスト上昇や運賃競争の影響から純利益は同 54％減の 3 億 6407 万リンギに急減。14 年 12 月にはインドネシア・カリマンタン島沖でエアアジア機が墜落したことなどから，利用者が LCC 全般の安全性に敏感になっているとの見方もある。

27　詳細は牛山（2013）参照。
28　傘下のエアアジア X は既に 10 年 12 月にクアラルンプール―羽田便を就航し日本線を開設した。
29　エアアジアのホームページ上で同社の目標として明記されている。

【CIMB グループ・ホールディングス：ASEAN 域内で M&A 推進】

「ASEAN のどの国でもビジネスをする用意はできている」──。

バンコクやクアラルンプールなど ASEAN 主要都市の空港内を歩くと，コーポレートカラーの赤を使った CIMB グループ・ホールディングス（以下，CIMB）の派手な広告看板が目に飛び込む。それは CIMB が「ASEAN の銀行」であることを強くアピールする内容である。

CIMB はマレーシア第 2 位の金融グループで，資産規模は 3709 億リンギ（13 年末，約 12 兆 2400 億円）。ASEAN 域内ではシンガポールの DBS グループ・ホールディングス，オーバーシー・チャイニーズ銀行（OCBC），ユナイテッド・オーバーシーズ銀行（UOB），マレーシアのマラヤン・バンキング（メイバンク）に次ぐ第 5 位だ。「ASEAN 経済統合を支える」[30] を掛け声に積極経営を続けており，「今，最も勢いのある ASEAN の金融機関」（外銀関係者）とも言われる。13 年までの 5 年間で純利益は 2 倍超に拡大している。

CIMB がマレーシア国内外で台頭したのは，05 年に地元大手ブミプトラ商業銀行（BCB）を買収してから。翌 06 年に CIMB と BCB，中堅サザン銀行の 3 行が統合し，新生 CIMB グループが発足した。以降，ASEAN を主要舞台に海外事業の強化が始まった。その動きに拍車が掛かったのが 08 年だ。インドネシアの銀行子会社バンク・ニアガを地場のリッポー銀行と統合し，新たに「CIMB ニアガ」を発足。タイで中堅バンク・タイを買収し，「CIMB タイ」と改名した。一連の M&A を経て「CIMB は ASEAN 域内で存在感を一気に高めた」のである [31]。

その後も 09 年にシンガポールで個人向け銀行業務に進出，翌 10 年にカンボジアに初の支店を開設した。さらに 12 年にタイの証券会社 SiCCO，英大手銀ロイヤル・バンク・オブ・スコットランド（RBS）の ASEAN を含むアジア投資銀行業務を相次いで買収し，14 年にはラオスに進出した。ASEAN 展開の"本気度"を示す事例として，域内の経済・産業動向を調査するため「CIMB ASEAN 研究所」を 11 年に設立したことも挙げられよう。

注目されるのは利益の国別構成比の変化である。08 年は地元マレーシアで

---

[30] CIMB のホームページ上の記述に基づく。
[31] A.T.Kearney and JWT（2013）．

3. ASEAN 域内におけるマレーシア企業の事業展開　109

図表 4-8　経営の「ASEAN 化」が進むマレーシアの CIMB グループ
＝利益の国別構成比の変化＝

2008年度：マレーシア 89％、インドネシア 11％

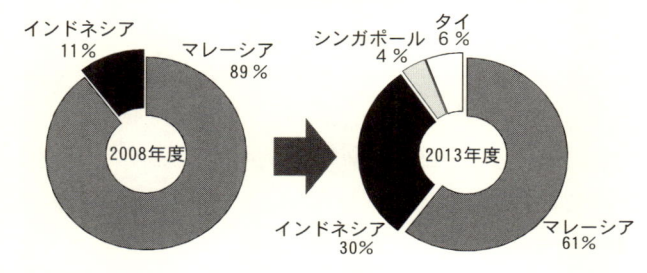

2013年度：マレーシア 61％、インドネシア 30％、シンガポール 4％、タイ 6％

注：税引き前利益ベース。2013 年度は「その他地域」が－1％であるため4カ国合計で100％を超える。
資料：CIMB の年次報告書より作成。

約90％を稼いでいたが，13年は約60％へ低下した（図表4-8）。一方でインドネシアが30％に上昇したほか，タイが6％，シンガポールが4％へ共に増え，収益基盤の「ASEAN 化」が進んだ。海外部門の稼ぎ手，CIMB ニアガは，13年末の資産残高でインドネシア5位の銀行へ成長した。

マレーシア最大手のメイバンクでは利益（税引き前）に占める海外部門の比率（13年度）は約30％であり，CIMB（約40％）を下回る。DBS，UOB，OCBC のシンガポール3大銀の同比率は35-41％で，CIMB はこれらと遜色ないレベルである。CIMB は今後，ASEAN を核に海外比率を60％へ引き上げ，ASEAN 上位行でトップの数字を狙っている。

CIMB は現在，マレーシア，インドネシア，タイ，シンガポール，ブルネイ，ベトナム，カンボジア，ラオスの8カ国に営業拠点を展開しており[32]，銀行の支店数はグループ全体で1000を超える（14年9月）。ASEAN 主要国ではフィリピンに未進出であるが，地場銀行を買収し参入する方針を掲げる。ミャンマーでは，同国中銀が14年秋に外銀9行への免許交付を発表した際，CIMB は落選したものの，引き続き免許獲得をめざす構えである[33]。

---

[32] このうちマレーシア，インドネシア，タイ，シンガポールの4カ国は銀行と証券，ベトナムとブルネイは証券，カンボジアとラオスは銀行のみ。ミャンマーには銀行の事務所がある。
[33] マレーシア勢ではメイバンクが免許を交付された。

CIMB はマレーシアの主要 GLC の 1 つであり，政府系投資会社カザナ・ナショナルが 28％の筆頭株主で，公的年金基金（EPF）が 16％で 2 位（14 年 2 月時点）である。新 CIMB 発足前の 99 年から 14 年秋まで 15 年間，CEO を務めたナジル・ラザク氏は，ナジブ・ラザク現首相の実弟で，政府と太いパイプを持つ人物である[34]。ナジル氏は 00 年代半ば以降，「経営の ASEAN 化」を訴え，CIMB の海外事業を陣頭指揮してきた。

　マレーシア中央銀行（バンク・ネガラ）は 01 年，97 年のアジア通貨危機で弱体化した銀行部門の健全化にメドが立ったとして，金融セクターの基盤強化へ 10 年間のマスタープランを公表した。その中で，① 金融機関の体質強化（01-03 年），② 競争促進（04-07 年），③ さらなる自由化・国際化（08-10 年）――と期間別に目標を定めた（福田 2012）。CIMB の国際化が加速した 08 年以降は，③ と重なる時期であり，背後に当局の意向もあった模様だ。

　バンク・ネガラは同プラン終了後の 11 年，金融セクターのさらなる発展に向けたブループリントを策定した。マレーシアは 20 年までに高所得国入りを果たすという目標を掲げる。ブループリントはこの目標実現に向け，金融セクターが果たすべき役割を明記したもので，地元企業の海外進出支援やイスラム金融の国際化などで応分の貢献を求めている。このような政府方針は，CIMB のさらなる ASEAN 展開を後押しする要因となると思われる。

　マレーシア金融業界の両雄，CIMB とメイバンクを改めて比べると，後者もまた，政府系投資会社を大株主とする有力 GLC であり，00 年代半ば以降，ASEAN を中心に海外事業を拡大してきた。例えば，08 年にインドネシアの大手銀バンク・インターナショナル・インドネシア，11 年にシンガポールの大手証券キムエンを相次いで買収したのが，主要な事例である。これら一連の動きにもやはり，マレーシア当局の意図が込められていたとみてよい。

　したがって CIMB とメイバンクの国際化の動きには連動性がありそうだが，「CIMB の方が『脱マレーシア化』への思いは強かった」（地元金融関係者）とされる。メイバンクが地元マレーシアと，同国と経済的な関係が深い隣国シンガポールの両国で利益の 84％（13 年度）を稼ぐのに対し，CIMB ではこの比

---

[34] ナジル氏は 14 年 9 月に会長に就任している。

率が約65％（同）にとどまる。「経済の発展した両国では事業拡大余地が限られる上，ライバル行も地盤を固めていることから，CIMBは他国に攻め込むことでメイバンクを追い抜こうとした」（同）というのである。

CIMBは14年秋にマレーシア4位のRHBキャピタルなど地元2行と経営統合で基本合意した。実現すれば資産規模でメイバンクを追い抜いて国内最大，ASEAN全体でも4位に浮上するという大型案件であり，AEC発足を控えASEAN域内で規模の拡大により競争力強化をめざす戦略が浮き彫りになった。だが，この計画に対する市場の評価が低かったことなどからCIMBグループは15年1月，統合計画を見送ると発表している。

【アシアタ・グループ：シンガポールの強力ライバルを追撃】

「我々は（東南アジア・南アジア地域の）チャンピオンの座に向けて歩んでいる」――。

マレーシアの携帯電話最大手アシアタ・グループの前身は，国営通信テレコム・マレーシア（TM）傘下で携帯電話事業を手掛けたTMインターナショナル（TMI）であった。TMIは08年，地元の携帯大手セルコムを買収するとともに同国証券取引所へ株式を上場し，翌09年に社名を現在のアシアタ・グループに変更した。

一連のプロセスを経て，アシアタの海外事業に拍車が掛かった。13年までの5年間で国内外の子会社・関連会社が抱える総契約者数は6倍増の約2億4000万に急増し，東南アジア・南アジアに展開する携帯電話事業会社としてシンガポール・テレコミュニケーションズ（シングテル）に次ぐ第2位へ躍進した（図表4-9）。冒頭の「チャンピオンの座」というのは躍進著しい同社が掲げる経営目標であり，年次報告書などに必ずお目見えするフレーズだ。

アシアタのグループ売上高（2013年）は約184億リンギ，純利益は約27億リンギ，時価総額（同年末）は589億リンギである。マレーシア証取の上場企業中，売上高は7位，時価総額は4位に位置する。従業員総数は国内外で合計約2万3000人を数える。セルコムと合併した07年からの6年間で，売上高，純利益をいずれもほぼ倍増させている。

アシアタは，マレーシア以外のASEAN諸国ではインドネシア，カンボジ

図表 4-9　東南・南アジアにおける携帯電話業界の総契約者数ランキングの変化

2007年	(百万人)	2013年	(百万人)
1. シングテル(シンガポール)	171.5	1. シングテル	424.6
2. テレノール(ノルウェー)	55.3	2. アシアタ	243.9
3. バルティ・エアテル(インド)	55.2	3. バルティ・エアテル	208.5
4. テレコムセル(インドネシア)	47.9	4. ボーダフォン	160.4
5. リライアンス(インド)	41.0	5. テレノール	152.6
6. ボーダフォン(英国)	39.9	6. テレコムセル	131.5
7. アシアタ(マレーシア)	39.8	7. リライアンス	117.2

注：東南アジア・南アジアに保有する出資比率20％以上の携帯電話事業会社を含む。
資料：アシアタの決算資料より作成。

ア，シンガポールの3カ国に進出している[35]。このうちインドネシア，カンボジアで大手携帯会社を自ら経営しているほか，シンガポールでは主要株主の1つになっている。

　地元マレーシアの携帯業界は，アシアタと，同国有数の富豪アナンダ・クリシュナン氏が大株主であるマキシス，ノルウェーの国営通信会社テレノール系のディジ・ドットコムの大手3社が競い合う。アシアタの契約者数（13年末）は約1310万人でトップである。

　インドネシアへはアシアタ発足前の05年，地元の大手携帯会社の経営権を取得する形で本格参入した。そして14年に同業大手アクシス・テレコム・インドネシアを8億6500万ドルで買収し，現地子会社と統合した。この結果，契約者数（14年6月末）は前年同期比16％増の約6300万人に膨らみ，インドネシアの携帯業界第2位に浮上した[36]。

　カンボジアでは98年に地元携帯会社を傘下に収めたが，13年に同業大手ラテルズ（ブランド名は「スマート・モバイル」）を買収したのを梃子に，10社近くがひしめく同国市場で500万人超の契約者を持つ第2位へ台頭した。カン

---

[35] タイでは携帯電話機の販売会社に出資していたが，14年7月に地元の情報通信大手サマート・コーポレーションに株式を売却した（同年7月2日付のロイター通信）。
[36] 14年8月28日付の日経速報ニュース。

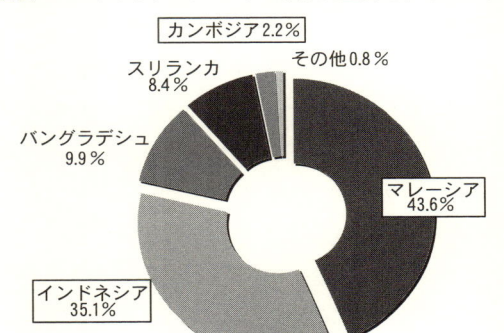

3. ASEAN 域内におけるマレーシア企業の事業展開   113

図表 4-10　アシアタ・グループの国別売上高比率（2013 年）

カンボジア 2.2%
その他 0.8%
スリランカ 8.4%
バングラデシュ 9.9%
マレーシア 43.6%
インドネシア 35.1%

注：線で囲んだのは ASEAN 諸国。
資料：2013 年の年次報告書より作成。

ボジア経済は近年高成長を続けており、携帯市場も急拡大している。アシアタは 14 年 1 月に地元の携帯業界では先陣を切って第 4 世代（4G）携帯サービスを開始するなど攻勢を掛けている。

　一方、シンガポールでは 05 年に同国第 3 位の M1 株式 28.6％を取得した。M1 は 200 万人以上（13 年末）の契約者を持っている。

　アシアタは ASEAN 域内だけでなく南アジアでも存在感を示す。90 年代半ばにバングラデシュ、スリランカで相次いで地元携帯電話会社の過半数の株式を取得した。このうちスリランカで傘下に収めたダイアログ社は「現地で最大かつ最も成長している携帯通信ネットワーク」[37] になった。アシアタはまた、インドで大手携帯電話会社の主要株主になっているほか、パキスタンで企業向け通信サービス業者に出資している。

　グループ売上高（13 年）の国別構成比は、地元マレーシアが 44％と最大であるが、海外部門が既に過半を占め、「脱マレーシア」が進んでいる。とくにインドネシアはグループ売上高の 35％を占める重要市場である（図表 4-10）。マレーシア国内で競合するマキシス、ディジ・ドットコムの売上高（13 年）

37　アシアタの 14 年の年次報告書。

はそれぞれ約91億リンギ，約67億リンギで，アシアタの半分以下に過ぎない。加えて両社は海外事業をほとんど手掛けていない。

　前述の通り，アシアタは国営通信会社TMから分離し，発展した経緯もあり，国営投資会社カザナ・ナショナルが約38％（14年3月末）の最大株主である。携帯大手3社の中で政府色が最も強いアシアタの海外事業が急展開した裏には，「政府の後押しもあった」（地元証券アナリスト）とされる。先に取り上げたCIMBと同様の構図である。

　ただ，目標である「チャンピオン」の座を射止めるのは，規模の面では難しいであろう。隣国シンガポールにシングテルという強者がいるからだ。同社のグループ売上高（14年3月期）は168億4800万シンガポールドルで，邦貨換算で約1兆5000億円弱とアシアタの2倍を超える。利益（同，利払い・税引き・償却前利益ベース）の海外比率は，アシアタが約56％なのに対し，シングテルは76％と高い。契約者数もシングテルはアシアタの2倍近い。

　シングテルはASEAN域内ではタイ最大手アドバンスト・インフォ・サービス（AIS）に23％，インドネシア最大手テレコムニカシ・セルラル（テルコムセル）に35％，フィリピン2位グローブ・テレコムに47％をそれぞれ出資している。いずれも支配権は持たないものの強力なネットワークを持つ。域外ではオーストラリア2位のオプタスを100％子会社にしているほか，インド1位のバルティ・エアテルの株式32％を所有している[38]。

　シングテルはシンガポールの政府系投資会社テマセク・ホールディングスが約52％[39]の株式を持つ国有企業。マレーシア以上に地元企業の国際化に熱を入れるシンガポール政府の意向も背に海外事業を展開している。アシアタがこれを抜くのは容易でない。ただ同社によれば，「チャンピオン」とは業績面だけでなく，人材，技術力，社会貢献などさまざまな分野の総合力で判断されるものなのだという。同社はとくに人材育成を重視しており，仏ビジネススクールのINSEADと幹部候補生の養成プログラムを共同で開発，運営している。その効果もあって「経営幹部と中間管理職の大半は自社内の人材で賄うことができるようになった」（ジャマルディン・イブラヒムCEO兼社長）と自負している[40]。

38　これらの情報は，シングテルの投資家向け資料（14年6月）に基づく。
39　14年5月末時点。シングテルの14年3月期の年次報告書による。

4. ASEAN 域内投資の新潮流

4.1 ASEAN 域内投資を手掛ける企業の広がり

　第 3 章の FDI 統計や本章の企業例などから確認したように，ASEAN 域内投資の有力な主体となっているのはシンガポールやマレーシア，タイの企業である。だが，近年は 3 カ国以外の国々の企業も域内投資を拡大しつつあり，プレーヤーは多様化し始めた。以下では，こうした ASEAN の「新興投資国」に本拠を置く地場企業の動きを簡単に見ておこう。

　まずインドネシア企業では，セメント製造大手セメン・インドネシアが 12 年末にベトナムのタンロン・セメントを買収した。現地に新工場を建設し，シンガポール，マレーシアなど他の ASEAN 諸国へ輸出する計画も示す[41]。食品最大手インドフード・スクセス・マクムルは 13 年 11 月にフィリピンの砂糖精製最大手ロクサス・ホールディングスの株式 31% を 6580 億ルピアで取得した。同社は地元インドネシアでは即席めん市場でシェア 9 割を握るなど強いため，海外事業の拡大が主要な課題。製薬最大手カルベ・ファルマも 14 年から 3 年間に ASEAN 域内で 2500 万-5000 万ドルを投じ，企業買収を進める方針を示す[42]。

　フィリピン企業の代表格は，外食最大手ジョリビー・フーズである。有力ファストフード店「ジョリビー」をベトナム（50 店舗），ブルネイ（13 店舗），シンガポール（1 店舗）に展開しているが，新たにマレーシアとインドネシアに出店する予定だ[43]。タイやインドネシア，マレーシア，ベトナムに工場を持つ食品大手ユニバーサル・ロビーナ（URC）は，新たにミャンマーに進出する方針を掲げている[44]。

　一方，ベトナム企業の間で目立つのはミャンマー進出の動きである。不動産

40　13 年の年次報告書に基づく。
41　14 年 6 月 16 日付の時事通信。
42　14 年 8 月 14 日付の時事通信。
43　各国の店舗数は同社ホームページ（http://www.jollibee.com.ph/international/）に基づく。
44　14 年 6 月 11 日付の日本経済新聞。

大手ホアン・アイン・ザーライはヤンゴン市中心部にホテルや商業施設，オフィスビル等で構成される大型複合施設を，総額4億ドル超を投じて開発している[45]。また，大手医薬品メーカーのハウザン製薬も15年にもミャンマー工場を建設すると伝えられる[46]。造船大手ドン・A・シップビルディング・インダストリーは国営ミャンマー造船所との合弁事業として現地の造船施設を増強し，拡大する地元の船舶需要を取り込んでいく構えである[47]。

ベトナム企業に限らず，ASEAN域内の「新興投資国」の展開先として注目されるのは，ミャンマーやカンボジアといったASEAN後発国である。ASEAN先発国に比べ対外開放の歴史が浅く，事業機会が比較的多く残されている上，今後の高成長も期待されるため，後発組にもチャンスがあるとみている。

4.2 健康・医療セクター

ASEAN企業の域内投資は，業種ではサービス分野が中心である。具体的には金融，不動産，通信等が目立つが，ASEAN企業の動きが新たに活発になってきた業種がある。健康・医療関連だ。域内各国の所得増に伴う需要や，治療目的で外国へ渡る医療ツーリズムの伸びを取り込む狙いがあり，シンガポールやマレーシア，タイの大手病院が積極的である[48]。

代表的な事例は，本章2.3でも触れたマレーシアの大手病院，IHHヘルスケアが2010年にシンガポールの大手病院パークウェイ・ホールディングスを約23億8000万ドルで買収した案件だ。IHHは14年に印系医療大手フォルティス・ヘルスケア・グループの画像診断クリニック運営会社，ラドリンク・アジア（シンガポール）も買収した[49]。マレーシア企業では大手複合企業サイム・ダービー系の医療サービス会社がインドネシアやベトナム，中国で拠点を増強し，18年までに国内外の病院数を12件へほぼ倍増させるとしている[50]。

タイ勢では大手病院のトンブリ病院グループがミャンマーとカンボジアで病

---

45 13年6月12日付のミャンマー新聞。
46 14年9月3日付の日経産業新聞。
47 14年10月28日付の日経産業新聞。
48 ASEAN域内の医療ツーリズムの動向等に関しては第6章参照。
49 14年9月18日付の日本経済新聞。
50 13年9月18日付の時事通信。

院を開設する計画である。前者ではヤンゴン市内など3カ所に各150床の病院を建設，後者では首都プノンペンに同規模の施設を設ける。マレーシア・ペナン島に地元資本と合弁で同国に治療に訪れるインドネシア人患者が利用するコンドミニアムも開発する予定という。

バンコク・チェーン・ホスピタルは14年3月，ミャンマーの病院経営会社ファミリー・マンダラと提携，同国参入への足掛かりを得た。タイ国内ではバンコクなど6カ所に病院を持つが，地方都市へも展開するため買収に力を入れるとしている[51]。また，最大手バンコク・ドゥシット・メディカル・サービスは14年8月，南部プーケットで地元病院を買収すると発表した。海外からの患者受け入れ能力を増強するため，バンコク市内の病院の新病棟建設などに合計60億バーツを投じる方針も明らかにしている[52]。

一方，シンガポール勢による近年の事例としては，同国を拠点に投資活動を手掛けるチャンドラーが13年にベトナム最大の病院チェーン，ホアン・メイ・メディカルを買収した案件がある。同じ年にフィリピンの有力病院チェーン，ザ・メディカル・シティにも出資し，比越両国で年間250万人以上の患者を受け入れる体制を築いた[53]。チャンドラーは「ASEANで主導的な地位を得る」としており，今後もASEAN域内で拠点網を広げる方針だ。

米調査会社フロスト&サリバンが14年1月に公表した「アジア太平洋地域の医療サービス提供者50社ランキング」[54]によれば，上位10社にマレーシアのIHHヘルスケア（1位）とKPJヘルスケア（4位），タイのバンコク・ドゥシット・メディカル・サービス（2位）などASEAN企業5社がランクインしている。ASEANには競争力のある医療サービス会社が多い。これら企業を中心に，増大する域内の医療需要を取り込む動きがさらに激しくなろう。

---

51 14年3月24日付の時事通信。
52 14年9月19日付のNNA。
53 同社ホームページ（http://www.chandlergroup.com/key-milestones）の記述に基づく。
54 ランキングは，売上高や純利益，経営計画などに基づいて作成されたとしている。

5. おわりに

　ASEAN には日本や欧米など域外の多国籍企業が多数の事業拠点を有す。ASEAN 主要国は元々，外資誘致を梃子に輸出指向型の工業化戦略を進めてきたため，とくに製造業で域外から来た多国籍企業の存在感が大きい。これらの企業群は，ASEAN 域内に複数の生産拠点を持ち，それら拠点間で分業体制を敷き，効率的な生産ネットワークを構築している場合が多い。このネットワークが，ASEAN 経済の統合を実態面で推進する大きな力になっている。

　一方，ASEAN の地元企業群は総じて製造業で弱く，地元市場に密着した金融や通信，小売りなどサービス業や，自国が主産地になっている 1 次産品関連で強い。したがって ASEAN 企業が他の域内諸国に展開する動きも，比較優位を持つこれらの業種で目立つ[55]。ただし ASEAN のサービス関連市場については，域内の中間層勃興に伴う需要増に着目し，日米欧中印韓などさまざまな国々の企業が乗り込んできている。即ち ASEAN サービス市場は域内外の多くのプレーヤーによる市場争奪戦が激化しており，自動車や家電のように域外の多国籍企業同士の争いという構図が強いモノの市場以上に，企業間競争には熾烈な面がある。

　本章を締めくくるにあたり，以下の 3 点を指摘しよう。

　第 1 に，本章は ASEAN 企業の域内における事業展開に着目したが，これらの企業は当然，域外にも目を向けている。ASEAN は中印の間に位置するため，両大国への関心はとりわけ高い。例えば，本章 3.2 で取り上げたエアアジアは中印両国，アシアタはインドにおける事業にも熱心である。ASEAN の有力企業には華人系が多く，中国での展開にあたっては人脈やノウハウで優位な立場を築ける場合もある[56]。またインド系も居住するシンガポールやマレーシ

---

[55] 第 3 章で見たように，統計上は製造業も少なくない。この背景には，シンガポールの政府系投資会社が ASEAN 域内の製造業に投資するケースなどがあるとみられる。

[56] 本章に登場した企業でいえば，華人が国民の大半を占めるシンガポールの企業を除くと，タイの CP フーズ，マレーシアのトップ・グローブ，インドネシアのインドフード・スクセス・マクムル，フィリピンのジョリビー・フーズなどが華人系企業である。

アなどの企業はインドへの進出時にも有利との見方もある。

　第2に，日本企業とASEAN企業の関係に関してである。ASEAN経済の発展に伴い台頭してきた地元企業群は「ホームグランド」の地の利もあり，現地で競合する日本企業には手強いライバルになる場合がある。また，AEC構築間近とはいえ域内には参入規制が数多く残されており，日本企業が地元企業と同じ土俵に上がりたくても上がれないケースもある。こうしたなか日本企業の間ではASEAN企業と協力関係を構築する動きが広がりだした。日本企業の資金力や技術力と，ASEAN企業の人脈やノウハウを持ち寄り，「ウイン・ウイン」の関係を目指すもので，日ASEAN企業の協業により，域内のみならず，広くアジア，世界への事業展開を狙っている[57]。日本企業のグローバルパートナーとしてもASEAN企業は存在感を高めているわけで，その動向から日本企業は益々目が離せなくなる。

　第3に本書の主要テーマであるAECとの絡みである。ASEAN域内にはサービス業で出資・業種規制など多くの障壁があるが，地元企業はそれらを所与として域内事業を拡大してきた。例えば，エアアジアはタイやインドネシアで過半に満たない出資で現地法人を設立し，地元パートナーと手を携えつつ地歩を築いてきた。AEC創設後も域内にはしばらくさまざまな規制が残るであろうが，ASEANは中長期的に自由化を進める方針を示す。その動きとともにサービス分野に強みを持つ地元ASEAN企業の「ASEAN化」がさらに進展し，ASEAN経済統合を実態面で牽引する大きな力になっていくと思われる。

参考文献

牛山隆一（2012）「注目されるCLM経済——新たな事業展開先に浮上」，日本経済研究センター『CLMの経済』，2012年3月
―――（2013）「マレーシア，高成長持続へ旧弊打破の難題」，日本経済研究センター『ASEAN経済と中所得国の罠』，2013年12月
牛山隆一・可部繁三郎編（2014）『図解でわかる　ざっくりASEAN』秀和システム
日本経済研究センター（2012）『ASEAN経済と企業戦略』，2012年12月
―――（2014）『メコン圏経済の新展開』，2014年3月
福田幸正（2012）「マレーシアの銀行セクター～政府の計画に沿って比較的順調に発展中～」，公益財

---

[57] 例えば，三井物産は11年，マレーシアに拠点を置くアジア最大規模の病院チェーン，IHHヘルスケアの株式を取得した。伊藤忠商事は14年，タイ最大級の財閥チャロン・ポカパン（CP）グループと資本・業務提携すると発表した。

団法人国際通貨研究所　Newsletter, 2012.10.30（No.25, 2012）
ASEAN（2013）"ASEAN INVESTMENT REPORT 2012: The Changing FDI Landscape"
A.T.Kearney and JWT（2013）"Countdown to 2015: Creating ASEAN Champions"
Bank Negara（2010）"Annual Report 2009"
────（2011）"Annual Report 2010"
CAPA, Center for Aviation（2014）"CAPA World Aviation Yearbook 2014"
CIMB（2013）"ECONOMIC UPDATE"
Goh, Khoon Soo and Wong, Koi Nyen（2010）"Malaysia's Outward FDI: The Effects of Host Market Size and Home Government Policy" Discussion paper 33/10, Department of Economics, Monash University
The Economist Corporate Network（2013）"Riding the ASEAN elephant－How business is responding to an unusual animal"
United Nations Conference on Trade and development（UNCTAD）"World Investment Report" 各年版
Wong, Marn-Heong and Wirjo, Andre（2013）"Findings from 2013 ASEAN-BAC Survey on ASEAN Competitiveness", Jakarta: ASEAN Business Advisory Council

（牛山　隆一）

第 5 章

ASEAN 域内の労働者移動の現状
―― 高まる労働力の相互依存

1. はじめに

　ASEAN 諸国は域内の経済的相互依存を高めつつ，労働力の需要と供給においても相互依存を高めている。1980 年代以降シンガポールおよびマレーシアはその経済成長により移民労働者にとって魅力的な労働市場になった。東アジア，東南アジアおよび南アジアを含むアジア諸国からの外国人労働者の割合は，シンガポールでは建設業における被雇用者の 60％，家事労働者の 94％，マレーシアでは建設業で 40％，農業および漁業をあわせて 40％を占める。また 1990 年代以降，冷戦の終了により，「戦場から市場へ」と変貌したメコン地域においては，域内の経済成長を牽引し続けるタイに国境を接するミャンマー，ラオスおよびカンボジアから労働者が越境してきており，国内の建設業における被雇用者の 10％，家事労働者の 32％を近隣諸国からの労働者が占める（OECD 2012, 168）。世界銀行によれば，シンガポール，マレーシアおよびタイの 3 カ国が ASEAN 全体における移民労働者の約 90％を受け入れており，その内訳は，マレーシアが 35％，タイが 35％，シンガポールが 21％である。シンガポールおよびブルネイは専ら受入国である一方，インドネシア，ミャンマー，ラオス，カンボジアおよびベトナムは専ら送出国である。マレーシアは受入国であると同時に，域内ではシンガポールへ労働者が移動しており，またタイは，域内の受入国としてのハブであると同時に，域外への労働者の送出国でもある。ASEAN は，市場拡大のために，2015 年を目途として単一市場・生産拠点をめざし，モノや資本の円滑な流れにかんする枠組みの構築を推進するなか，生産を支える労働力市場のあり方が問われている。
　労働力移動のなかでも，いわゆる高度人材の労働市場の流動性は，域内の社

会厚生，経済にプラスをもたらすとして，その移動の自由化は国際交渉の俎上にのぼる。ASEAN においても，2015 年をめざした経済統合への計画である AEC ブループリントのなかに，熟練労働者の自由な移動については明記されている。サービスに関する枠組み合意である AFAS（ASEAN Framework Agreement on Services）第 5 条に基づき，8 職種について相互承認協定（MRA: Mutual Recognition Arrangement）が締結されている[1]。2010 年 10 月に採択された ASEAN 連結性マスタープラン（Master Plan on ASEAN Connectivity）では，物理的接続性，制度的接続性，そして人と人の接続性として，ASEAN 域内の「人の移動性」を強化することが明記された。その中には，ASEAN 国籍者の域内旅行の査証免除に向けた段階的自由化にかんする調査を実施すること，そして熟練労働者については，さらなる相互承認協定の締結およびその発効により域内移動をさらに進めること，ICT 技術者に関する MRA を 2015 年末までに締結すること，そして域内の熟練労働者のプール・システム構築に向けたパイロット・プロジェクトを実施することなどが盛り込まれた。2012 年 11 月には，加盟国間の財・サービスの貿易，投資に従事する自然人の移動の円滑化を目的とする，ASEAN 自然人移動協定（ASEAN Agreement on the Movement of Natural Persons）が署名され，その協定の範囲として商用訪問者，企業内転勤者，契約で合意したサービス提供者がリストされている。自然人の移動にかんする協定ではあるものの，協定には，加盟国の国境の完全性，加盟国国内の労働力および終身雇用の保護が明記されており，あくまで特定された自然人の移動を対象としている ASEAN の政策が如実にあらわれている。つまり，ASEAN 経済共同体が自由化をめざす「人の移動」は，専門職，貿易・投資従事者および旅行者に限定する人の移動である。

　その一方で，これらの自然人にカテゴライズされない，いわゆる低熟練労働者や非熟練労働者の移動の自由化は ASEAN 経済共同体の交渉の俎上には上っていない[2]。ASEAN においては現実に，域内の低熟練および非熟練労働

---

[1]　2005 年 12 月にエンジニア，2006 年 12 月に看護師，2009 年 11 月に建築士，測量士，2009 年 2 月に医師，歯科医師，会計士，2012 年 11 月に旅行業専門職についてそれぞれ相互承認協定が結ばれた。

[2]　特定の技能や資格によってカテゴライズされない労働者を「低熟練/非熟練労働者」とする。単純労働者とも呼ぶ。

者の移動は著しく進行し，域内の各国の政治，社会および経済に影響を与えている。国外からどのような低熟練／非熟練労働者をどのように受け入れ，どのように処遇するかについては，受入国の移民労働者政策が個別に林立している[3]。また国外へ自国民労働者をどのように送り出し，どのようにその権利を保護するかについては，送出国の海外への労働者送り出し政策が林立している。すなわち，ASEAN経済共同体の構築に向けた，域内のモノ・カネ・人の移動の自由化の政策・実施の過程には，低熟練労働者や非熟練労働者の移動にかんする議論は含まれていない。

本章では，ASEAN経済共同体の対象外でありながら，域内において既に活発な動きがみられるいわゆる低熟練労働者および非熟練労働者の移動について論じる。ASEAN域内におけるかかる労働者の移動の実態については，正確かつ包括的なデータが存在しない。受入国が公表するある送出国からの労働者数は，必ずしも，当該送出国が公表する当該受入国への送り出し人数とは合致しない。また受入国によっては労働者の国籍別数字を公表していない国もある。また世界銀行や国連のデータも推計値に留まっている。本章は，入手できた限られたデータを利用してASEAN域内の労働者の移動の現状を分析することを試みる。まずASEAN加盟国内における労働者受入国と送出国の構図を整理し，次にASEAN諸国の労働移動にかんする制度的枠組みを論じる。そして，主な受入国および送出国における流入・流出の現状を概観する。最後にASEANにおける労働移動にかんする政策の課題と展望を論じる。

2. ASEANにおける労働移動の概観

2.1 ASEANにおける人の移動

ASEAN域内における人の移動は確実に増加している。国連が公表している

---

[3] 本章において「移民労働者」ないし「移住労働者」とは，「出生した国・地域を離れ，または，国籍と異なる国・地域へ就労を目的として移動して滞在する人々」とする。かかる人々にかんする，送出国および受入国双方の政策を総じて「移民労働者政策」とする。入国者（immigrant）および出国者（emigrant）の両方の意味として「移民」（migrant）を使用する。伝統的な移民国家の法律用語における入国時に永住を許された外国人という狭義の「移民」ではない。

124　第 5 章　ASEAN 域内の労働者移動の現状

図表 5-1　増加する ASEAN 域内における人の移動

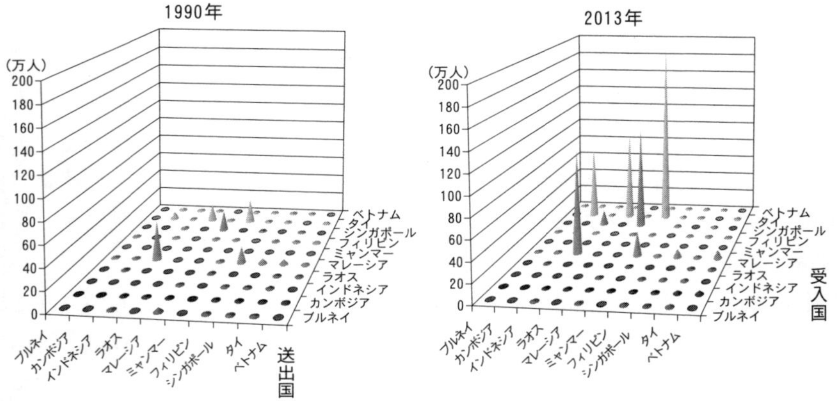

注：ストックベース。
資料：United Nations, Department of Economic and Social Affairs (2013). Trends in International Migrant Stock: Migrants by Destination and Origin (United Nations database, POP/DB/MIG/Stock/Rev.2013) の 1990 年および 2013 年版より作成。

　各国間および地域間の出身国・到達国別移住者数の推計データを見ると，1990 年はインドネシアからマレーシアへ約 40 万人，マレーシアからシンガポールへ約 20 万人，そしてミャンマーからタイへ約 23 万人という流れが主だったものであったが，2013 年にはそれらの数字は 100 万人を超え，ミャンマーからタイへの移動も 200 万人近くに上っている。さらにラオス，カンボジアからタイへの流入が加わり，タイを中心とするメコン地域における人の移動の増加を見てとれる。
　次に，上掲の推計データから，ASEAN 各国の 2 国間の移住者数（ストック）の割合が域外を含む移住者数に比し，どれだけの割合を占めているかを見てみよう。このデータが表しているストックベースの移住者数は本章が対象としている移住労働者数（外国人労働者）と厳密な定義では合致するものではないが，ASEAN 各国からの域内および域外への流出，ASEAN 各国への域内および域外からの流入の傾向を概観することができる。ASEAN 域内の数字が域内外を含む全世界の数字に占める割合を見ることによって，その割合が高まっていることが ASEAN 域内の人の移動についてデファクトの統合度が高まっ

ていると考えるならば，1990年，2000年そして2013年と確実にその割合が高まっていることが観察される[4]。

ASEAN各国の出身者が域内の別の国に移住している数をASEAN域内外も含む世界各国への移住者数で割ると，1990年では20.1%，2000年には28.8%，2013年には34.2%に推移している。またASEAN各国へ移住している者の出身国がASEAN諸国である者の人数をASEAN域内外を含む全世界からの出身者数で割ると，1990年では，47.8%，2000年には63.0%，2013年には68.6%に推移している。ASEAN域内における人の移動が20数年間にわたり確実に増加していることが観察される。すなわちASEAN域内における人の動きはアウトバウンドでもインバウンドでも，その人数およびそれが世界全体の数字に占める割合が増加しており，ASEAN域内における人の移動の活発化を示している。

しかしASEAN各国の中でも，ASEAN比率が高い国と低い国の違いが顕著である。例えば出身国すなわち移住者の送出国としては，フィリピンのASEAN比率は10%未満と低くそれは年々さらに低下している。つまりフィリピン人がASEAN域内よりも域外へ多く移住していることがわかる。同じ送出国としてはミャンマーのASEAN比率は高く，2013年でその比率は80%を超えている。かたや移住者の到達国すなわち受入国としては，シンガポールにおけるASEAN出身者の比率は，1990年で30%，2000年で50%，2013年で53%と推移している。また同様に受入国としてタイでは，ASEAN出身者の比率は，1990年で93%，2000年で95%，2013年で96%と高い数字を示している。

2.2 ASEANにおける労働移動の概観

ASEANにおける労働移動は，シンガポールとマレーシアへの移動，タイへの移動という2つの大きな動きがある。主たる受入国であるシンガポール，マレーシアには2013年現在，それぞれ132万人，211万人の外国人労働者がい

---

[4] United Nations, Department of Economic and Social Affairs (2013). Trends in International Migrant Stock: Migrants by Destination and Origin (United Nations database, POP/DB/MIG/Stock/Rev.2013) の1990年，2000年および2013年版を利用した。

る。シンガポール政府統計では出身国別の人数が公表されていないが，ASEAN 域内の送出国のデータからは多くのマレーシア人，インドネシア人，ミャンマー人がいると推察される。マレーシアでは，外国人労働者の4割，約94万人がインドネシア人で，ASEAN 諸国としては他にミャンマー人が12万人いる。シンガポールとマレーシアが ASEAN 以外の国からの労働者を受け入れているのに対し，タイはミャンマー，ラオスおよびカンボジアからの受け入れに限っている。その数は，2014年10月現在，ミャンマー人約170万人，ラオス人27万人，カンボジア人80万人で合計277万人を数える。

　ASEAN 域外への労働移動としては，中東，台湾，香港，韓国が主な行き先であり，ASEAN 域外からはバングラデシュ，ネパール，インド，スリランカという南アジアからの労働者の流入が顕著である。例えば，送出国であるインドネシアからは，2011年の数字では新規送り出し総数58万1081人のうち，同じ ASEAN 域内のマレーシア，シンガポール，ブルネイへの新規送り出し数が合計約33％，19万2196人であるのに対し，中東諸国へは合計約36％，20万8463人を送り出している。また台湾，香港，韓国へは合計約24％，13万7062人を送り出している。一方，受入国であるマレーシアでは，外国人労働者総数のうち，上述のように域内のインドネシアおよびミャンマー人を合わせると約52％を占め，ネパール，バングラデシュ，インド人で外国人労働者の約38％を占める。

2.3　ASEAN 域内の労働者受入国 VS 送出国の構図

　ASEAN 諸国間には，総論で示されているとおり，その差は縮まっているものの経済格差が存在し，1人当たり GDP の高い国へ低い国から労働力が移動している現象が見られる。既述のとおり，域内における労働移動の主な大きな動きは2つある。1つは，シンガポールとマレーシアへのインドネシアやその他の国々からの流入，2つ目は，タイへの隣国3カ国ミャンマー，ラオス，カンボジアからの流入である。

　ASEAN 各国は，その経済発展段階とその労働移動にかんする政策の関係において，次の3つに分類される（RTWG 2008）。第1段階として分類される国は，人口増加率や出生率が高く，高齢者比率や都市化の比率が低い国であ

り，カンボジア，インドネシア，ラオス，ミャンマー，フィリピンおよびベトナムが挙げられる。これらの国々の労働移動政策は，自国民を労働者としていかに国外へ送り出すか，そして国外における自国民の保護と彼/彼女らからの送金である。対照的に，第3段階の国の特徴としては，人口増加率や出生率が低く，高齢者の比率や都市化の比率が高く，人口1人当たりのGDPが高いことである。これらの国として，ブルネイ，シンガポールおよびマレーシアが挙げられる。これらの国々の政策課題は，流入する移民の管理，高度人材の流出と流入，受け入れ社会における移民の融合および非正規移民（法的文書をもたないいわゆる不法移民）対策である。これらの中間である第2段階として，タイがあり，その特徴として人口増加率の減少，高齢者比率の増加，都市化の比率の増加，人口1人当たりのGDPの増加，第1段階の国よりも低い出生率がある。タイは，第1段階および第3段階の国々双方の政策課題を担う。

　自国から送り出す労働者の人権保障と雇用環境の改善を求める送出国と，自国への社会経済への悪影響を懸念し，景気の調整弁として移民労働者を管理したい受入国の利害は対立している。ASEANにおいても，主たる受入国であるシンガポール，マレーシアと主たる送出国であるインドネシア，フィリピンの移民労働者をめぐる対立は顕著である。

3. ASEAN域内の労働移動にかんする制度的枠組み

　ASEANには冒頭に述べたとおり，低熟練および非熟練労働者の受け入れや送り出しにかんする地域連合としての多国間の制度は存在しない。ASEAN諸国それぞれが個別に外国人労働者の受け入れや自国民労働者の送り出しに関する政策を有し，受入国と送出国の2国間で結ぶ協定や覚書が混在する。

3.1　ASEANとしての枠組みの不在，林立するASEAN各国の法制度

　ASEAN各国における移民労働者政策には，複数の政策課題が存在するため，その政策の立案や実施を担う機能のあり方は多岐にわたる。労働者を送り出す根拠となっている法制度についていえば，例えば送り出し大国であるイン

ドネシアの 2004 年「労働者派遣・保護にかんする共和国法第 39 号」は，自国民労働者の保護に力点をおき，詳細な規定を設けているのに対し，労働者送出国としては新興であるカンボジアの 2011 年「民間派遣業者を通じたカンボジア人労働者の海外派遣管理のための政令 190 号」では自国民の保護に関する規定は多くはない。実施機関についても，例えば，伝統的送出国であるフィリピンは労働者の送り出しを専権管轄する海外雇用庁を労働雇用省下に設置しているのに比し，フィリピンの政策に倣おうとするインドネシアでは，海外労働者庁を置きながらも特定の業種の労働者の派遣にかんしては複数の省庁が関係している。一方カンボジアおよびベトナムでは専ら労働省が担当する。労働者の受入国の法制度を概観すると，マレーシアが雇用にかんする一般法のなかに外国人の雇用の章や節を設けているのに対して，シンガポールおよびタイは外国人の雇用や就労について別の法律を施行している。送り出しよりも受け入れの方が関係する省庁の数は多く，例えばタイの 2008 年「外国人就労法」に規定している委員会の構成は，労働省，国家経済社会開発委員会，国家安全保障評議会，国家情報局，検察庁，国防省，外務省，農業組合省，内務省，保健省，工業省および警察庁などのメンバーから成る。外国人労働者の受け入れが，受入国の社会・経済・政治にとっていかに多様な影響を与えるかが現れていると同時に，政策の合意形成の難しさも示している。

　送出国と受入国を結びつけるのは，労働者送り出しおよび受け入れにかかる 2 国間で結ばれる協定や覚書であり，ASEAN 域内で交錯する 2 国間関係がある。送出国であるインドネシアやベトナムは受入国マレーシアとの間に，またタイは受入国として送出国であるカンボジア，ラオスおよびミャンマーと締結している。2 国間の枠組みにおいて，受入国は受け入れる労働者を特定の国からに限定することによって労働者の管理がしやすく，送出国は特定の受入国との関係を固定化することができる。ASEAN 諸国における移民労働者に関する政策は，その前提として送出国および受入国双方とも移民を一義的には経済的観点からとらえている点にある。移民労働者の受入国は，一時的な労働者の供給に重きをおき，景気変動に左右される柔軟な労働市場の緩衝として移民労働者が位置づけられている。2 国間覚書は，規定された手続きに基づいて移民労働者を斡旋・雇用する制度であり，労働者の流出および流入に対する各国政府

図表 5-2　ASEAN における送出国および受入国の労働者海外派遣・雇用に関する法

送出国の労働者海外派遣・雇用に関する法

インドネシア	2004 年「労働者派遣・保護に関する共和国法第 39 号」
フィリピン	1995 年「移住労働者と海外フィリピン人法」
ベトナム	2006 年「契約による海外派遣ベトナム人労働者法」
カンボジア	2011 年「民間派遣業者を通じたカンボジア人労働者の海外派遣管理のための政令 190 号」
ミャンマー	1998 年「海外就労に関する国家平和発展評議会法律 No.3/99」

主な受入国の外国人雇用に関する法

シンガポール	1990 年「外国人雇用法」
マレーシア	「1955 年雇用法」(第 XIIb 節「外国人労働者の雇用」1998 年改正)
タイ	2008 年「外国人就労法」

資料：筆者作成。

の制限および管理を特徴とする。しかし実態は，長期にわたる外国人労働者への依存が恒常化している。また 2 国間の合意に基づく正規のルートではなく，正式な文書をもたずに出国，入国，就労する，いわゆる不法労働者が数多く存在する。2 国間の枠組みが労働者の円滑な斡旋や管理という点で有効に機能していないのみならず，保護されるべき労働者の法的地位は不安定である場合が多い。受入国であるシンガポール，マレーシアおよびタイにおいて外国人労働者に対する不当な扱いや虐待の問題は絶えない。

3.2　「2007 年移民労働者の権利の保護と促進に関する ASEAN 宣言」

　域内において既に活発な労働移動がみられる ASEAN であるが，既述のとおり，2015 年をめざした経済統合への計画のなかに，いわゆる低熟練労働者および非熟練労働者については言及されていない。2000 年代に入り，ASEAN 域内において低熟練および非熟練労働者の移民労働をめぐり，送出国と受入国の対立が顕在化しており（鈴木 2012），その利害対立の妥協として，拘束力のない宣言が合意され，各国に取り組みを促すという形がとられている。第 12 回 ASEAN サミットにおいて採択された「2007 年移民労働者の権利の保護と促進にかんする ASEAN 宣言」は，送出国と受入国が存在する ASEAN 地域

内において，送出国および受入国双方が参加する共通の基盤となる宣言である。同時にこれは自国から送り出す労働者の人権保障と雇用環境の改善を求める送出国と，自国への社会経済への悪影響を懸念し，景気の調整弁として移民労働者を管理したい受入国の妥協の産物でもある。同宣言は協調レベルの宣言であり，各国間の法的義務はない。当該宣言では，非正規移民労働者は対象にならず，非正規の移民労働者を正規化することを意味するものではないと明記されているように[5]，ASEAN 加盟国の，なかんずく移民労働者の受入国の慎重な姿勢がうかがえる。また，同宣言には移民労働者の救済や司法へのアクセスを促進することとあるが，それは当該労働者が受入国の法律や規則を遵守していることが条件となっており，非正規移民労働者は排除されている。

3.3 ASEAN 移民労働者委員会（ACMW）による起草作業——宣言から条約になるか

2007 年 7 月に ASEAN 外相により ASEAN 移民労働者委員会（ASEAN Committee on Migrant Workers）が「2007 年移民労働者の権利の保護と促進に関する ASEAN 宣言」を具体的に執行するために設立された。同委員会の目的は，① 移民労働者権利宣言に明示されたコミットメントを確実にすること，② 移民労働者の権利の保護と促進にかんする ASEAN の文書を作成することである。同委員会の活動は，搾取および不適切な処遇に対して移民労働者の権利の保護と促進をさらに向上させること，加盟各国の移民労働にかんするガバナンスを強化することによって移民労働者の権利の保護と促進を強化すること，移民労働者の権利と保護にかんする ASEAN の文書を作成することである。

2008 年 9 月に最初の会合がシンガポールで開催され，以来毎年会議が行われている。同委員会のもと ASEAN 文書起草チーム（ACMW-DT）が，受入国側としてマレーシアとシンガポール，送出国側としてフィリピンとインドネシアの代表から構成され，最初の会議が 2009 年 4 月にバンコクで行われた。

---

[5] "4. Nothing in the present Declaration shall be interpreted as implying the regularisation of the situation of migrant workers who are undocumented", ASEAN Declaration on the Protection of the Rights of Migrant Workers.

3. ASEAN 域内の労働移動にかんする制度的枠組み　131

図表 5-3　ASEAN における移民労働者に関する合意

1997 年	ASEAN Declaration on Transnational Crime	内務省大臣による不法入国および人身取引に対する協力
1998 年	Hanoi Plan of Action	統合 ASEAN の Vision 2020 実現のための計画。経済発展の格差に対する支援や女性および子どもの人身取引を撲滅する協力
1999 年	Bangkok Declaration on Irregular Migration*	移民、特に非正規移民に対する公正かつ人道的扱い、人身取引の防止にかんするコミットメント
2004 年	ASEAN Declaration Against Trafficking in Persons Particularly Women and Children	人身取引の防止・撲滅にかんする地域的協力
2004 年	Vientien Action Programme	ハノイ行動計画に代わり、移民労働者の権利の保護および促進にかんする ASEAN 文書作成へのコミットメント
2007 年	ASEAN Declaration on the Protection and Promotion of the Rights of Migrant Workers	移民労働者の権利の保護と促進にかんするコミットメント
2009 年		上記宣言が ASEAN 社会文化共同体（ASCC）のブループリントに明記される

＊　ASEAN に加えオーストラリア、バングラデシュ、中国、日本、韓国、ニュージーランド、パプアニューギニア、スリランカおよび香港が参加。
資料：筆者作成。

2009 年 10 月にクアラルンプールで行われた第 3 回会議では、受入国と送出国間で、文書を法的拘束性を有するものとするか、非正規移民／不法移民（入国や就労にかんし正式な許可や文書を持たない労働者）を含めるか、移民労働者の家族を含めるか、ASEAN 加盟国でない国からの移民労働者を含めるかで対立し、草案作成の作業は暗礁に乗り上げた。そのため、ACMW-DT は 2010 年に ASEAN 加盟国すべてのメンバーをいれ、作業を再開させ、2012 年には草案（Zero-Draft）が完成し、条文ごとに加盟国の合意をとるべく交渉が重ねられている。2014 年ミャンマー労働省大臣は ACMW 議長任期中に、文書に法的拘束力をもたせるか、非正規移民労働者を含むかという 2 つの規定について、合意に達する意欲を示していたがそれはならず、マレーシア労働大臣が議長となる 2015 年に持ち越されている。

4. 主な受入国から見る外国人労働者の現状

4.1 シンガポール

　シンガポールの人口は 2013 年時点で 530 万人，2012 年末における労働者数 336 万人のうちおよそ 38％，127 万人が外国人である。工業化の進展による労働者不足から，1968 年に外国人の労働許可制度を導入し，当初はマレーシアからの労働者が主であったが，その出身国はタイ，インド，バングラデシュ，フィリピン，インドネシアなどへと変化してきた。1980 年代に外国人雇用税と雇用人数上限を設け，外国人労働者の雇用を管理している。1990 年制定「外国人雇用法」（Employment of Foreign Manpower Act, Chapter 91A）によって，外国人は就労パスを取得しなければならない。専門性・スキルの高い職種は EP（Employment Pass）パス，中程度の熟練労働者（mid-skill）は S パス，それ以下の熟練度の労働者は WP（労働許可）を取得する。シンガポールは，WP 取得者の出身国を，歴史的に深い関係にある伝統国としてマレーシア，非伝統国としてインド，スリランカ，タイ，バングラデシュ，ミャンマーおよびフィリピンを指定し，出身国により就労可能な業種を特定している。外国人労働者の依存度が高いシンガポールであるが，その過多の存在に

図表 5-4　シンガポールにおける外国人労働者数（許可種類別，単位：人）

許可の種類	2007 年	2008 年	2009 年	2010 年	2011 年	2012 年	2013 年
EP	99,200	113,400	114,300	143,300	175,400	173,800	175,100
S パス	44,500	74,300	82,800	98,700	113,900	142,400	160,900
WP	757,100	870,000	856,300	871,200	908,600	952,100	985,600
うち家事労働者	183,200	191,400	196,000	201,400	206,300	209,600	214,500
うち建設	180,000	229,900	245,700	248,100	264,500	293,400	319,100
合計	900,800	1,057,700	1,053,400	1,113,200	1,197,900	1,268,300	1,321,600

　資料：シンガポール労働省 "Foreign Workforce Numbers" より作成。
　　　　http://www.mom.gov.sg/statistics-publications/others/statistics/Pages/Foreign
　　　　WorkforceNumbers.aspx

図表 5-5　シンガポールにおける業種別労働者送り出し指定国

	マレーシア	非伝統送出国：インド，スリランカ，タイ，バングラデシュ，ミャンマー，フィリピン	北アジア：香港，マカオ，韓国，台湾	中国
建設	○	○	○	○
造船・修理	○	○	○	○
製造	○	—	○	○
機械加工・メンテナンス	○	○	○	○
サービス	○	—	○	○

資料：シンガポール労働省 "Industry-specific conditions and requirements" より作成。
http://www.mom.gov.sg/foreign-manpower/foreign-worker-levies/Pages/levies-quotas-for-hiring-foreign-workers.aspx

よって賃金が抑制され企業の生産性向上のインセンティヴを失わせるという理由で，長期的な外国人労働者の雇用を抑制する方針である。

4.2　マレーシア

マレーシアの人口は 2014 年で 3000 万人を超えた。2013 年 9 月末時点で合法な外国人労働者数は 211 万に達した。業種別では製造業が 73.3 万人で全体の 35％を占める。国籍別では，インドネシア人が圧倒的に多く 93.5 万人で全体の 44％を占める[6]。

マレーシアは 1980 年代後半に本格的な工業化を推進することによって労働力が不足し，1990 年代には外国人労働者の雇用をそれまでのプランテーション，農業，建設，家事労働においてのみならず，製造業やサービス業においても可能にし，1998 年改正をもって 1955 年雇用法に第 XIIb 節「外国人労働者の雇用」を挿入し，これによって外国人労働者の雇用が現在のように制度化された。マレーシアにおいて外国人の雇用が認められている業種は，① 製造業，② プランテーション，③ 農業，④ 建設，⑤ サービスの 5 セクターである。サービスセクターは，① 飲食店，② 清掃，③ リゾートである。その他に家事

---

[6] The Malaysian Indicator, "Malaysian, not foreigners, behind most crimes, says Home Minister" 30 October, 2013.

134　第5章　ASEAN 域内の労働者移動の現状

図表 5-6　マレーシアにおける業種別外国人労働者数（単位：％・万人，2013 年 9 月末）

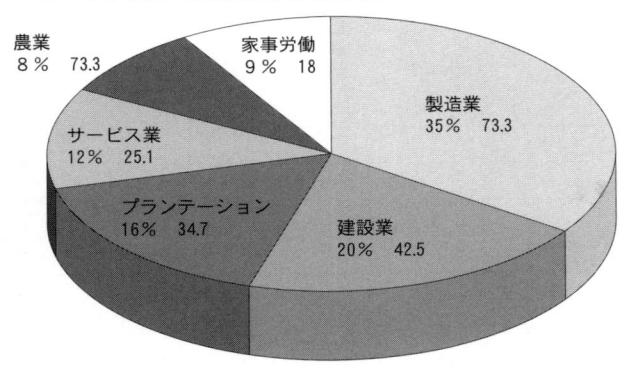

- 農業　8％　7.3
- 家事労働　9％　18
- 製造業　35％　73.3
- サービス業　12％　25.1
- プランテーション　16％　34.7
- 建設業　20％　42.5

資料：The Malaysian Indicator, "Malaysian, not foreigners, behind most crimes, says Home Minister" 30 October, 2013 より作成。
http://www.themalaysianinsider.com/malaysia/article/malaysians-not-foreigners-behind-most-crimes-says-home-minister

図表 5-7　マレーシアにおける国籍別外国人労働者数（％・万人，2013 年 9 月末）

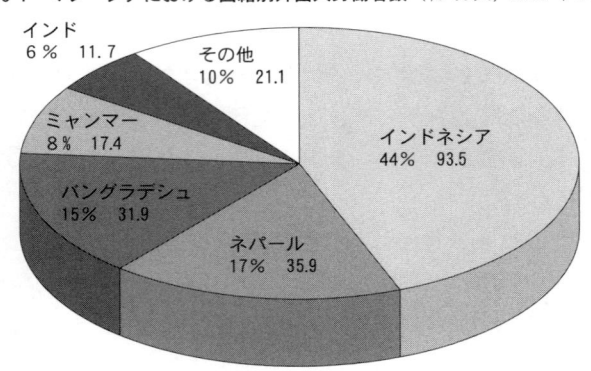

- インド　6％　11.7
- その他　10％　21.1
- ミャンマー　8％　17.4
- バングラデシュ　15％　31.9
- インドネシア　44％　93.5
- ネパール　17％　35.9

資料：図表 6 に同じ。

使用人があり別手続きが定められている。送出国として 14 カ国が指定されており，そのうち ASEAN 諸国はインドネシア，カンボジア，ミャンマー，ラオス，ベトナム，フィリピンおよびタイである。製造業，建設，サービス分野における低熟練および非熟練労働者は，一時的雇用パスを必要とする。通常 5

図表5-8　マレーシアにおける業種別労働者送り出し指定国

	タイ, カンボジア, ミャンマー, ラオス, ベトナム, カザフスタン, ネパール, パキスタン, スリランカ, トルクメニスタン, ウズベクスタン	フィリピン	インド	インドネシア	
性別	性別不問	男性	性別不問	男性	女性
業種					
製造	○	○	-	-	○
プランテーション	○	○	○	○	○
農業	○	○	○	○	○
サービス	○	○	○（飲食店）	○	○
建設	○	○	○（高圧ケーブル）	○	○

資料：マレーシア労働省 "Service Information" Foreign Workers Management Division より作成。
http://www.moha.gov.my/index.php/en/bahagian-pa-maklumat-perkhidmatan

年を上限とし1年ごとに延長できる。

　賃金格差により流入する労働者とそれを必要とする産業界によって，2001年の85万人から外国人労働者数は増加の一途をたどり，2008年には209万人，一時景気後退を受けて減少したが，2013年9月末現在211万人に及ぶ。マレーシア政府は外国人労働者の増加に歯止めをかけるべく，外国人労働者雇用にかかる税金を引き上げたり，新規雇用を停止したり，違法労働者を取り締まって強制送還している。しかし，需要サイドの圧力により，一旦停止した新規雇用を再開したり，違法労働者の合法化をするなどの措置が繰り返されている。

4.3　タイ

　タイの人口は，2012年で6678万人，労働人口は3953万人である。タイと国境を接するミャンマー，ラオス，カンボジアの隣国3カ国からタイへの移民労働者の流入は，冷戦の終焉によりタイがインドシナ半島を戦場から市場へと

政策転換した 1990 年初頭より増加した。閉鎖されていた国境が開放され，タイ経済は既に輸出志向型にシフトし，地方からバンコクや工業地帯への労働移動が加速化され，労働集約産業における非熟練の労働者が不足し，その穴をうめるように近隣諸国から労働者がタイ国内へ流入してきた。タイの経済成長にともなって，移民労働者数は右上がりに増えてきた。1990 年代はじめタイ政府は非熟練移民労働者を公式に容認する政策はとっていなかったが，流入するミャンマー人移民労働者の雇用を望む経済界の要請によって，現状を追認する形で，1992 年に彼らを登録させ労働許可を与える制度を開始した。2002 年にラオス，2003 年にカンボジア，ミャンマーと労働者の雇用にかんする 2 国間覚書を締結し，この 3 カ国からの労働者に限っている。タイにいる彼らの法的ステータスは次のように分類される。① 2 国間覚書にしたがって正規ルートで入国・就労している者　② 正式な文書を持たず不法に入国・就労していたがタイ政府が定めた合法化手続き（国籍証明手続き）を完了した者，③ まだその手続きは終えていないが登録だけはしている者である[7]。2014 年 10 月末現在，タイ政府と出身国政府との 2 国間覚書に基づき入国・就労する者は 24 万 8964 人，国籍証明を完了し合法に滞在・就労する者は 108 万 4978 人，手続き未了の登録者 143 万 7037 人を合わせると総計 277 万 979 人が把握されている[8]。

　移民労働者が従事する主な職種は，農業，漁業，食品加工業，製造業，建設業および家事労働である。2 国間覚書による者と国籍証明手続き完了者の合計 133 万 3942 人の職業別内訳を見ると，移民労働者が従事する職種は多い順に，水産加工 24 万 7000 人，建設 20 万 7000 人，農業・畜産 19 万 3000 人，農産加工 10 万 3000 人，縫製業 7 万 5000 人，食品販売 4 万 8000 人である。その他として，16 万 1000 人が明示されていないその他の製造・加工工場やサービス業（レストラン，ホテルその他店舗における接客，清掃など）に従事している。これら 3 カ国からの労働者合計のうち，およそ 6 割をミャンマー人が占める。ミャンマー人労働者の最も多い業種は水産加工業でミャンマー人の占める割合は 90％を超える。次に多いのは農業，建設業である。ラオス人は 3 カ国から

---

[7]　タイの移民労働者受け入れ政策の詳細については山田（2014）。

[8]　タイ労働省雇用局資料より。

の労働者合計の約1割を占める。多い職種は，ミャンマー人やカンボジア人に比して，家事労働が圧倒的に多く，次に農業，建設である。カンボジア人は3カ国からの労働者合計の約30％を占める。カンボジア人が従事する職種は建設業が最も多く，次に農業，漁業が続く。

　タイ労働省によれば，タイの労働人口からみた外国人労働者の割合は，公式の数字では，外国人労働者の受け入れ大国と呼ばれる国々と比較すると少なく，タイ経済は主に国内の労働力によって牽引されてきた。その一部が近隣3カ国からの安い低熟練労働者によって補完されているとの見解を示している（ILO 2013, 49）。しかし，公式の数字には反映されていない実態においては外国人労働者への依存度の高さが顕著である。これまでタイは，近隣諸国からの移民労働者の流入により，労働集約産業において豊富な人手を低コストで雇用することができ，農産品などの国内価格を低めに抑えインフレ抑止になっていること，タイ人がより高度な技術を要する産業へシフトすることができたことが指摘されている。

　タイは，ミャンマー，ラオス，カンボジアと労働者送り出し・受け入れに関する覚書を締結しているが，その手続きにかかる時間やコストから，覚書にしたがって就労し雇用される労働者も，それ以外の労働者の数のほうが圧倒的に多い。タイ政府は，デファクトで存在する外国人労働者を管理しようと，国籍証明手続きや登録手続きを繰り返している。

図表5-9　タイにおける隣国3カ国からの労働者数（単位：人）

	2010年	2012年	2014年
ミャンマー	814,497	1,414,368	1,697,593
（うち2国間覚書）	1,513	36,326	140,342
ラオス	87,999	199,318	268,249
（うち2国間覚書）	25,207	37,507	21,994
カンボジア	108,445	416,865	805,137
（うち2国間覚書）	51,966	137,956	86,628
合計	1,010,941	2,030,551	2,770,979
（うち2国間覚書）	78,686	211,789	248,964

資料：タイ労働省雇用局資料より作成。

138　第5章　ASEAN域内の労働者移動の現状

図表5-10　タイにおける隣国3カ国からの労働者の職業別内訳（2014年10月末現在）

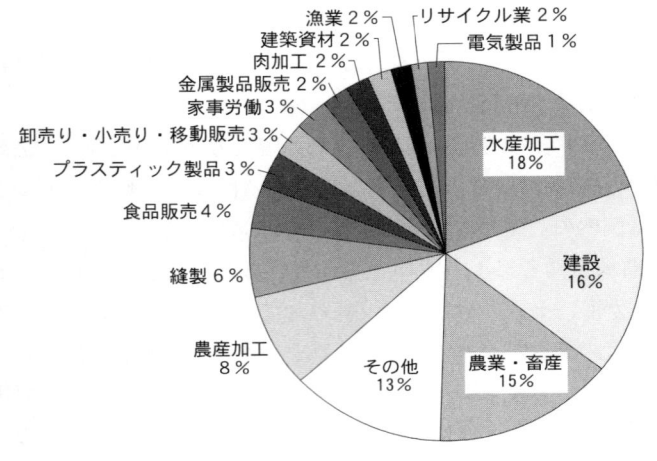

- 漁業 2％
- リサイクル業 2％
- 建築資材 2％
- 電気製品 1％
- 肉加工 2％
- 金属製品販売 2％
- 家事労働 3％
- 卸売り・小売り・移動販売 3％
- プラスティック製品 3％
- 食品販売 4％
- 縫製 6％
- 農産加工 8％
- その他 13％
- 水産加工 18％
- 建設 16％
- 農業・畜産 15％

資料：タイ労働省雇用局資料より作成。

5. 送出国から見る海外労働の現状 [9]

5.1　インドネシア

　インドネシアからマレーシアへの労働移動は，ASEAN域内における大きな流れの1つである。インドネシアは，2012年で2億4686万人の人口を抱える。その豊富な労働人口に比し，国内の雇用機会が少なく，1990年代以降東南アジアにおいてはフィリピンと並ぶ主要労働力送出国になっている。2000年以降は，とくに介護・看護労働分野において増加が著しく，東アジアにおける外国人家事・介護労働者の7割近くを占める。域内ではシンガポールにいる約20万人の外国人家事労働者のうち半数の10万人，マレーシアでは約35万人のうち8割の28万人がインドネシアからの労働者である。マレーシアにおけるインドネシア人家事労働者への虐待の頻発により，2009年から送り出し

9　本節は，インドネシアについては奥島（2014），フィリピンについては知花（2014），ベトナムについては石塚（2014）に負う。

を凍結しているため，マレーシアへの新規送り出し数は2007年の22万2203人をピークとして2011年には13万3904人と減少しているが，マレーシアにおける外国人労働者の最多を占め続けている。

インドネシアは，労働者送り出し政策で先行しているフィリピンを在外における自国民労働者の保護などについて参考にしている。2003年にフィリピンと「移住労働者に関する覚書」を結び，移住労働者の福利厚生および権利保護のほか，研修および資格認定において協力することを合意した。労働者の保護を詳細に規定したインドネシアの2004年「労働者派遣・保護にかんする共和国法第39号」の成立には，労働者送り出し政策で先行しているフィリピンの1995年「共和国法第8042号：移住労働者と海外フィリピン人に関する法」の影響がある。インドネシアとフィリピン間の覚書は，両政府の送出国としての連帯および協力を表明し強化するものであり，域内における受け入れ諸国に対する移住労働者の待遇改善を要求し，既述の2007年のASEAN宣言の成立に至った。さらにインドネシアは，2004年に「すべての移住労働者とその家族構成員の権利の保護に関する国際条約」（移住労働者の権利条約）（ICRMW）に署名し，2012年に批准した。域内において同条約を批准しているのはインドネシアとフィリピンのみである。

5.2　フィリピン

豊富な労働人口によりASEAN諸国の中で最大の労働力輸出国となっているのが，フィリピンである。フィリピンの人口は2012年で9670万人，海外へ派遣されるフィリピン人労働者数は，2001年には約87万人であったが，2010年には147万人となり約1.7倍に増加した。フィリピン人労働者のアジアにおける主な受け入れ先は，継続的に中東諸国であり，2010年には約68万人が送り出され，そのうちサウジアラビアが最多29万3000人を受け入れている。次いで香港が約10万人である。ASEAN域内ではシンガポールに約7万人，マレーシアに1万人，ブルネイに約8000人を送り出した。

労働者送り出しにかかる制度は，1995年「共和国法第8042号：移住労働者と海外フィリピン人に関する法」によって規定されている。海外労働者からの送金がGDPの1割を支えるフィリピンにとって，在外フィリピン人労働者の

140　第5章　ASEAN域内の労働者移動の現状

保護は，政権にとって支持基盤の安定につながる重要な政策課題である。フィリピンは，「すべての移住労働者とその家族構成員の権利の保護に関する国際条約」（移住労働者の権利条約）（ICRMW）を世界の他国に先駆けて批准し，ASEANにおいても，移民労働者の権利の保護と促進に関する枠組みの構築の牽引役を担っている。

5.3　ベトナム

　ベトナムの人口は2012年に9000万人を超える。1980年代においては，ソビエト連邦や東ドイツなど社会主義国との労働協定によって，非熟練労働者が送り出されていた。ソビエト連邦の崩壊に伴い，ベトナム政府の政策は転換し，1991年に政府議定370号によって労働力輸出業をライセンス制とし，積極的に労働力輸出を開始した。2006年には「契約による海外派遣ベトナム人労働者法」が成立し，派遣機関，派遣契約，費用，保証人，労働者の帰国後にかんする政策などについて詳細に規定されている。近年年間約10万人を派遣し，台湾が最多の受け入れ先で，次いでマレーシアである。

　マレーシアとは2003年に2国間協定を結び，正式な送り出しが開始された。マレーシアに派遣されるベトナム人労働者の9割は製造業に従事している。マ

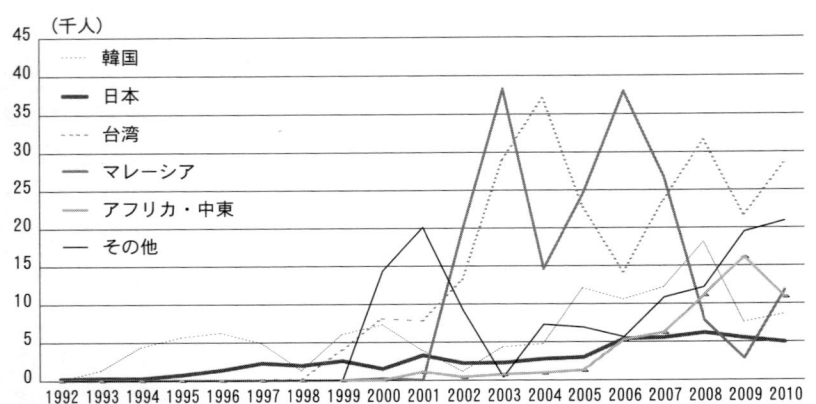

図表5-11　ベトナムからの派遣先別労働者数の推移（1992-2010年）

資料：石塚（2014）188頁「表1 派遣労働者数の推移」より作成。

レーシアにおける労働災害，労働者の死亡の頻発，台湾など東アジアの受入国に比べて賃金が低いことなどから，マレーシアへの就労は減少しており，台湾への労働者数が増加している。

6. 今後の展望と課題

　2015年の経済共同体創設は，ASEANを単一の市場と生産基地とすること，競争力のある地域とすること，域内における公平な経済発展を実現すること，グローバル経済へ統合することをめざしており，いずれの目的にも労働市場のあり方，労働力の賦存性が関係する。単一の生産基地であるためには，モノや資本やサービスの自由化とともに，労働力の域内の自由な移動が可能であるべきである。しかし，既述のとおり，現在のAECの枠組みの中には，一部の専門職を除いて，域内における労働者のモビリティは議論されていない。産業構造，人口動態の異なる域内の各国は，自国民以外の労働者の受け入れ，そして自国民労働者の国外への送り出しについては，それぞれの政策と制度を持っており，受入国と送出国の関係は2国間合意で制度が存在するものの，労働者の移動にかんするASEAN全体における枠組みの構築は，受入国と送出国の対立が顕著であるゆえに議論されていない。けれども現実には，既述のとおり相互依存度は高い。とくに，外国人労働者の受け入れを域内の隣国3カ国からに絞っているタイにとっては，その依存度は著しく高いといえよう。

　公式な数字に表れる人数を上回る外国人労働者がいると推計されるのは，タイに限らず，マレーシアやシンガポールについても同様である。受入国にとっては2国間覚書を交わしている国や指定国以外からの労働者の流入も見られる。タイでは2国間覚書を交わしているミャンマー，ラオス，カンボジアの他からも，同じASEAN加盟国ではベトナムからの労働者の流入が著しいといわれている。歴史的にはシンガポールはマレーシアから，マレーシアはインドネシアからの労働力に大きく依存してきたが，シンガポール，マレーシア両国の外国人労働者の指定国のリストおよび実態からは，ASEANに隣接する南アジアの国々であるインド，バングラデシュ，パキスタン，ネパール，スリラン

カからの労働者への依存度が高いことが判る。翻って送出国である国々にとっても，同じ域内の受入国への送り出しが少ないフィリピンや，送り出し数が減少しているインドネシアやベトナムはASEANへの依存度が低く，一方，ミャンマー，ラオス，カンボジアの各国はタイへの送り出し数が圧倒的に多く，相互の依存度は高いといえるだろう。

　ASEANにおける労働者移動にかんする政策は，その重要性が高いにもかかわらず，ASEAN域内の主たる受入国と送出国の利害の対立ゆえにASEANとしての制度を有していない。送出国と受入国の2国間関係下に労働者の送り出しおよび受け入れの制度が林立するが，各国の移民労働者政策が外国人労働者を期間限定の一時的な労働力であることを前提とするゆえに，労働者の人権や厚生の観点からその是非が問われている。

　ASEANにおける労働者は賃金格差を利用する形で生産ネットワークに組み込まれている。日系企業のマレーシアにおける委託先工場でミャンマー人労働者が働き，タイにおける発注先の建設会社の下請け業者がカンボジア人労働者を雇っている。ASEANにおける投資先においてローカルな労働市場で労働者を確保するには，外国人労働者雇用にかんする理解を深める必要がある。外国人労働者に対する需要はASEAN域内のみならず，域外からの需要もさらに増加している。ASEANが魅力的な単一市場・生産拠点であるためには，良質な労働力の確保，すなわち健全な労働市場である必要がある。現在議論されている移民労働者の権利の保護と促進について，法的拘束力をもった地域協定を合意できるか否かは，ASEANがさらなる統合へ向けて前進するかどうかがかかった大きな課題といえよう。

6. 今後の展望と課題　143

図表 5-12　ASEAN 諸国の人権・労働・腐敗防止に関する国際条約加盟状況

	シンガポール	マレーシア	ブルネイ	タイ	フィリピン	インドネシア	ベトナム	ミャンマー	ラオス	カンボジア
ICCPR (市民的および政治的権利)	-	-	-	1996	1986	2006	1982	-	2009	1992
ICESCR (経済的,社会的および文化的権利)	-	-	-	1999	1974	2006	1982	-	2007	1992
ICRMW (移住労働者の権利)	-	-	-	-	1995	2012	-	-	-	署名 2004
ILO No.87 (結社の自由及び団結権保護 1948 年)	-	-	-	-	1953	1998	-	1955	-	1999
ILO No.98 (団結権及び団体交渉権 1949 年)	1965	1961	-	-	1953	1957	-	-	-	1999
ILO No.29 (強制労働 1930 年)	1965	1957	-	1969	2005	1950	2007	1955	1964	1969
ILO No.105 (強制労働廃止 1957 年)	署名 1956	署名 1958	-	1969	1960	1999	-	-	-	1999
ILO No.100 (同一報酬 1951 年)	2002	1997	-	1999	1953	1958	1997	-	2008	1999
ILO No.111 (差別待遇(雇用および職業)1958 年)	-	-	-	-	1960	1999	1997	-	2008	1999
ILO No.138 (最低年齢 1973 年)	2005	1997	2011	2004	1998	1999	2003	-	2005	1999
ILO No.182 (最悪の形態の児童労働 1999 年)	2001	2000	2008	2001	2000	2000	2000	2013	2005	2006
ILO No.97 (移民労働者(改正)1949 年)	-	1964 サバ州	-	-	2009	-	-	-	-	-
ILO No.143 (移民労働者(補足規定)1995 年)	-	-	-	-	2006	-	-	-	-	-
ILO No.189 (家事労働者 2011 年)	-	-	-	-	2012	-	-	-	-	-
反人身取引議定書	-	2009	-	2013	2002	2009	2012	2004	2003	2007
国連腐敗防止条約	2009	2008	2008	2011	2006	2006	2009	2012	2009	2006

資料:筆者作成。

参考文献

石塚二葉（2014）「ベトナムにおける国際労働移動―「失踪」問題と労働者送り出し・受け入れ制度」、山田美和編『東アジアにおける移民労働者の法制度―送出国と受入国の共通基盤の構築に向けて』アジア経済研究所

奥島美夏（2014）「インドネシアの労働者送り出し政策と法―民主化改革下の移住労働者法運用と「人権」概念普及の課題」、山田美和編『東アジアにおける移民労働者の法制度―送出国と受入国の共通基盤の構築に向けて』アジア経済研究所

鈴木早苗（2012）「移民労働者問題をめぐるASEANのジレンマ」『アジ研ワールド・トレンド』(205) アジア経済研究所 39-44ページ

知花いづみ（2014）「フィリピンの労働者送り出し政策と法―東アジア最大の送出国の経験と展望」、山田美和編『東アジアにおける移民労働者の法制度―送出国と受入国の共通基盤の構築に向けて』アジア経済研究所

山田美和（2014）「タイにおける移民労働者受け入れ政策の現状と課題―メコン地域の中心として」、山田美和編『東アジアにおける移民労働者の法制度―送出国と受入国の共通基盤の構築に向けて』アジア経済研究所

ILO (2013) *Thailand-A Labour Market Profile*, Bangkok: ILO Regional Office for Asia and the Pacific

OECD (2012) International Migration Outlook 2012, Paris: OECD Publishing

Regional Thematic Working Group on International Migration including Human Trafficking (2008) *Situation Report on International Migration in East and South-East Asia*, Bangkok: IOM, Regional Office for Southeast Asia

（山田　美和）

第6章

ASEAN 域内のサービス分野の人の移動
——観光・留学・医療などで活発に

1. はじめに

　AEC（ASEAN 経済共同体）発足によって，ASEAN 域内の人の移動，とくに労働者の移動は EU（欧州連合）のように活発化するのだろうか。労働者の移動は，送出国，受入国のいずれにとっても雇用・失業という重要な政策課題に直結するだけに，神経をとがらす問題である。AEC では非熟練労働者については移動の自由を認めておらず，熟練労働者のみを移動の自由の対象としている。しかし，前章で紹介されたように，非熟練労働者は，規制しようという AEC の思惑を越えて，既に国境を越えて移動をしているのが実情であり，ASEAN におけるヒトの動きは一段と加速すると予想される。

　では，熟練労働者はどうなのだろうか。この点については 2 国間のデータとして直接的に捉えるのが難しく，AEC の発足前の時点でどの程度，熟練労働者が国境を越えて移動しているのかを，2 国間の詳細なデータの形で示すことはできない。そこで，本章では間接的なアプローチをとる。サービス分野に着目して，観光者の動き，留学生の動向などのデータを追ったうえで，医療サービス分野での人の移動について考察する。医療サービス分野では患者，すなわち，メディカルツーリストが医療サービスと観光の両方の享受のために国境を越えて移動する一方で，医師もまた国境を越える熟練労働者の典型例としてとらえることができる。

　本章ではまず次節で，データが豊富な観光者の動向について，できる限り ASEAN 域内における 2 国間での人の流れを示す。観光者に注目する理由は，その動向が相手国の持つ魅力や関心のバロメーターとなりえるためである。相

手国の労働環境が，自国より賃金が高く，職が得やすいのであれば，労働者にとっては魅力的に映るだろうし，そのような国は生活水準も高く，社会が安定している場合も多いはずである。もちろん，主な目的がビジネスであっても，入国カードには観光と書く場合は少なくないので，データ上は観光者として把握されていても，全員が純粋な観光目的ではないこともありえよう。純粋な観光者と，半分観光・半分仕事の入国者は区別ができないので，本章で扱う観光者の移動データはグレーゾーンの観光者も含まれることに注意する必要がある。このようにデータの制約はあるものの，観光者の動きは，労働・商用や留学などの目的も含めたヒトの移動全体を代表するものといえよう[1]。言い換えれば，熟練労働者を含めた労働者全体の動きを示唆するものと考えることができる。

次に，第3節で ASEAN 域内における留学生，とりわけ高等教育における留学生の動向を概観する。海外で高等教育を受けた人は，その技能を生かすために，帰国することもあるだろうが，現地でそのまま就職する機会もありえよう。また，帰国後であっても，専門家として海外に出る場合を考えれば，人的ネットワークもあり，生活も慣れている留学先の国は，就業先として選ばれる確率が他国よりも高いと思われる。そう考えれば，高等教育における留学生としての人的移動は，将来的な熟練労働者としての移動の伏線としてとらえることもできる。

最後に，第4節では医療サービスに焦点をあて，サービス貿易の各モードの観点から，期待される効果と課題について議論する。アジアにおける医療水準の向上と，医療費用の相対的な安さを背景に，患者が移動するメディカルツーリズムが盛んになっているが，熟練労働者である医療従事者が移動するケースも今後，増えることが予想される。先行する EU のケースなども参照しながら，メディカルツーリズムおよび医療従事者の移動に伴う展望と課題を検討する。

1　可部（2009）。

2. ASEAN 域内における観光者の移動

　ASEAN 域内の観光者のデータには出国ベースと入国ベースの2種類がある。出国ベースは出発国別に見た観光者の渡航先を示すもので，出発国である当該国からみた渡航先としての ASEAN の重要性を示すものといえる。一方，入国ベースは，到着国別に見た観光者の渡航元を示すもので，世界全体あるいは ASEAN 全体からみて，当該国がどの程度重要視されているかを意味する。データの制約から出国ベースおよび入国ベースいずれも 10 カ国×10 カ国のマトリックスを作成するのは困難なため，ASEAN 全体の時系列の動きを把握するとともに，ASEAN 主要国については可能な限り2国間における観光者の移動の推移を示す。

2.1　ASEAN 全体

　出国ベースにおける ASEAN 全体への観光者数の変化をみてみよう。データの制約から，ここではシンガポール，マレーシア，タイ，インドネシアの4カ国に焦点を当てる。1998 年を 100 とすると，図表 6-1 に示したように，ASEAN 向けでも世界全体向けでも，観光者の出国は増加している。この背景には，ASEAN 加盟国が経済成長を遂げ，AEC の構築を目指すほどの豊かな国になったことが挙げられる。すなわち，国民1人当たりの所得も向上したことで，ASEAN 域内はもちろん，日本などのアジア，さらには欧米など世界中に観光に出かける需要が増えている。さらには，こうした ASEAN からの観光者数をさらに増やそうとして，日本が ASEAN 主要国に対してビザ緩和措置をとるなど，ASEAN からの観光者の増加を促すような政策が域外国によって採用されていることも，増加要因となっているはずである。

　ASEAN 向けの出国はインドネシア，シンガポール，タイで 2003 年，2008-09 年を除いてほぼ継続して増加している。2003 年は SARS（重症急性呼吸器症候群）が発生したことで人的な移動が落ち込み，2008-09 年にはリーマンショックによる経済環境の混乱から観光需要にも影響が出たと考えられる。こ

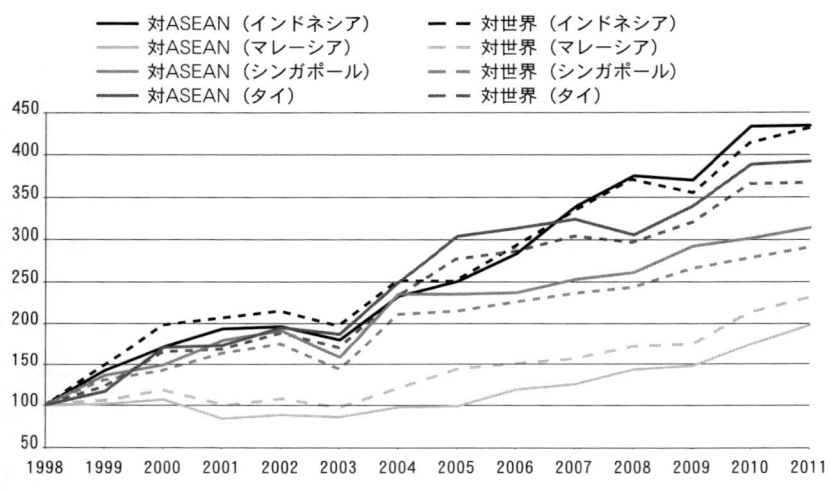

図表 6-1　インドネシア・マレーシア・シンガポール・タイの観光出国者数：対 ASEAN および対世界向けの推移（1998 年＝100）

凡例：
- 対ASEAN（インドネシア）
- 対世界（インドネシア）
- 対ASEAN（マレーシア）
- 対世界（マレーシア）
- 対ASEAN（シンガポール）
- 対世界（シンガポール）
- 対ASEAN（タイ）
- 対世界（タイ）

資料：アジア太平洋観光交流センター「世界観光統計資料集」各年版。

の 3 カ国は ASEAN 向けの観光者の出国者数が 2011 年には 1998 年の 3-4 倍の水準に達しているだけでなく，世界全体への出国の伸び率もほぼ上回っている。例外はマレーシアで ASEAN 向けの出国者の伸び率は世界全体を下回り，緩やかな増加にとどまっているが，それでも 2011 年には 1998 年の 2 倍に達している。

次に入国ベースの動きをみてみよう。ASEAN 加盟国を訪れた観光者のうち，ASEAN 域内からの入国割合は 2000 年代に入って，ASEAN 全体で 40％台を維持している。2012 年では ASEAN への観光者のうち，域内からの観光者は 44.7％である（図表 6-2）。やや乱暴な比較になるかもしれないが，貿易面での域内比率（20％台）を上回る水準と考えれば，観光者に代表されるヒトの移動では，ASEAN の域内依存度はそれなりに高いといえるのではないだろうか。

また，ASEAN 域内における観光者の移動を絶対数でみても，伸びの高さは顕著である。ASEAN 域内での観光者の移動は 1990 年の 723 万人から 2000 年

図表 6-2　ASEAN への観光者の入国における内外比率 (%)

		2004	2012
ASEAN 全体	ASEAN 内	45.2	44.7
	ASEAN 外	54.8	55.3
ブルネイ	ASEAN 内	65.4	55.4
	ASEAN 外	34.6	44.6
カンボジア	ASEAN 内	17.4	42.2
	ASEAN 外	82.6	57.8
インドネシア	ASEAN 内	45.4	32.4
	ASEAN 外	54.6	67.6
ラオス	ASEAN 内	71.4	81.5
	ASEAN 外	28.6	18.5
マレーシア	ASEAN 内	78.2	75.1
	ASEAN 外	21.8	24.9
ミャンマー	ASEAN 内	9.4	14.3
	ASEAN 外	90.6	85.7
フィリピン	ASEAN 内	6.5	8.8
	ASEAN 外	93.5	91.2
シンガポール	ASEAN 内	37.0	39.6
	ASEAN 外	63.0	60.4
タイ	ASEAN 内	25.0	28.9
	ASEAN 外	75.0	71.1
ベトナム	ASEAN 内	11.3	19.9
	ASEAN 外	88.7	80.1

資料：ASEAN (2014) Tourism Statistics, Tourist arrivals in ASEAN by selected partner country /region, Annual: as of 31 January 2014.

には 1304 万人，2012 年には 4064 万人と大幅に増えており，中国⇔香港などの NIEs，米国⇔カナダ・中南米・豪州などと同様に，非常に太いヒトの流れが確立していることがうかがえる（図表 6-3）。

もっとも，ASEAN 全体では入国観光者の域内比率が 4 割台を維持しているものの，加盟国によって域内外比率はかなり異なる。図表 6-2 によると，ブルネイ，ラオス，マレーシアは域内比率が過半を占めており，中でもラオスは入国観光者の 8 割以上が ASEAN 域内からである。それだけ，ラオスにとって

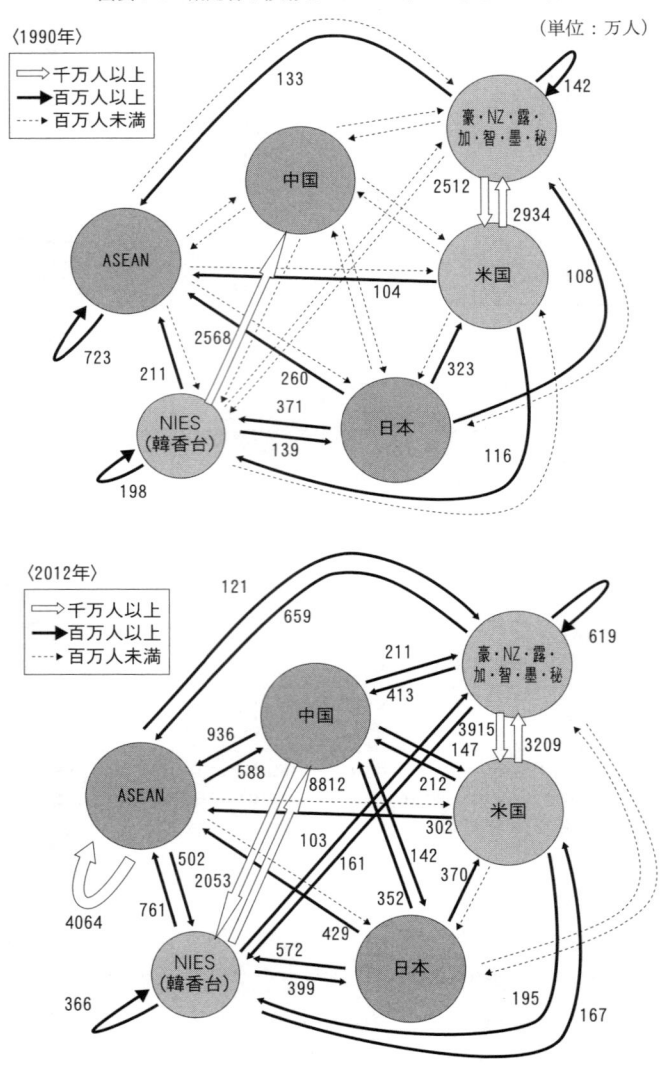

150 第6章 ASEAN 域内のサービス分野の人の移動

図表 6-3 観光者の移動と ASEAN（1990年と2012年）

(単位：万人)

はASEAN域内からの観光者などのヒトの移動が，国外とのつながりという点では重要であることを意味しており，人的関係においてASEAN諸国とラオスの関係は非常に深い。

これに対し，域外比率が高いのはインドネシア，ミャンマー，フィリピン，タイ，ベトナムである。なかでも，フィリピンとミャンマーの域外比率は85-91％にのぼるが，その背景は異なる。フィリピンは日本や韓国，米国などからの観光者が多いなど他のアジアや米国との関係が太い（2.2 各国別【フィリピン】を参照）のに対し，ミャンマーは従来の閉鎖的な政策から転換して，これから観光産業の育成に力を入れようとする段階にあるためと考えられる。

図表6-3に戻って，ASEANと域外との観光者の移動を別の角度から見てみよう。図表6-3はASEANと域外の観光者の双方向の移動について，1990年と2012年について示したものである。APEC（アジア太平洋経済協力会議）のメンバー国・地域を対象にしているため，ASEANとやや馴染みの薄い国なども図中には含まれている。点線は年間の観光者数が100万人未満であることを示し，黒実線は100万人以上1000万人未満，そして白抜き線は1000万人以上であることを意味する。線の太さが太くなるにつれて，観光者の移動という人的な関係が拡大することを視覚的にわかりやすく示したものである。

域外からASEANへの入国は1990年では100万-200万人程度だったが，2012年になると数倍に膨らんでいる。中でも，中国からの入国が1000万人近くにまで急増しているのが目立つ。一方，ASEANからの出国は2012年にはNIEs，中国など向けが増加しており，出国ベースでも人的なつながりが太くなっている。例外は日本と米国向けで，2012年でも両国への観光者数は100万人の規模に達していない。

2.2 各国別

次に各国ごとに，2カ国間の観光者の移動の状況を概観する。入手可能なデータの制約から，シンガポール，マレーシア，タイについては出入国の両方の動きを示し，インドネシアは出国，フィリピンは入国の動きを紹介する。

なお，出国データと入国データは出所が異なるため，必ずしも，A国からB国への観光者数について，A国の出国側統計と，B国の入国側統計が一致する

わけではない。そのため，2国間での観光者の移動を見る場合は，ある程度の誤差がありえることを前提に考察する必要がある。

【シンガポール】

　シンガポール全体ではSARSが発生した2003年とリーマンショック後の2009年にASEANからの入国者が落ち込んだが，それ以外は増加傾向を維持しており，2012年は600万人を突破し，2002年の2.4倍に膨らんだ。ASEAN全体への出国についても2003年を除けば順調に増えており，2012年のASEAN全体への出国者数は1600万人弱で，2002年の1.6倍の水準となった。

　国別でみると，シンガポールへの入国で圧倒的に目立つのはインドネシアで，その次はマレーシアである。ただ，両国ともに滞在が1日以内の割合が30-40%と高いため，通過目的や日帰りの場合が多いと考えられる。いずれの国から来る場合でも空路の利用が6割を超えるが，ベトナムやタイ，マレーシアでは陸路が15-20%なのに対し，インドネシアは海路が3割弱を占めている。

　ただ，シンガポールへの入国者を国別で見た場合，1・2位の国々がASEAN全体で占める割合をみると，1996年-2004年では70%台後半だった

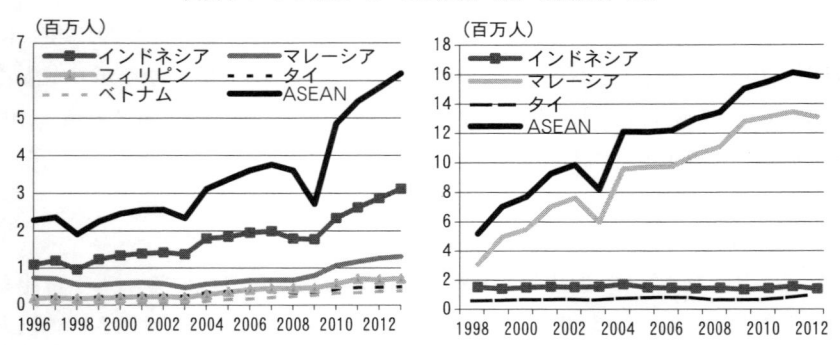

図表6-4　シンガポールへの入国者（左）と出国者（右）

資料：入国はAnnual Report on Tourism Statistics, 2013。出国は2012年がUNWTO, Yearbook of Tourism Statistics, 2014 Edition，2011年以前はアジア太平洋観光交流センター「世界観光統計資料集」各年版。

が，2005年以降は70％前後にとどまっており，より多くのASEANの国から観光客がシンガポールを訪れる傾向が出始めている。

世界全体のシンガポールへの観光者による観光関連の支出額は，2013年で総計179億シンガポールドル（2015年5月10日現在で1シンガポールドルは90円）に達するが，ASEANはそのうちの35％を占める文字通りのお得意様である。ASEANのうち，インドネシアは約半分（世界全体の17％），金額にして29.8億シンガポールドルに達する。これは，シンガポールを訪れた観光者の居住国別観光関連支出額としては中国に次いで世界第2位に相当し，ASEANでは断然トップである。インドネシア観光者の最大の支出項目はショッピングで，支出額全体の31％に及ぶ[2]。

滞在日数別では，インドネシアとマレーシアはそれぞれ平均で2.0日，2.7日と短いが，フィリピンとベトナムは6.3-6.6日と長い。1人当たりの支出額でみても，平均滞在日数が長いベトナムは1618シンガポールドルとASEANでは最も高水準であるだけでなく，中国（1313シンガポールドル），インド（1311シンガポールドル），米国（1270シンガポールドル）も上回る。

【マレーシア】

マレーシアへのASEANからの入国者は2003年のSARSによる落ち込みを除けば順調に増えており，2013年には1910万人にまで増加し，2000万人まであと一息の水準に迫っている。そのうちの半分以上は，隣国のシンガポールからの入国者が占め，2010年以降は1300万人を超えている。2位はタイだったが，2007年以降はインドネシアがタイを抜いて2位となっており，2013年は254万人だった。マレーシアはシンガポールと同様に英連邦に属し，英語が普及しているほか，経済・文化面での結びつきも強い。また，マレー語は，東南アジア島嶼部一体の共通語で，インドネシア語の元になった言葉でもあるため，インドネシア人の観光者にとって，マレーシアは言葉の上で便利な訪問先といえる。

2　ちなみに，医療も16％と多い。インドネシアのように，シンガポールにおける観光支出全体に占める医療の割合が比較的高い国は，ベトナム（13％），マレーシア（9％）である。これは4節で詳述するメディカルツーリズムである。

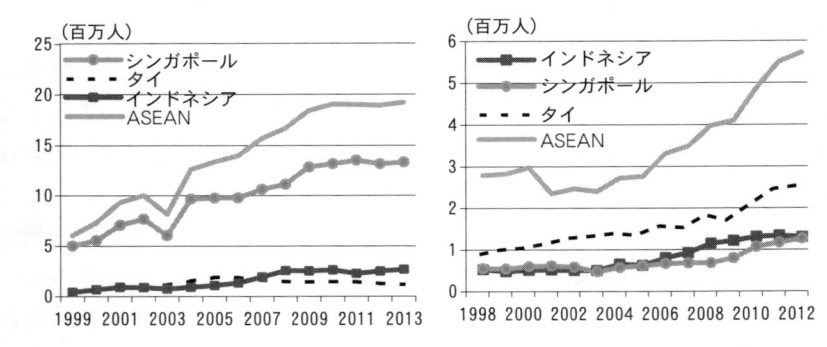

154   第6章　ASEAN 域内のサービス分野の人の移動

図表 6-5　マレーシアへの入国者（左）と出国者（右）

資料：入国は Tourism Malaysia with the cooperation of Immigration Department, Malaysia Tourist Arrivals 各年版。出国は 2012 年が UNWTO, Yearbook of Tourism Statistics, 2014 Edition、2011 年以前はアジア太平洋観光交流センター「世界観光統計資料集」各年版。

　ただ，国別で 1 位・2 位が ASEAN 全体で占める割合をみると，1999 年には 91％だったのが，2010 年以降は 82％となっており，より多くの ASEAN の国から観光者がマレーシアを訪れる傾向が出始めている。
　一方，マレーシアからの出国についても，SARS で落ち込んだ後は増加傾向を維持しており，タイ，インドネシア，シンガポールへの出国者数の多さが目立つ。2012 年にはタイ向けの出国者は 250 万人に達しており，ASEAN 全体の半分近くを占めるまでになっている。
　図表 6-5 は 2002 年に比べると，ASEAN からの入国者，出国者は 2012 年時点でいずれも 2 倍前後に伸びたことを示しており，マレーシアと ASEAN 諸国の間で観光目的の出入りが活発化していることを物語っている。

【タイ】

　タイへの ASEAN からの入国者数は 2012 年に，1989 年に比べて 6 倍という高い伸びを示した。高い増加率の原動力となったのがマレーシアからの入国者の伸びで，2012 年では ASEAN 全体の 3 割を占める。次いで多いのがラオスで，100 万人を超える水準で推移している。シンガポールからの観光者数の 2 倍近い水準である。近年，ビエンチャンの富裕層を中心に，ラオスからタイへ

の観光が増えているといわれ，ラオスとタイの人的面でのつながりの強さがうかがえる。タイ語とラオス語の文字は同系統に属するなど言葉の上の問題が少ない点も，ラオスからタイへの観光熱を後押ししていると考えられる。

ただ，国別で1位・2位がASEAN全体で占める割合をみると，1989年には83%だったのが，2012年は54%にまで低下しており，ラオスからの観光者の台頭に代表されるように，より多くのASEANの国から観光者がタイを訪れる傾向が顕著になっている。

ラオスとタイの人的面でのつながりの強さは出国面でもみることができ，2011年にはラオスへの出国者が150万人を超えて，マレーシアへの出国者数を上回り，2012年には200万人に迫った[3]。こうしたラオスへの出国増も重なって，タイからASEAN全体への出国数は2012年に2002年の2倍となった。

ASEANからタイへの入国ルートは，陸路が多い。ルート別の入国比率を見ると，2011年ではラオスからの入国のうち，陸路が93%に達したのを筆頭に，

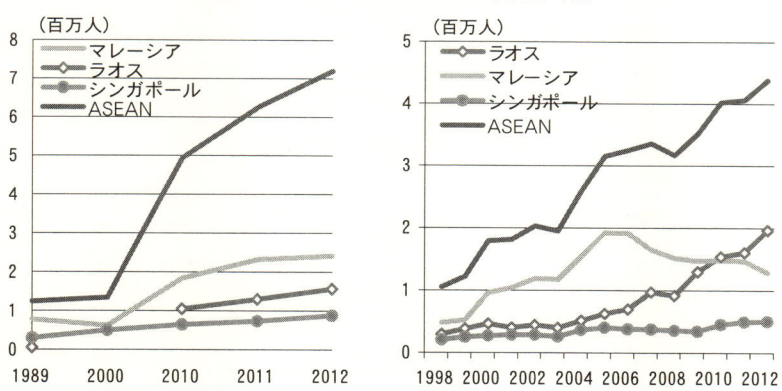

図表6-6　タイへの入国者（左）と出国者（右）

資料：入国はstatistical yearbook Thailand 1990, 2001, 2013。出国は2012年がUNWTO, Yearbook of Tourism Statistics, 2014 Edition，2011年以前はアジア太平洋観光交流センター「世界観光統計資料集」各年版。

---

[3] ラオスにはカジノがあるほか，日帰りも可能という地の利もあって，タイからラオスへの観光が人気をよんでいるという。

カンボジア（80％）とマレーシア（70％）からの観光者の過半が，陸路を利用している。もっとも，同じ隣接国でも，ミャンマーは98％が空路であり，ベトナムの入国ルートも陸路（46％）と空路（47％）が拮抗している。

観光者の居住国別にタイでの観光に支出した1人当たりの金額をみると，2012年で世界平均が4393バーツ（2015年5月10日時点で1バーツは3.6円）だったのに対し，ASEANからの観光者の平均支出額は4294バーツだった。国別で最も支払い額が多かったのはシンガポールからの観光者（5103バーツ）で，最も少なかったのはラオスからの観光者（3298バーツ）だった。

【インドネシア】

インドネシアからの出国先としてはシンガポールとマレーシアが双璧で，両国合計でASEAN向けの出国の9割を占める。2012年ではシンガポール向けが280万人，マレーシア向けが230万人となり，ASEAN全体への観光者数は580万人となった。

【フィリピン】

フィリピンへのASEANからの入国者数は2013年に初めて40万人を超え，2000年に比べて約4倍という高い伸びを示した。国別で最も多いのはシンガ

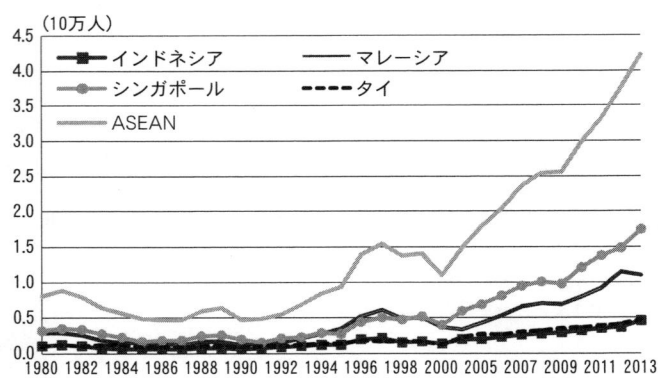

図表6-7　フィリピンへの入国者

資料：Philippine Statistical Yearbook 1991, 2001, 2012, 2014.

ポールからの入国者で，ASEAN 全体の 4 割を占める。次いで，マレーシアからの入国者が多い[4]。

国別で 1 位・2 位が ASEAN 全体で占める割合をみると，60-70％程度で推移しているものの，上位 2 カ国の占める比率が低下するという傾向は特段，見られない。

【ベトナム】

図表 6-2 が示すように，ベトナムは観光者の入国の 8 割を ASEAN 域外が占めるが，観光者の支出は域内外で差異があるのだろうか。

ベトナムへの観光者の支出額に関する調査によると，ASEAN 域内からの観光者の支出総額は，ラオスとフィリピンを除き，世界全体からの観光者の平均支出額を上回る。タイやシンガポールのみならず，カンボジアやインドネシアからの観光者も支出額が世界平均を大幅に上回り，日本（133 ドル）や香港（134 ドル）よりも多い水準となっている。

図表 6-8　ベトナムへの観光者の 1 日当たりの支出額と内訳（2009 年）

	調査対象者数	支出額（米ドル）							
		総額	宿泊	食事	交通	観光	買い物	娯楽	健康
カンボジア	38	149.32	25.81	27.64	26.41	17.71	27.83	11.2	4.82
インドネシア	35	147.39	50.77	27.61	15.54	9.48	30.35	5.36	0.20
ラオス	144	73.19	15.77	24.14	6.40	1.96	16.51	3.65	0.65
マレーシア	171	105.18	36.78	23.72	13.18	4.32	19.35	3.62	0.06
フィリピン	42	90.30	24.53	18.33	19.77	5.75	14.68	1.22	0.39
シンガポール	385	127.04	45.82	24.33	19.28	7.53	20.52	4.43	0.56
タイ	207	134.31	30.01	21.04	30.81	5.97	34.19	4.99	0.62
世界全体（平均）	9287	91.24	25.67	19.19	14.85	7.60	14.09	4.03	1.01

出所：ベトナム政府 Result of Tourism Expenditure Survey in 2009.

---

[4] 図表 6-2 が示すように，フィリピンへの入国は ASEAN 域外からの比率が高い。具体的には，2013 年では韓国（世界全体の 25％）を筆頭に，米国（14％），日本（9％），中国（9％）とアジアと米国の割合が高い。

3. ASEAN 域内における留学生

3.1 高等教育分野の留学生の動向

　教育に関しては，大学などの高等教育分野で海外に留学する傾向が増えると考えられるため，本節では高等教育分野における留学生の動きに焦点をあてる。ASEAN 域内における 2 国間の高等教育分野の留学生の移動を分析するために，UNESCO の時系列データを活用する[5,6]。

　ASEAN 域内における動きを見る前に，まず，ASEAN から世界全体にどのくらいの割合で高等教育の留学生が移動しているのかを見てみよう。図表 6-9 は 2012 年における ASEAN からの主な留学先を示したものである。主要な留学先に ASEAN が含まれるかどうかを基準にすると，図表 6-9 の国々は大きく 2 つに分類される。すなわち，シンガポールやマレーシアなど ASEAN 比率が 1 桁と低い国と，インドネシアやミャンマーなど ASEAN 比率が 2 割以上の国に大別される。シンガポールとマレーシアは同じ英語圏である米英豪への留学比率が 7 割以上を占める。タイも米英豪への留学が全体の 7 割以上を占めるほか，日本への留学生の比率も 10% と高い。ベトナムとフィリピンは米豪への留学比率が 5 割を超え，日本と韓国への留学も盛んである。また，ベトナムは旧宗主国の仏国への留学も 11% を占めている。

　これに対し，インドネシアは米豪への留学比率が 5 割近い点はベトナムやフィリピンと同じだが，ASEAN への留学比率が 2 割以上にのぼるのが特徴である。なかでもマレーシアへの留学がその大半を占めている。両国が地理的，そして言語的に近いことに加えて，宗教面でもイスラム教という共通点を持つことも留学生比率の高さに寄与していると思われる。ミャンマーは日本への留

---

[5] UNESCO のデータの所在や扱い方などについて，早稲田大学大学院の黒田一雄教授から丁寧なご教示を頂いたことに厚く感謝したい。

[6] UNESCO のデータは世界各国をカバーした大掛かりのものだが，特定の国のデータでは欠損値が目立つ。例えば，シンガポールは留学生の多い有力大学を擁するが，シンガポールへの高等教育の留学生数は 1999 年以降の UNESCO のデータでは示されていない。そのため，ASEAN 比率などを計算する場合，実際よりも低い値が算出されてしまう点に留意が必要である。

図表 6-9　ASEAN 域内からの高等教育における主な留学先（2012 年）（%）

	豪州	米国	英国	仏国	独国	日本	韓国	ASEAN
シンガポール	44	20	24		1	1		4
マレーシア	33	13	25			5		6
タイ	14	31	26	3	3	10		4
ベトナム	22	30	8	11	3	8	4	3
フィリピン	23	30	13			6	3	2
ブルネイ*			62					9
インドネシア	28	21	4		4	7		22
ミャンマー	13	16	6			23		30
ラオス		1				6		82
カンボジア	12	8		15		8		39

注：当該国からの留学生の留学先が，当該国からの留学全体に占める割合。
　＊は 2011 年。
資料：UNESCO Institute for Statistics, International student mobility in tertiary education (Inbound students).

学生の多さが目立ち，米国や豪州への留学生を上回っている。その一方で，ASEAN 比率も 30% と高く，とくにタイへの留学生の多さが目立つ。カンボジアは旧宗主国の仏国と米豪日への留学比率が高いが，ASEAN 比率はさらに高く 4 割近くにのぼる。ASEAN 比率が最も高いラオスは，ベトナム（50%），タイ（31%）といった隣国への移動が顕著である。

それでは ASEAN 域内で高等教育の留学生の移動は全体としてどのように推移しているのだろうか。それを示したのが図表 6-10 であり，ASEAN 域内における高等教育の留学生は 1999 年以降，ほぼ増加傾向を維持している。なお，図表 6-10 は UNESCO の一部データを補正した上で使用している[7]。

7　UNESCO の国別データは時系列でそろっていても，年によっては欠損値がある。そのため，そのままでは ASEAN 全体の動向が捉えにくいことから，以下のような方法により，可能な範囲で補正をした。まず，2005 年（インドネシアからマレーシア，シンガポールからマレーシア，タイからマレーシアへの留学生）と 2009 年（マレーシアからインドネシアへの留学生）の欠損値については，前後それぞれ 1 年の値の平均をとって補正した。また，2011 年（マレーシアからインドネシアへの留学生）と 2012 年（インドネシアからマレーシア，マレーシアからインドネシア，タイからマレーシア，シンガポールからマレーシアへの留学生）の欠損値については，マレーシア政府統計（National Education Statistic Higher Education Sector 2011, 2012）から両年における各国別の留学生の流入と流出それぞれの対前年比の値を求めたうえで，欠損値の前年の数値に乗じて補正した。

図表6-10　ASEAN域内における高等教育の留学生の移動

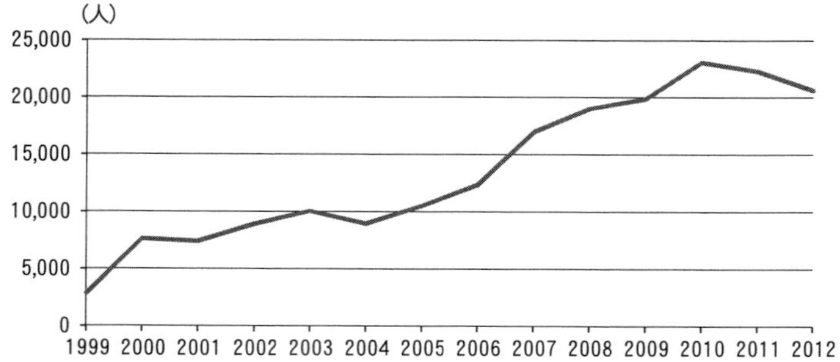

資料：図表6-9に同じ。

　域内の留学生の増加傾向の背景には，ASEAN各国の経済発展に伴い，高等教育の水準の向上や規模の拡大により，域内国からの留学生を引きつけるようになったことがまず挙げられる。さらに，高等教育の裾野の拡大により，ASEAN加盟国のより多くの学生が就学機会を求めるようになり，そのため，欧米の留学に比べて物理的な距離や金銭的な負担を含めたハードルが，それほど高くない域内の教育機関を目指すようになったことも付け加えることができる。

　ちなみに，2012年にASEAN域内からの留学生が最も多いのはマレーシアで1万人近い。国際教育政策の転換を通じて近年，積極的な留学生の受け入れに力を入れてきたことが奏功している[8]。マレーシアの国立大学ではかつて，マレー系を中心とするブミプトラとそれ以外の学生の入学者比率が55対45と定められ，国内進学の制限を受けた中国系やインド系の学生が海外に進路を求めてきた。

　しかし，1990年代以降，グローバル化の進展で，マレーシアの国際教育政策も方針転換を余儀なくされ，多様化と民営化を軸として高等教育の拡充に乗り出し，従来のマレー化政策にとどまらず，国際化に向けて大きく舵を切ることになった。この結果，マレーシアは留学生送り出し大国から，外国人留学生

8　マレーシアに関する以下の記述は杉村（2010）による。

図表6-11 高等教育の留学生の出身国と留学先（2001年と2010年）

留学先 出身国	マレーシア 2001	マレーシア 2010	タイ 2001	タイ 2010	ベトナム 2001	ベトナム 2010
マレーシア			32	129		
タイ	180	1,316				
ベトナム	23	54	97	1,141		
フィリピン	27	350	32	170		
シンガポール	278	840	6	39		
インドネシア	4,675	8,955	21	191		
ミャンマー	104	396	169	1,205		
ラオス			79	1,254	370	1,744
カンボジア	116	229	40	1,009	211	517

注：単位は人。
資料：図表6-9に同じ。

の受入国に転じるようになった。

　マレーシアに次いでタイとインドネシアのASEANからの留学生受け入れ数は5000人を超える。次いでベトナムが2000人台で続いている。もっとも，UNESCOのデータにはシンガポールの留学受け入れ数が含まれていないことに留意する必要がある（脚注6参照）。

　次に，ASEANの主要国を中心に，2国間で留学生の動きがどうなっているかを調べてみよう（図表6-11参照）。

　インドネシア，タイ，フィリピンやミャンマーからマレーシアへの高等教育の留学生は2001年に比べて2010年には大幅に増えている。人数ではインドネシアとタイが顕著な伸びを見せている。また，ミャンマー，ベトナム，ラオス，カンボジアからタイへの留学生も急増しており，タイが近隣のCLMV諸国から若い人材をひきつけている状況が浮かび上がる。また，ラオスやカンボジアからは，一足早く経済発展の道を走り始めたベトナムに留学する学生も増えており，中でも，ラオスからはこの10年間で5倍となっている。

3.2　展望と課題

　ASEANでは歴史的に東南アジア文部大臣機構（1965年設立）が域内の教

育協力を主導してきたが，最近では ASEAN 大学ネットワーク（AUN，1995年設立）など域内協力に力を入れる組織や協力の枠組みが増えてきた。ASEAN が組織している AUN による地域コンソーシアムを軸とした学生交流の取り組みは，各国の政策的意図を踏まえる一方で，国家の枠組みを越えて連携する地域交流プログラムという新たな動きも生み出している（杉村 2008）。国の枠を越えたこのような広域の協力を進める上で，特定の国の高等教育システムや高等教育機関が，他の機関などを従属させるような関係ではなく，連携しながらともに同時に発展していくという関係が重要になる（黒田 2014）[9]。

　AEC の発足を機に，さらなる高等教育の人的交流を促進しようとするのであれば，域内での移動はもとより，域外との留学生の出入りについても一段と円滑に行えるようにすることが欠かせない[10]。それには，ASEAN 加盟の各国の教育機関が互いに協力して，学生の移動がよりスムーズになるように環境や制度を整えることが求められる。中でもカギを握るのが単位互換の仕組みづくりである[11]。貿易の円滑化を進めるうえで，相互認証制度の導入や適用品目の拡大が重要であるのと同様に，学生が大学の枠を飛び越え，さらには国境も越えて移動しながら勉強・研究をしていこうとするのであれば，所属した各大学での学習・研究の成果を評価する共通の物差しが必要となる。それが無ければ，せっかく外国の大学で 1 年間学んで単位を取得しても，出身国の母校に戻った際，その単位が母校でも認定されなければ，1 年間留年するのと同じ状態になってしまう。それでは留学意欲を阻害するであろうし，逆に，意欲のある学生は帰国せずに，そのまま留学先に転学・進学して母校に戻ろうとはしなくなるだろう。

9　このような考え方に立つ理論的アプローチとして，黒田（2014）では高等教育の雁行形態論（Flying Geese Theory）を紹介している。

10　黒田（2014）では，アジア全体の高等教育が多様で，且つ，教育・研究の両面において相当の水準に達していると指摘したうえで，アジアの高等教育は「域内の調和化と共に，域外との協力関係の構築を目指すものでなければならない」と論じる。

11　アジアでは，アジア太平洋大学交流機構（UMAP），ASEAN 大学ネットワーク（AUN），アジア協力対話（ACD）などがアジア共通単位互換制度を提案しており，アジアにおける単位互換についての研究が始まっている。UMAP 国際理事会では AACs（アジア学術単位）と呼ばれる新しい単位互換制度の活用に向けて動き出している（堀田 2014）。また，OECD（2008）はディグリー・ミル（金もうけ主義でいいかげんに学位を与える大学）の横行を防ぐため，透明性の高い国際的なレベルでの情報提供の仕組みが必要と指摘する。

欧州では先行して学生の自由な移動を後押しする環境づくりが進められている。ボローニャ・プロセスと呼ばれる高等教育改革では，EU 加盟国のみならず，50 カ国近い欧州の国が参加して，欧州の大学全体のレベルアップを目指しており，学生が欧州の大学間を自由に移動して，共通の学位や資格をえることができるような環境整備がされている[12]。ASEAN においても，このような流れを踏まえて，国家の枠を越えて，より効果的な制度や環境作りを進めることが期待される。

4. ASEAN 域内における医療関係者の移動

医療行為はモノの売り買いと異なり，国境を越えた取引には馴染まないものだった。しかし，昨今の IT 技術や交通などの発達などを背景に，医療行為も国境を越えた動きが目立ってきた。本節ではサービス貿易の 4 つのモードにしたがって，医療行為および医療関係者がどのように国境を越えて活動をするようになったのかを概観する。

4.1 医療関連のサービス貿易
WTO（世界貿易機構）の「サービス貿易に関する一般協定（General Agreement on Trade in Service: GATS）」における定義によると，サービス貿易の取引形態は以下のような 4 種類（モード）に分かれる[13]。

　モード 1：越境取引（供給者も需要者も移動せずにサービスのみが越境で取引される）
　モード 2：国外消費（需要者が越境して，越境先でサービスの提供を受ける）

---

[12] 木戸（2014）参照。OECD（2008）は「ボローニャ・プロセスは，ヨーロッパを起源としてはいるものの，ハーモナイゼーション（法規・制度を各国間で統一すること）の問題についての各種の世界的な議論のきっかけとなり，その議論は開発途上国の高等教育に強い影響を及ぼしている」と指摘する。
[13] ASEAN におけるサービス貿易の自由化については第 1 章 4 節参照。

モード 3：海外業務拠点の開設（海外の商業拠点を通じてサービスを提供する）

モード 4：自然人の移動（供給者が越境移動し，越境先でサービスを提供する）

　このうち，モード 1 の代表例は，遠隔治療（telemedicine）である。専門医が患者の近くにいない場合，インターネット回線を通じて治療するケースが該当するものである。国際間だけでなく，国内の遠隔地を結ぶ形でも利用されている。

　モード 2 はメディカルツーリズムと呼ばれ，患者が自ら海外に行き，現地の医師に手術や治療をしてもらう。恵まれない医療環境にいては十分な治療や適切な手術を受けることができないために医療先進国で入院する場合や，自国では手術費用などが高いので，医療水準は高いがコストは安くて済む海外で入院・手術を受ける場合がある。

　手術費用は英米よりもアジアの方が安い（Lunt et al. 2011）[14]。アジアの英語圏のメディカルツーリズムの人気の背景には，欧米帰りの医師による高度な医療水準，現地の安い人件費・土地に支えられた相対的に低廉な医療費，英語の通じる環境などによって，とくに英語圏の欧米人の患者の間で人気がある[15]。また，タイのように，高い医療技術水準に加えて，豊富な観光資源も患者を引き寄せる要因となっており，治療を兼ねて患者本人や家族が観光するという選択肢も考えられる[16]。

　モード 3 は病院などの医療施設が国境を越えることである。藤田保健衛生大学（愛知県豊明市）がかかわる NPO 法人，国際医療連携機構（名古屋市）は 2014 年 7 月にミャンマーの保健省との間で，同国最大都市のヤンゴンに日本式の病院を開くための覚書を結んだ[17]。これは日本の病院がサービス拠点を海

---

[14] メディカルツーリズムの手術別費用（渡航費や宿泊費は含まない）は 2011 年で，心臓バイパスが米国では 11.3 万米ドル，血管形成が 4.7 万米ドルかかるのに対し，タイ，シンガポール，マレーシアでは心臓バイパスが 9000-2 万米ドル，血管形成が 1 万-1.3 万米ドルである。
[15] 真野（2009）。
[16] 真野（2009）。
[17] 日本経済新聞 2014 年 8 月 24 日付。

外に設けて，その拠点を通じて，得意とする日本式の医療サービスを現地で提供するというものである。

さらに，サービスを提供する医療従事者本人が国境を越えて現地でサービス提供するのがモード4である。医者や看護師が海外に行って，現地で医療行為をする場合が該当する[18]。

4.2 医療関連の2国間データ

メディカルツーリズムにはアジアの国が力を入れており，インド，シンガポール，タイ，マレーシアなどの病院には，欧米を中心に多くのメディカルツーリストが滞在する。マレーシアのケースを見ると，インドネシアからのメディカルツーリストが圧倒的に多いことがうかがえる（図表6-12）。インドネシアに比べ，シンガポールやマレーシアの方が医療水準が高いことから，隣国に赴いて手術・治療を受けるインドネシア人が多いことを示している。

図表6-12 2012年に医療治療のためにマレーシアを訪れた人の数

	国名	人数
1	インドネシア	375,499
2	インド	22,350
3	日本	17,775
4	中国	15,407
5	英国	13,366
6	米国	12,158
7	リビア	11,872
8	バングラデシュ	11,594
9	豪州	10,369
10	ネパール	10,031

出所：Bermama：National News Agency of Malaysia, "Malaysia offers unique combination", Mar.2, 2014.

---

18 日本はEPA（経済連携協定）に基づいてインドネシアとフィリピンから2008年以降，700人あまりの看護師を受け入れてきた。2014年度からはベトナムも加わり，同年6月には看護師の候補生として第一陣21人が来日した。医師についても同年6月の法改正で臨床修練制度の規制を緩和した（日本経済新聞2014年7月24日）。

メディカルツーリズムに力を入れるシンガポールでは，今後の市場の拡大が期待される。2016年には世界全体から85万人のメディカルツーリストを見込んでおり，それに伴う支出額は20億3000万シンガポールドルに達すると予測される[19]。その中心は欧米からのツーリストであろうが，ASEAN全体の経済成長が維持されるとともに，AECの創設によってASEANの一体化が促進されるのであれば，ASEAN域内からの利用者についてもさらなる増加が期待される。

4.3 各モードにおいて予想される課題

モード2におけるメディカルツーリズムは，アジアの経済成長や昨今の技術進歩により，今後も利用者の増加が予想されるだけに，国家や産業の視点から見れば，非常に重要で成長が期待できる分野である。とくに観光産業が強い国の場合は，観光とセットにすることで，より多くのメディカルツーリストを呼び込む可能性が広がる。富裕層にとっても，高度な医療を受けるチャンスが自国内あるいは近隣国で広がるので，メディカルツーリズムの環境整備は歓迎すべきことであろう。

しかし，医者や医療機関などが医療サービスのうち，メディカルツーリズムのような高額のサービスに集中するようになれば，一般の国民にとっては，中程度以下の医療サービスに甘んじる状態に陥りかねない。こうなると，メディカルツーリズムによって，国内における医療サービスが2極化される可能性が生じてしまう[20]。

提供される医療サービスの質が高くなり，医療施設が充実していくにもかかわらず，かえって医療サービスへのアクセスが難しくなる国民が増えるようでは，誰のための医療サービスなのかわからなくなってしまう。メディカルツーリズムはこのようなプラス，マイナス両面の効果を及ぼすことを考慮する必要があろう。

モード4において，医師の移動をスムーズにするためには，その資格の相互

---

[19] OCBC Investment Research (2013), Healthcare Sector Overweight, 9 Dec 2013（原出所はSingapore Tourism Board, Frost & Sullivan）．
[20] 真野（2009）．

認証が欠かせない[21]。例えば，域内における熟練労働者などの自由移動を認めているEUでは，医師の域内移動という点でも先行しているが，医学教育や医療制度が加盟国によって差異があるなかで，医師が国境を越えて域内を移動し，滞在先でも有効な医師資格をもとに，きちんとした医療サービスを提供できるように，統一的な基準を設けて環境整備を進めてきた。2005年に欧州議会と理事会による「専門職資格の承認に関するEC指令」で，医学基礎研修は大学ないしは大学の管理下で少なくとも6年間のコース，あるいは5500時間の医学教育で行われるとされている。専門分野による研修期間は3-5年で，分野によって異なる[22]。

同様に，歯科医師，薬剤師，看護師・助産師などの医療従事者についても，EUは域内における自由な移動のために必要な制度作りなどをしている[23]。いずれの職種についても加盟各国における教育・研修制度や資格要件などを考慮しながら，資格相互承認の仕組みを導入している。

しかしながら，いざ，域内における医師の移動がスムーズになると，別の問題が生じる。医師の出身国からみると，頭脳流出の発生である[24]。健康な生活をする上で，医師など医療従事者の存在は不可欠だが，より豊かな生活を求めて，高いスキルを持った医師が国外に出て行けば，その国の医療事情は大きな打撃を被る。

逆に，頭脳流出は，その医師の移動先にも影響を与える可能性がある。より高い技術水準の医師が増えて，より高額で働く機会を得るようになると，現地における普通の医師にとっては，働く機会が減ったり，相対的に低い医療技術水準に対する報酬が低下したりする恐れが出てくる。

EUの先例が示すように，AECにおいて今後，熟練労働者の移動をバランスよく進めていくためには，正の効果を促すような環境整備や制度設計を推進

---

21 ASEANにおける熟練労働者の移動に関する資格の相互認証については第1章6節参照。
22 福田・福田 (2009)。
23 医師，歯科医師，薬剤師，看護師・助産師の域内における自由な移動についての制度などについては，福田・福田 (2009) を参照。
24 金子 (2014) はOECDの2007年の報告書をもとにASEAN出身の医師など医療関係者のOECD諸国への移動を示しており，医師と看護師の海外流出ではフィリピンが，歯科技師と薬剤師ではベトナムが最も多いと指摘する。

するとともに，負の効果をもたらす場合に，どうやってその影響を弱め，緩和させるかについても丁寧に議論していくことが必要になる。

参考文献

OEDC 教育研究革新センター／世界銀行編著（2008）（斎藤里美監訳，徳永優子，矢倉美登里訳）『国境を越える高等教育―教育の国際化と質保証ガイドライン』明石書店

金子勝規（2014）「ASEAN 保健医療人材の国際労働移動―OECD 諸国への移動の分析を中心に」『アジア研究』60 巻 2 号，20-43 ページ

可部繁三郎（2009）「摩擦から交流へ―APEC 域内のサブカルチャー交流とヒトの移動」，浦田秀次郎・日本経済研究センター編『アジア太平洋巨大市場戦略』日本経済新聞出版社

木戸裕（2014）「ヨーロッパ統合をめざした高等教育の国際的連携―ボローニャ・プロセスを中心にして―」『比較教育学研究』第 48 号，116-130 ページ

黒田一雄（2014）「アジアにおける地域的国際高等教育連携の比較教育学的探求」『比較教育学研究』第 48 号，71-82 ページ

杉村美紀（2008）「アジアにおける留学生政策と留学生移動」『アジア研究』，54 巻 4 号，10-25 ページ

─── （2010）「高等教育の国際化と留学生移動の変容―マレーシアにおける留学生移動のトランジット化」『上智大学教育学論集』44 号，37-50 ページ

福田耕治・福田八寿絵（2009）『EU・国境を越える医療―医療専門職と患者の自由移動』文眞堂

堀田泰司（2014）「透過性のある単位互換枠組みと国際連携―Asian Academic Credits（AACs）の可能性―」『比較教育学研究』第 48 号，93-103 ページ

真野俊樹（2009）『グローバル化する医療―メディカルツーリズムとは何か』岩波書店

Neil Lunt, Richard Smith, Mark Exworthy, Stephen T. Green, Daniel Horsfall and Russell Mannion（2011）"*Medical Tourism: Treatments, Markets and Health System Implications: A scoping review*", Paris：OECD
http://www.oecd.org/els/health-systems/48723982.pdf#search='medical+tourism+OECD+neil+lunt'

（可部　繁三郎）

第 7 章

ASEAN 域内の広域輸送インフラ整備
——重層的に展開，経済波及効果に期待

1. はじめに

　「世界の工場」の一翼として，また近年では急成長する市場として，ASEAN は大きく着目されている。とくにメコン地域では，2015 年の ASEAN 経済共同体の設立，タイ＋1 の動き，ミャンマーの改革など，経済依存関係を変化しうる多くの動きが見られる。本章は，輸送インフラの現状，2015 年またはそれ以降に向けてどのような変化が見られるか，それら広域輸送インフラの整備がどのように ASEAN 各国に影響を及ぼすかについて議論する。

　ASEAN のソフト・ハードを含む輸送インフラの現状を語る際には，図表 7-1 のような世界銀行の物流パフォーマンス指標（LPI，縦軸）と 1 人当たり GDP（横軸）の関係図がよく用いられる。LPI は，物流専門業者や相手国へのアンケートに基づき，税関の効率性，インフラの質，国際輸送へのアクセスのしやすさ，輸送サービスの競争力，貨物追跡能力，定時性についてみたものである。図表 7-1 を見てわかるように，LPI と 1 人当たり GDP には，なんらかの相関が見て取れる。これは，効率的なロジスティクスが経済成長に不可欠とも，高い個々の能力が効率的なロジスティクスに必要とも取れる。

　なかでも，ASEAN 原加盟国とベトナムは，各国の 1 人当たり GDP よりはるかに高い LPI を示している。これは，ASEAN の生産ネットワークにおける高い競争力を示すものである。

　一方で，ASEAN には大きく 2 つの問題点がある。1 つは，同じく図表 7-1 からわかるように，カンボジア，ラオス，ミャンマーが依然低い LPI の水準にとどまっていること，もう 1 つは，他の多くの ASEAN 先進国においても，

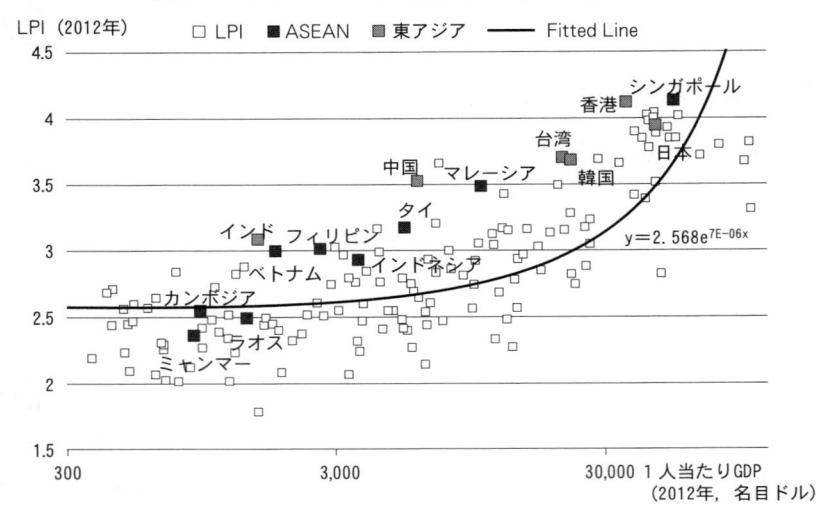

170　第 7 章　ASEAN 域内の広域輸送インフラ整備

図表 7-1　物流パフォーマンス指標（LPI）と 1 人当たり GDP

凡例：□ LPI　■ ASEAN　■ 東アジア　── Fitted Line

縦軸：LPI（2012年）、横軸：1 人当たり GDP（2012年，名目ドル）

プロット上のラベル：シンガポール，香港，日本，台湾，韓国，中国，マレーシア，タイ，インド，フィリピン，ベトナム，インドネシア，カンボジア，ラオス，ミャンマー

近似式：$y = 2.568 e^{7\text{E}-06x}$

注：ブルネイはデータ欠損。Fitted Line はなんらかの経済モデルに基づくものではなく，相関を見たもの。
出所：ERIA（2010）を参考に筆者アップデート。

生産ネットワークの例として挙げられる電気電子，自動車産業は首都ないし最大経済都市周辺の工業地帯に限られており，地方部や ASEAN 各国をつなぐインフラに関してはいまだ脆弱であることが多いことである。

アンケートをベースとした LPI では，主要な工業地帯から玄関港までのロジスティクス環境を主に想定して「1 人当たり GDP と比較して効率的である」と語られているが，国全体がどうであるかを LPI で判断することは難しい。とくにインドネシア，フィリピン，ベトナム（ベトナムを先にして VIP 諸国とも言われる）ではいまだに地方部インフラに深刻な問題を抱えている。

図表 7-2 の写真は，この問題点を端的に示すものである。写真の地点は，東西経済回廊のミヤワディとコーカレイ（どちらもミャンマー）をつなぐ区間の最難所である。ミヤワディ・コーカレイ区間は，バンコクとヤンゴンをつなぐ陸上主要輸送路の一部で，タイ側からミャンマー側への日用品の輸送に利用されているが，この地点のために，主にミヤワディ・コーカレイの山岳地帯は 1

2. ASEAN の広域インフラ整備　171

図表7-2　東西経済回廊のミヤワディ・コーカレイ区間（ミャンマー，2013年）

出所：筆者撮影。

日おきで東から西，西から東のみの一方通行となっている。ミャンマーのトラックや乗用車は古いものが多くを占めるため，1台故障しただけで区間上すべての車が通行できなくなる。この地点がボトルネックになり，バンコクとヤンゴンの円滑的な輸送を妨げている。

　以下，第2節では，ASEANの広域インフラ整備の現状と特徴について述べる。第3節では，近年の変化として，タイ＋1の動きとミャンマーの改革が与えうる影響について触れる。第4節では，ASEANのインフラ整備，国境円滑化によってどのような変化がASEANにもたらされうるかをGeographical Simulation Model (GSM, Kumagai et al. 2013) を用いて分析する。

2. ASEAN の広域インフラ整備

2.1　重層的なインフラ整備

　ASEANのインフラ整備の特徴は，域内，サブリージョン，2国間，国別プロジェクトと重層的に整備が行われていることである。域内とは，ASEAN が

主導して行うソフト・ハードインフラの整備を指す。サブリージョンとは，大メコン圏（GMS），インドネシア・マレーシア・タイ成長の三角地域（IMT-GT），ブルネイ・インドネシア・マレーシア・フィリピンの東ASEAN成長地域（BIMP-EAGA）といったASEANよりも小さな単位でのイニシアチブである。2国間とは，主にタイ・ラオス，ラオス・ベトナムといった陸上の国境を接した国同士のプロジェクトである。

　これらプロジェクトを包括的，かつ戦略的に網羅しようとした試みの1つに，東アジア・アセアン経済研究センター（ERIA）によって2010年に策定されたアジア総合開発計画（CADP）が挙げられる（ERIA 2010）。CADPでは，ASEANならびにその周辺において，695のプロジェクトを抽出，さらに，重要度や緊急度に応じてTop Priority，Priority，Normalという3つのカテゴリーに分け，ASEAN各国やドナーにインフラ開発の戦略的優先付けの必要性を訴えた。

　ERIAはまた，CADP策定以降，2011，2012，2013年と，この695のプロジェクトについて実施状況のフォローアップを行っている。図表7-3は2013年時点でのフォローアップ結果をASEAN各国別に比較したものである。

　ここでは，構想段階ないしフィージビリティ・スタディまでの段階（FSステージ以下）と，建設が開始されたか一部以上の共用がされている段階（建設ステージ以上）の区分と，国内プロジェクト，国際プロジェクトの区分を交差させた，4つの区分（FSステージ以下国内，FSステージ以下国際，建設ステージ以上国内，建設ステージ以上国際）で示している。

　他のASEAN加盟国に比較して，ベトナム，インドネシアで多くのプロジェクトが想定されている。このうち，ベトナムは比較的建設ステージ以上のプロジェクトが多い。これは国のイニシアチブの違いだけでなく，国際的なイニシアチブ，利用する企業，とくに多国籍企業や，人々の利用需要の高さを反映している。建設ステージ以上の数で比較すると，第2位にカンボジアが現れる。また第4位にラオスが来るなど，図表7-1で示した比較的インフラ整備が遅れているカンボジア，ラオス，ミャンマーのうち，カンボジアとラオスでは多くのプロジェクトが実際に建設ステージ以上に達している。一方で，ミャンマーは列挙されているプロジェクトも少なく，また建設ステージ以上のプロ

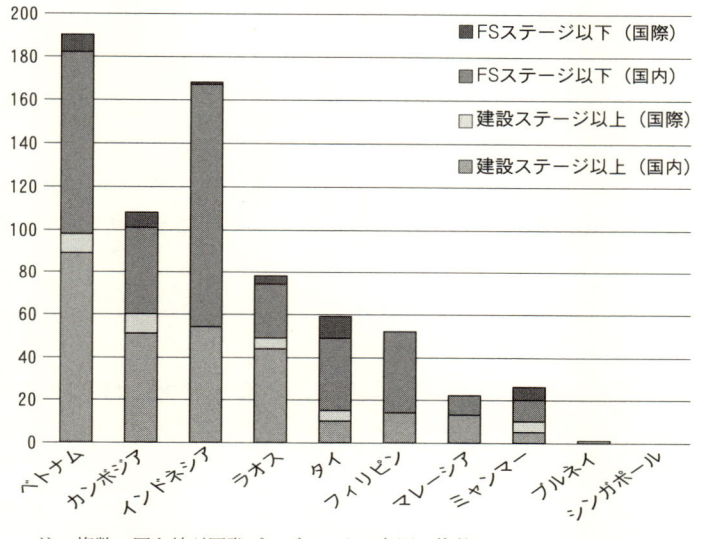

図表 7-3 アジア総合開発計画フォローアップ（2013年）

注：複数の国を結ぶ国際プロジェクトは各国で複数回カウントしている。
資料：ERIA アジア総合開発計画フォローアップデータベースより筆者作成。

ジェクトも少ない。ミャンマーについては，CADP 策定時の 2010 年はいまだ民政移管前だったことが大きな理由として考えられる。タイは建設ステージ以上のプロジェクトの比率が低いが，これは既に道路はとくに地方部において高規格で完成されており，列挙されているプロジェクトが時間と費用を要する鉄道関連のものに集中しているからである。フィリピンは建設ステージに及んでいるものが少ない。

国内で完結する国内プロジェクトと，国と他国を結ぶプロジェクトである国際プロジェクトを図表 7-3 で比較すると，国内プロジェクトの数が圧倒的に多いことがわかる。多くの国にとって，国の中を繋ぐことに依然重点が行われていることは，ASEAN やサブリージョナルのプロジェクトを考える際，不可欠な視点となる。

2.2 ASEAN

ASEAN では，ASEAN 経済共同体ブループリント，ASEAN 連結性マスタープラン（MPAC，ASEAN 2010）や ASEAN 戦略的交通計画（ASTP）で策定されているように，ASEAN の交通プロジェクトを指定している[1]。

幹線道路については ASEAN ハイウェイやトランジット輸送ルートを指定し，ASEAN ハイウェイ・ネットワークの未完部分の完成および低規格部分のアップグレードが MPAC で優先プロジェクトの第 1 番目として挙げられている。

シンガポール＝昆明鉄道では，MPAC で未完部分の完成が 2020 年までに達成されるべきプロジェクトとされている。ハードの輸送インフラに関しては，海運において RoRo 船ネットワークに関する調査を行うことが MPAC で述べられ，JICA によるフィージビリティ・スタディが完了しているが，実際の運用までは 2015 年までの目標に含まれていない。

ソフトインフラについては，ナショナル・シングル・ウィンドウ（NSW）の実施，相互認証協定（MRA）の整備と実施，規格および適合性評価手続きにかかる共通ルールの整備，投資障壁の段階的削減のほかに，ASEAN 運輸円滑化協定の実施促進が MPAC の優先プロジェクトとされている。

ここで重要な点は，幹線道路においても，シンガポール＝昆明鉄道においても，国内ハードインフラの個々の区間はそれぞれ各国が責任を持つべきプロジェクトであり，また 2 国間を結ぶ区間もそれぞれ 2 国間プロジェクトとしてもカウントしうることである。例えば，MPAC で記載されている ASEAN ハイウェイ・ネットワークの未完部分の完成および低規格部分のアップグレードは，ミャンマーとラオスに集中しており，国のキャパシティの差を反映しているともいえる。

ASEAN としての統合メリットは，これらハードインフラが完成した上で，さらに，ASEAN で標準化された相互認証，共通規格，さらに 3 国間以上をつなぐ運輸円滑化協定（具体的には越境物品輸送円滑化枠組協定）の実施にかかっている。しかし，ソフト部分は概して進捗が遅い。

---

[1] 日本語では，春日（2013）が包括的にまとめている。

例外は航空分野である。花岡（2012）にあるように，ASEAN では第 3，第 4，第 5 の航空自由化[2]を進めており，これが ASEAN におけるローコストキャリア（LCC）の隆盛を呼び込んでいる。2007 年末から 2008 年にかけてシンガポール・クアラルンプール間で優先的に自由化が行われ，それまでシンガポール航空，マレーシア航空に寡占されていたこの区間にタイガー航空とエアアジアが参入するようになり，便数の増加，年間旅客数の増加が見られた。首都間路線の自由化は 2010 年末に拡大され，また ASEAN は 2015 年までに自由化を ASEAN 全空港に拡げる予定である。

2.3 サブリージョン

GMS, IMT-GT, BIMP-EAGA といったサブリージョンにおいても，それぞれでプロジェクトが規定，推進されている。

GMS ではメコンにて経済回廊を設定し，また越境交通協定（CBTA）を推進している。東西経済回廊，南北経済回廊，南部経済回廊の 3 経済回廊は名称として定着し，例えば東西経済回廊では JICA 支援による第 2 メコン友好橋が 2006 年末と優先的に整備されている。CBTA では，3 国間のトラック輸送にかかる諸規定，陸路国境で輸出国側での輸出手続き，輸入国側で輸入手続きと 2 回の国境手続きが必要なところを 1 カ所にまとめるワンストップサービスなどが謳われており，実際，一部は実施されている。梅﨑（2014）にあるように，東西経済回廊は 1 つの成功事例との評価を受けるようになっている。

BIMP-EAGA では航空自由化が ASEAN に先行して実施された。これによってとくにボルネオ島（カリマンタン）では多くの地方都市同士を結ぶ航空路線が発生している。

2.4　2 国間

ASEAN ではまた，多くの 2 国間プロジェクトが見られる。2011 年に完成したタイのナコンパノムとラオスのタケクを結ぶ第 3 メコン友好橋は，タイ政府とラオス政府の合意に基づき，タイ政府が建設費用を負担しタイのゼネコン

2　第 3 の自由化は自国から相手国への運輸権，第 4 の自由化は相手国から自国への運輸権，第 5 の自由化は以遠権である。

であるイタルタイ社が建設を受注した。一方，2013年に完成したタイのチェンコーンとラオスのフエサーイを結ぶ第4メコン友好橋は，建設費をタイと中国が半額ずつ負担し，さらに建設もタイ企業と中国企業によって行われた。

現在，ミャンマーでは多くの2国間プロジェクトが見られる。図表7-2であげたミヤワディ・コーカレイ区間では，タイ政府の支援によって2車線を確保できるバイパスが建設中である。またタイ側の支援によって，ミヤワディとタイ側のメーソットをつなぐ国境の橋を新規に建設し，大型トラックが通行可能になるようにする。アジアハイウェイ，ASEANハイウェイ1号線のモレー・タム国境からミャンマーのカレワ区間までの橋の補修はインドが支援することになっている。

2.5 国別プロジェクト

多くのプロジェクトは国内プロジェクトである。ミャンマーにおいても，ヤンゴンからマンダレーを結ぶ高速道路が整備されたほか，民政移管後，主要幹線道路の補修，ヤンゴン市内での立体交差の建設が急ピッチで進められている。

とくに大都市部の渋滞対策としての道路整備は，各国喫緊の課題である。インドネシアでは2011年に経済開発迅速化・拡大マスタープラン（MP3EI）が発表された。これは国内で6つの経済回廊を設定し，総合的，戦略的に開発を進めるプランである。ジャカルタ大都市圏周辺では別途ジャカルタ首都圏投資促進地域（MPA）が策定された。ここでは都市高速鉄道システム（MRT）建設，チラマヤ新港の建設等が挙げられている。

筆者によるシミュレーション分析（Isono and Kumagai 2012）によると，チラマヤ新港の建設はジャカルタとチカンペックの高速道路の渋滞緩和を通じてインドネシア経済に大きな経済効果をもたらす。とくに，工業団地がジャカルタ・チカンペック高速道路沿いに集中し，さらにそれら工業団地からタンジュンプリオク港に出るためにジャカルタの中心部を通らなければならない現状と比べ，工業団地の東部に新港を建設することにより，ジャカルタとチカンペックの高速道路の渋滞緩和だけでなく，ジャカルタ市内の混雑激化にも一定の歯止めをかけることが期待できる。シミュレーションによる推定では，もし

チラマヤ新港と，ジャカルタとチカンペック高速道路からタンジュンプリオク港へのバイパスの完成が2020年から2030年に遅れると，インドネシアの経済に毎年平均85.7億ドルの損失を与えることになる。

多くのASEAN各国ではインフラプロジェクトの推進にあたり官民パートナーシップ（PPP）を模索・部分活用している。発電所プロジェクトのような比較的収益が安定して見込まれるプロジェクトと違い，輸送インフラプロジェクトでは利用者からの料金に基づく収入に多くの不確定要素が存在し，プロジェクト組成に時間がかかったり，参画企業を募れなかったりしてプロジェクトが進まなくなってしまうケースが見られる。為替リスクがあるため，やはり為替リスクヘッジの条項を盛り込んだ発電所プロジェクトなどと比較すると，国際PPPも現状では進んでいない。

2.6 インフラ整備の影響

では，インフラ整備，とくに国と国をつなぐインフラ整備によってどのような影響が見られるであろうか。図表7-4はタイとラオスをつなぐ陸路国境別の貿易額を見たものである。2003年から2013年にかけて，これら陸路国境を用いる貿易は飛躍的に伸びている。全般的にタイからラオス側への輸出が輸入に比べ3倍程度と多い傾向が続いているが，輸入も大幅な伸びを記録している。

ここで，輸出，輸入では使われる国境が違うことが見受けられる。タイからラオス方面への貿易は，第1メコン友好橋を用いるノンカーイからビエンチャンのルートと，東西経済回廊の第2メコン友好橋を用いるムクダーハンとサワナケットを結ぶルートが使われている。一方，ラオス方面からタイの貿易は，サワナケットからムクダーハンの第2メコン友好橋が大部分を占める。この1つの理由は，大消費地であるビエンチャンでのタイ製品の需要が非常に高いことである。ノンカーイからビエンチャンへはこうしたタイ製品の流れが支配的である。またもう1つの理由は，この貿易額には東西経済回廊でタイからベトナムや中国へ，またベトナムや中国からタイへの貿易を含んでいるためであり，これらの交易にムクダーハン・サワナケット間の第2メコン友好橋が使われている。

輸出において，ムクダーハン経由の貿易は2008年に増加が見られ，経済危

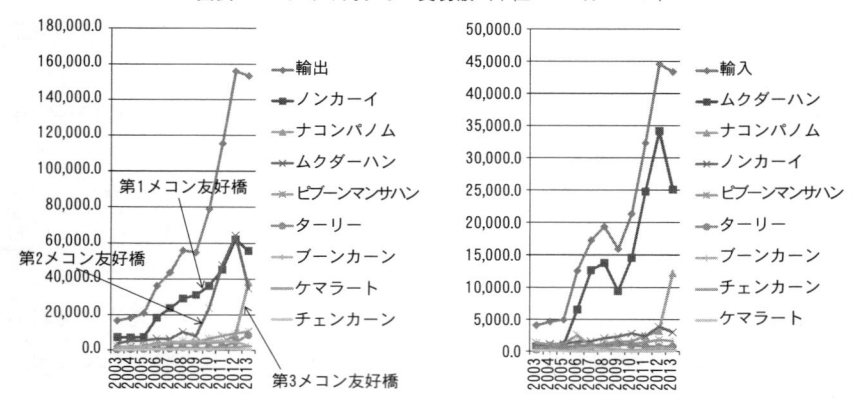

178　第7章　ASEAN域内の広域輸送インフラ整備

図表7-4　タイの対ラオス貿易額（単位：100万バーツ）

注：ノンカーイ：第1メコン友好橋（1994），ムクダーハン：第2メコン友好橋（2006末），ナコンパノム：第3メコン友好橋（2011），ブーンカーン：第5メコン友好橋（計画），ケマラート：第6メコン友好橋（計画）。
出所：ケオラ・スックニラン氏提供（2014，アジア経済研究所2014年夏期講座資料），原資料はタイ中央銀行。

機の2009年に落ち込んだ後，2010年より急激な増加を見ている。一方，輸入では既に2006年から非常に高い伸びを示している。これが，2006年に開通した第2メコン友好橋の完成によるものであることは想像に難くない。

　さらにもう1点興味深い点は，2013年においてムクダーハン経由の貿易が輸出，輸入ともに落ちたことである。変わって2013年にはナコンパノムからの貿易が大きく伸びている。これもまた，2011年に完成した第3メコン友好橋が使われるようになり，第2メコン友好橋経由の輸送の一部を代替した，と考えることが妥当であろう。実際，主な輸送地であるバンコクとハノイを結ぶルートとしては，第3メコン友好橋を用いるラオス国道12号線経由の方が道路距離は短くなる（Isono 2011）。今後は勾配が緩やかで国境円滑化が進んでいる東西経済回廊と，道路距離の短縮化が図れる第3メコン友好橋経由のルートでの競争が進むと予想される。

3. インフラ活用の新たな動き

3.1 タイ＋1とメコン経済回廊の活用

　近年，タイから労働集約的な生産工程を賃金の低い近隣国の分工場に移し，工程の終わった部材をタイに戻すというタイ＋1の動きが見られる。このような動きが可能になるためには，比較的高い賃金差が存在すること，輸送費や分工場の生産工程，輸送を管理する情報コストなどを含めたサービスリンクコストが十分低いこと，そして，労働者が国をまたいで自由に移動しないことが条件となる（ERIA 2010）。

　図表7-5はメコンのバンコクを中心とした輸送ルートにおいて，どのようなオペレーションが行われているかの具体例を示したものである。黒の点線は国境を示す。

　第1の例は，バンコクから第2メコン友好橋・東西経済回廊経由でハノイに向かうルートである。この陸送ルートは，現在主流の海上での輸送ルートと比較し金銭的コストは3-4倍に達するが，リードタイムは半分以下となるため，「海運より速く，空運より安い」代替ルートとして着目されている。ここでは，まずタイのコンテナトラックがバンコクを出発しタイ・ラオス国境を越えサワナケットまで到達し，サワナケットのデポにてベトナムから来たベトナムコンテナトラックに積み替える。ベトナムのコンテナトラックはデンサワン・ラオバオの国境を越え，ハノイまで到達する。

　第2の例は，バンコクからホーチミンに向かうルートである。ここでは，やはりタイのコンテナトラックがアランヤプラテート・ポイペトの国境を越え，ポイペトのデポにてカンボジアのコンテナトラックに積み替える。カンボジアのコンテナトラックは途中，ネアックルンにて船を用いて川を渡り[3]，バベットのデポでベトナムのコンテナトラックに積み替える。そして，ベトナムのコンテナトラックがバベット・モクバイの国境を越え，ホーチミンまで到達する。

3　資料作成時，2015年4月に「つばさ橋」が完成。

180　第7章　ASEAN域内の広域輸送インフラ整備

図表 7-5　クロスボーダー輸送の現状

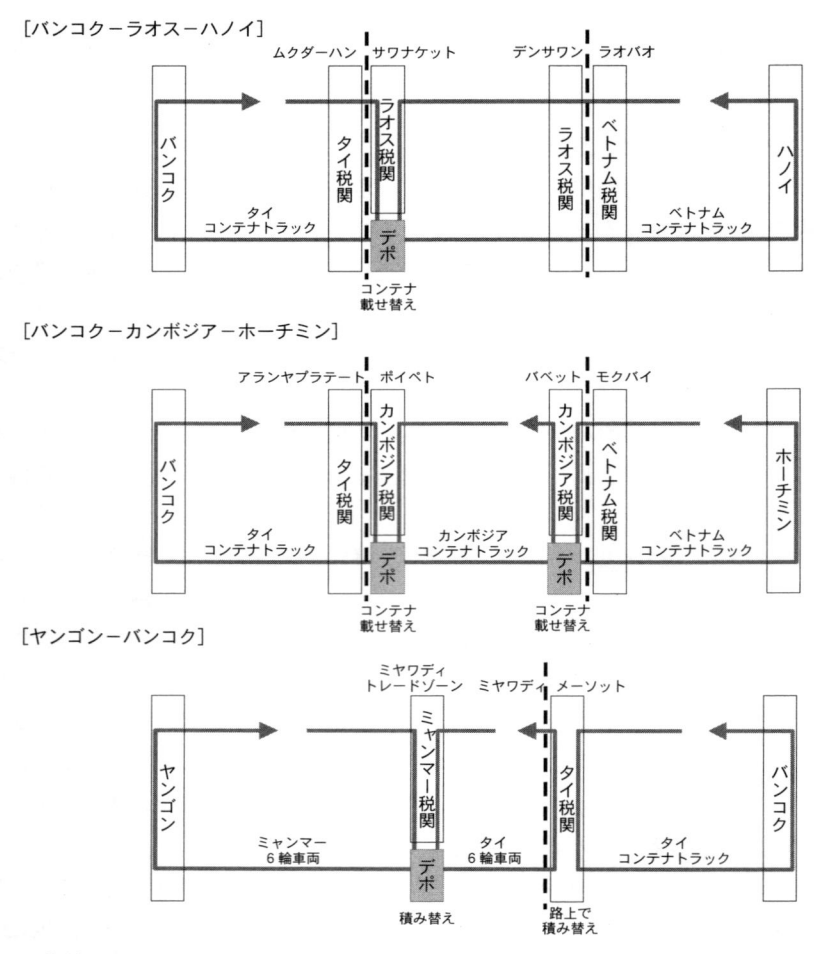

［バンコク－ラオス－ハノイ］

［バンコク－カンボジア－ホーチミン］

［ヤンゴン－バンコク］

資料：2014年6月 JICA セミナーでの日本通運発表資料を元に筆者作成。

　第3の例は，バンコクからヤンゴンに日用品を運ぶ例である。バンコクを出発したタイのコンテナトラックは，国境手前，メーソットの道路上でタイの別の6輪トラックに積み替える。6輪トラックはメーソットとミヤワディの国境に架かる橋を越え，ミヤワディにあるデポでミャンマーの6輪車両に積み替

3. インフラ活用の新たな動き　181

る。そして，ミャンマーの6輪車両がヤンゴンまで運ぶ。

　このような違いはどのようにしてうまれるのであろうか。1つは，車両の通行が可能か否か，である。例えば，第1の例にて，タイの車両はCBTAにより，ベトナムのドンハーまでは通行できる[4]が，ハノイまでは通行できない。逆に，ハノイからのベトナム車両は，タイのコーンケーンまでしか到達できない。よって，タイとベトナムの車両を用いるかぎり，どこかで積み替えが必要になる。前述の通り，メーソット・ミヤワディの国境は橋の強度の問題で物理的に大型車両が通れないため，小型な6輪車両への積み替えが必ず必要になる。2番目として，右ハンドル，左ハンドルの違いである。右ハンドルのタイ車を右側通行のラオスで走らせるより，左ハンドルのベトナム車をラオスで走らせた方が都合がいい。3番目は，さまざまなオペレーション上のトラブルを避けるため，制度上可能でも他国車両を走らせないことがある。

　ではこの図表7-5の例に関して，今後どのような改善が考えられるだろうか。

　まず，ラオスの車両はバンコクからハノイまですべての区間を走破できるため，ラオス車両を用いればバンコクからハノイまで積み替えなしに運ぶことができる。実際，既にラオス車両を用いて3国間輸送に取り組んでいる物流業者も存在する。また，東西経済回廊にかかるCBTAの適用範囲をバンコクやレムチャバン港からハノイやハイフォン港まで拡げることが2013年に合意されたため，活用の拡大が期待される。

　カンボジアにおいても，バンコクからプノンペンまでタイの車両が乗り入れているケースがある。カンボジアにおけるオペレーションがこなれてくれば，カンボジアのいずれかの場所でタイの車両からベトナム車両に積み替え，図表7-5の例よりも1回積み替えを減らすことは可能であろう。

　バンコク・ヤンゴン区間は改善の余地が大きい。メーソット・ミヤワディ間の新しい橋が開通すれば，メーソット路上での積み替えは必要なくなる。また，ミヤワディ・コーカレイ間のバイパスが完成すれば，ミヤワディ・ヤンゴン間もコンテナトラックを活用できるようになる。

　交通円滑化とタイ＋1との関係でいえば，ラオスのビエンチャン，サワナ

---

[4] 実際にはダナンまで通行可能であるが，バンコク・ハノイルートではドンハーまでである。

ケットの工場までは既にタイの車両が直接工場まで入ってきている。同様に，プノンペンもそうである。これら都市では，東西経済回廊上，南部経済回廊上のCBTAによる国境円滑化もあわせて，ますます交易がしやすくなるであろう。

ミャンマーについては，同じく東西経済回廊上のミャワディまでタイ車両が入れるが，ミャワディは比較的簡単にミャンマー人がタイ側に移動できてしまうため，賃金がタイのメーソット側に引き寄せられて他のミャンマー国内よりも高くなっている。このため，投資家にとってはミャンマー側に工場を建てる意味合いが少なくなる。一方，一部の投資家や専門家はミャワディ・コーカレイ区間を抜けた先のパーンが有望であると見ている。山を越えた先のパーンではミャワディほど賃金が高騰しないためである。ここでは，メーソット・ミャワディ間の新しい橋が開通し，ミャワディ・コーカレイ間のバイパスが完成するとともに，パーンまでタイのトラックが直接進入できる制度を整えることが必要である。

3.2 ミャンマー経済改革とダウェイ開発の行方

近年の大きな変化は，ミャンマーの経済改革である。交通円滑化については，直近では2つの方向性が考えられる。1つは，ヤンゴンを中心とした経済成長が進むことで，海運中心，つまり従来型の生産ネットワークに組み入れられていくことである。このためには，ティラワ港の開発・拡張，ティラワ経済特別区（SEZ）の開発とあわせ，さらに，ヤンゴン市内からティラワ港までのアクセスをより簡便にする必要がある。もう1つは，前述の通り，陸送によるバンコクとヤンゴンを結ぶルートの活性化である。メーソット・ミャワディ間の新しい橋，ミャワディ・コーカレイ間のバイパスとも，2015年にも完成するとしており，今後の伸びが期待される。

ダウェイ開発は，イタルタイ社が開発の事業権を有していたが，2013年11月にタイ・ミャンマー政府が，両政府が費用を折半する新しい特別目的事業体（SPV）に事業を引き継がせることで合意し，イタルタイ社が事業権を「大政奉還」することとなった。また，当初大規模開発を一度に行う計画であったものが，小規模の港，中小企業用のSEZからはじめ，段階を経て当初の計画通りの規模に到達する計画に変更した。ダウェイ開発にはいまだ紆余曲折が予想

され，実現までは時間がかかると予想される。

では，ミャンマーの経済改革について注視しなければならない点はどこであろうか。また，ダウェイ開発はミャンマーの経済改革に置いていかれて不要になってしまうのだろうか。Isono and Kumagai (2013) によるシミュレーション分析では，この問いにある示唆を与えている。現状のようなヤンゴン／ティラワ中心の開発は，ミャンマー1国のGDPを上げることに寄与しても，ミャンマー北部では改革が行われない仮想的なベースラインシナリオよりも経済状況が悪化してしまう地域が多く発生する。これは，国の均衡ある発展が不可欠な民政移管後のミャンマーにとって甘受できる状況ではない。ここで必要なのは，ミャンマー総合開発ビジョン（MCDV）で提言されているような，ヤンゴン一極集中ではなく，ヤンゴンとマンダレーの2極開発と，国内の幹線道路整備の推進である。これらが実行されれば，便益がヤンゴンに集中することなく，ミャンマーの地方部に便益を分散させることができる。

では，ダウェイプロジェクトの意味合いは何か。シミュレーション分析は，ヤンゴンとマンダレーの2極開発と国内経済回廊整備が行われるもののダウェイ開発がなされないケースと，ヤンゴンとマンダレーの2極開発と国内経済回廊が整備されるのに加えダウェイ開発も行われるケースを比較した。結果，ダウェイ開発がない場合，便益は概してミャンマー国内にとどまるのに対し，ダウェイ開発を加えることでミャンマーのみならず東アジア全体，日本や韓国まで便益が拡がっていくことを示した[5]。

4. 経済地理シミュレーション分析

4.1 経済地理シミュレーションモデルとは

当節では経済地理シミュレーションモデル（GSM）を用い，ASEANの輸送インフラ整備がどのようにASEAN各国に影響を与えるかを示す。GSMは，国際貿易，地域経済学，都市経済学の担い手によって現在も精力的に進化

---

[5] 日本語では，西村英俊ERIA事務総長による「ASEAN-インドの連結性とダウェイ開発の意義」が詳しい。http://www.rieti.go.jp/jp/special/p_a_w/036.html

が進んでいる空間経済学による応用一般均衡モデルの1つで，産業がどのように集積，分散するか，またインフラの発展によってどのように経済活動が変化するかをグラフィカルに示すことができる。

　GSM は独自の経済モデル，独自のプログラム，独自のデータセットを持ち，CADP における重要インフラの選定，優先順位付け，組み合わせの決定に理論的根拠を与え，CADP と同じフレームワークを有する MPAC，ASEAN 戦略的交通計画（ASTP），インドネシア経済回廊（IEDC），ミャンマー総合開発ビジョン（MCDV）といった政策提言資料に用いられている。

　GSM の大きな特徴は，国レベルではなく，国よりも小さな地域単位を扱っていることである。これによって，道路建設の経済効果，国境円滑化の経済効果，FTA の経済効果やそれらの組み合わせの経済効果を，1つの同じフレームワークを用いて分析することができる。モデル内で各企業は，金銭的費用や時間費用を勘案しトラック，船舶，航空輸送，鉄道といった各モードを選択，あるいは組み合わせて輸送を行う。物理的なインフラに加え，GSM は関税データを有し，また政策／文化的な障壁を推計し導入している。政策／文化的障壁には，非関税障壁から，食べ物に対する嗜好の違いといったものまで含まれる。企業や人々は，獲得できる利潤や生活から得られる間接効用が高くなる地域に移動し，異なるシナリオは異なる産業分布を出現させる。

　シミュレーションにおいては，まずベースラインとして開発が部分的にしか行われないシナリオを実施し，さらに，開発シナリオを別途実行する。このふたつのシミュレーション結果について，例えば GDP（国内総生産）ないし GRDP（域内総生産）の差をもって経済効果とする。

4.2　ASEAN 連結性向上の経済効果分析

　ここでは，筆者を含むアジア経済研究所の GSM チームがタイのタマサート大学と行った共同研究に基づく，ASEAN 連結性向上の経済効果分析の結果を紹介する。このプロジェクトは，AEC が，タイや ASEAN 各国の経済にどのような影響を与えるのか，とくに産業再配置が起こりうるかを議論するプロジェクトにおいて，輸送インフラの整備だけでなく AEC 措置全般について，ASEAN にどのような影響を与えるかをシミュレーションしたものである。

ベースラインシナリオでは，AECにおける関税の撤廃・削減，既に完成した第3，第4メコン友好橋のほか，ラオスの道路整備，ミヤワディ・コーカレイ区間を含むミャンマーの道路整備，現在進行しているネアックルンのメコン橋の建設，さらにはラオスのパクサンとタイ側をつなぐ友好橋も2015年までに完成すると仮定している。

この上で，開発シナリオを以下のように設定した。ここには，MPACで記載されたプロジェクトの他に，各国が有する主要インフラプロジェクト，各国の主要港，主要空港の拡張も考慮に入れている。

==

【タイ】
・2020年にNSW完成
・2020年にシンガポール＝昆明鉄道のアランヤプラテートからカンボジアのシソフォン間完成
・2020年に交通量増加にしたがって国境，主要港，空港の混雑激化。5年後の2025年にインフラの追加的拡張で混雑緩和
・2025年に以下の項目が実現する。
　　◇カンチャナブリからミャンマーのダウェイまでの道路整備
　　◇プラチュワップキーリーカンからミャンマー側への道路整備
　　◇プーケットとインドネシアのブラワンへのRoRo航路スタート
　　◇パクバラ港完成
　　◇タイ国内高速鉄道網完成

【インドネシア，フィリピン，ベトナム，ブルネイ】
・2020年にジェネラルサントス（フィリピン）・ビトゥン（インドネシア）間のRoRo航路スタート
・2020年に交通量増加にしたがって国境，主要港，空港の混雑激化。5年後の2025年にインフラの追加的拡張で混雑緩和
・2025年にNSW完成（ブルネイは2020年）
・2025年にザンボアンガ（フィリピン）・ムアラ（ブルネイ）間，ジョホール（マレーシア）・シンテテ（インドネシア）間，タワウ（マレーシア）・タラカン（インドネシア）間，ドゥマイ（インドネシア）・マラカ（マレーシア）間，ブラワン（インドネシア）・ペナン（マレーシア）間のRoRo航路スタート

【シンガポール，マレーシア】
・2025年にクアラルンプール・シンガポール高速鉄道完成
　（インフラの追加的拡張が需要の増加に見合ってなされると想定し，混雑激化は仮定しない）

186　第 7 章　ASEAN 域内の広域輸送インフラ整備

【カンボジア，ラオス，ミャンマー】
・2015 年から追加的に非関税障壁を削減
・2015 年，プノンペンとシアヌークビルの SEZ によってそれら都市の技術水準向上
・2015 年，ビエンチャンとサワナケットの SEZ によってそれら都市の技術水準向上
・2020 年に交通量増加にしたがって国境，主要港，空港の混雑激化。5 年後の 2025 年にインフラの追加的拡張で混雑緩和
・2020 年，ヤンゴンとマンダレーの SEZ 完成によってそれら都市の技術水準向上
・2025 年に NSW 完成
・2025 年にシンガポール＝昆明鉄道のプノンペンからホーチミンまでの区間完成

==

　開発シナリオの経済効果を図示したものが図表 7-6 である。この図表では，各地域の経済効果の額を各地域の面積で除した Impact Density という指標を

図表 7-6　ASEAN 連結性向上の経済効果（2030 年，Impact Density）

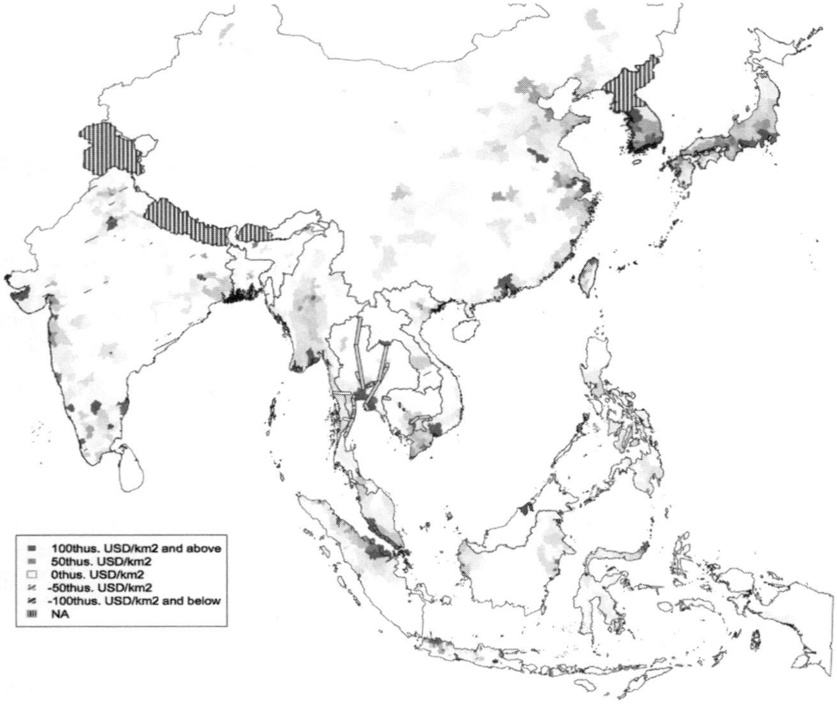

出所：IDE-GSM シミュレーション結果。

4. 経済地理シミュレーション分析　187

用いている。この指標を用いることで，どの地域や国に経済効果が集中しているのかを地域間で比較することができる。濃く塗られた地域は正の経済効果が高く，斜線がひかれた地域は負の経済効果が発生する。最も濃く塗られた地域は1平方キロメートルあたり10万ドル以上の経済効果を有する。ここで，負の経済効果とは，2030年のベースラインのGRDPと比較して開発シナリオのGRDPが低い，ということを意味するのであって，2014年現在から2030年にかけてマイナス成長する，ということは意味しないことに注意されたい。

　ASEAN各国別に影響を見ていくと，タイではバンコク周辺，とくにチョンブリーやラヨーンまでを含めた工業団地にプラスの経済効果が集中することがわかる。ラオスのビエンチャンにも高い正の経済効果が見られる。カンボジアでは，プノンペン周辺に加え，玄関港であるシハヌークビルにもプラスの経済効果が集中する。ベトナムは，主にホーチミン周辺の工業地帯が高い正の経済効果を持つ。ミャンマーは，ヤンゴンとマンダレーという2大都市に経済効果が集中する。マレーシアはクアラルンプール周辺とペナンが高く，またシンガポールへ続く高速鉄道沿いにもプラスの経済効果が見られる。フィリピンはマニラ首都圏のみで高い経済効果が見られる。インドネシアは，ジャカルタ周辺のみならず，リアウやRoRoがつながるマナド（ビトゥン）など，多くの地域に経済効果の集中が見て取れる。

　経済効果はASEANだけでなく，他の東アジアの国々にも及ぶ。例えば日本では，東京，埼玉，神奈川，愛知，大阪といった東海道ベルト地帯の各都府県で高い経済効果が見られる。この開発シナリオにおいて，日本ではインフラ開発や貿易円滑化は行われないが，ASEANとの貿易，ASEANの経済成長を通して正の経済効果が波及する，というのがこのシミュレーション結果の含意である。これは，ASEANの経済成長を日本に取り込むこととも一致する。同様に，韓国，中国，インドにも大都市／工業地帯を中心に高い経済効果が見られる。

　開発シナリオの交通量への影響を見たものが図表7-7である。この図は各陸上区間において，ベースラインの交通量と開発シナリオの交通量がどの程度変化したかを見たものである。ここではおもに，メコン地域において大きな伸びが見られる推計結果となっている。タイ国境からマレーシアを経由してシンガ

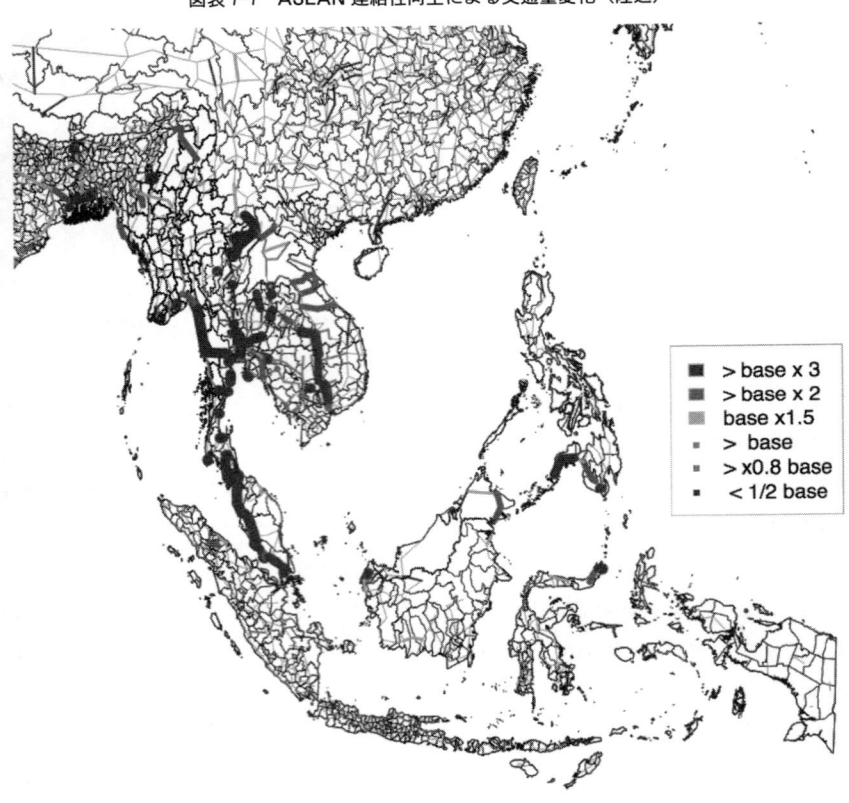

188　第 7 章　ASEAN 域内の広域輸送インフラ整備

図表 7-7　ASEAN 連結性向上による交通量変化（陸送）

凡例：
- > base x 3
- > base x 2
- base x1.5
- > base
- > x0.8 base
- < 1/2 base

出所：IDE-GSM シミュレーション結果。

ポールに向かうルート，バンコクを中心とした放射状のルート，南北経済回廊の中国に抜けるルート，ラオスの 9 号線，12 号線，8 号線といったタイとベトナムをつなぐルートに伸びが予測されている。

　変わったところでは，タイ東部からラオス・カンボジアを抜けてベトナムのホーチミンまでつながるルートが高くなっている。現状ないしベースラインの交通量がかなり低いため高い倍率が計測された可能性も否定できないが，今後伸びが期待されることを示している。またバンコクからダウェイ経由でヤンゴンへ向かうルートは，ダウェイからモーラミャインのルートが脆弱であること

が大きなボトルネックになるだろうが，もしこのルートが整備されれば用いる企業が増えるであろうことをシミュレーション結果は示唆している。

　つまりこれら区間は，現在それほど使われていないとしても高い潜在的交通需要が存在することを示しており，インフラ整備を行う際に優先順位を与えられるべきであり，また整備する際には需要の増大に適う大きな規格の改良が求められることになる。

　フィリピン，インドネシア，ボルネオ島のマレーシアでは，RoRoでつながる地域の周辺で高い交通量の伸びが期待される。これら地域では，RoRo航路をスタートさせるだけではなく，周辺道路の整備も重要になる。

　当節の最後に，シミュレーションの仮定について再度触れる。この開発シナリオでは，2020年に国境や主要港，空港での混雑が激化し，2025年に緩和することを想定している。これは，各国やドナーの努力によって混雑の進展に歯止めがかけられることを「仮定」している。この条件が満たされず，混雑の加速が進む場合は，このような経済効果は達成できない。各国の強い政策リーダーシップと，喫緊のプロジェクトに対して早期建設を達成するための新しいスキームが求められる。

5. おわりに

　本章はASEANにおける広域輸送インフラの整備の現状と，展望について述べた。多くのASEAN諸国において，生産ネットワーク型の最大経済都市や工業地帯から主要玄関港までの輸送だけでなく，地方部のインフラをどのように改善していくかが問題になっている。と同時に，大都市の渋滞も非常に深刻になっている。一般論として，ASEAN各国が独自の責任において進めなければならない国内プロジェクトが大きな比重を占め，陸路国境や地方の港同士をつなぐプロジェクトについては優先順位が一段下がる，というのがこれまでの実情であった。

　一方で，タイ＋1の動きとミャンマーの経済改革は大きな変革のポテンシャルを有している。これらは＋1の諸国だけでなく，タイ自体にも有益であるこ

とが，シミュレーション結果から明らかになった。また，クアラルンプールとシンガポール間の高速鉄道も，マレーシア，シンガポール両国に大きな影響を与えることが予想される。

　今後は，3国間やそれ以上の輸送に対するニーズが高まり，それがASEAN運輸円滑化協定の早期実施を後押ししていくことが期待される。インフラの整備，貿易・交通円滑化の進展は，企業行動を変化させ，さらに産業再配置を通じてASEANの競争力強化につながるであろうが，これは2015年末のAECの成立によって直ちに達成されることはなく，各国の不断の努力が今後，2020年，2025年と続くことによってなされるものである。今後AECの成立に向け，何が達成され，何が残されるのかを注視すると同時に，産業再配置の可能性も視野に入れて，現在利用可能なインフラ，制度は何か，またどのような措置がどのタイミングで導入されそうかを正確に知ることが，AEC成立前後のタイミングで非常に重要になる。

参考文献

梅﨑創（2014）「ミャンマーと地域協力」，工藤年博編『ポスト軍政のミャンマー——テインセイン政権の中間評価——』調査研究報告書，アジア経済研究所

春日尚雄（2013）「ASEAN連結性の強化と交通・運輸分野の改善——ASEAN経済共同体に向けた取り組みの柱として」，石川幸一・清水一史・助川成也編著『ASEAN経済共同体と日本——巨大統合市場の誕生』第5章，文眞堂

花岡伸也（2012）「到来したLCCの波とわが国の行方」ていくおふ No.131

ASEAN (2010) *The Master Plan on ASEAN Connectivity*, Jakarta: ASEAN Secretariat

ERIA (2010) *The Comprehensive Asia Development Plan*, ERIA Research Project Report 2009 No. 7-1, ERIA

Isono, I. (2011) "Possible Alternative Routes for Further Connectivity in the Mekong Region, in *Intra- and Inter-City Connectivity in the Mekong Region*, edited by M. Ishida, BRC Research Report No.6, IDE-JETRO

——— (2012) "The Proposed Cilamaya New International Port is a Key for Indonesian Economic Development: Geographical Simulation Analysis", ERIA Policy Brief 2012-05, ERIA

——— (2013) "Dawei Revisited: Reaffirmation of the importance of the project in the era of reforms in Myanmar", ERIA Policy Brief 2013-01, ERIA

S. Kumagai, I. Isono, K. Hayakawa, S. Keola and K. Tsubota (2013) "Geographical Simulation Analysis for logistics enhancement in Asia", *Economic Modelling*, Vol.34, pp.145-153

（磯野　生茂）

第 8 章

ASEAN と東アジア地域経済統合
―― 期待される牽引役としての役割

1. はじめに

　ASEAN 経済共同体設立にあたっての 1 つの目標は，グローバル経済との統合である。ヒト，モノ，カネが国境を越え，世界レベルで活発に移動するようになりグローバル化が進んだ世界経済の下では，貿易や投資などを通じて世界各国との関係を緊密化することによって，経済成長を推進することができる。この点を考慮すれば，ASEAN 諸国の掲げるグローバル経済との統合の目標は正しい。但し，AEC ブループリントにあるように，AEC では世界レベルの枠組みだけではなく，地域レベルの枠組みを明示的にとらえており，それらの枠組みの中で，ASEAN 諸国は AEC での取り決めと整合的かつ統一的な対応を取らなければならないとしている[1]。

　ASEAN 諸国は東アジア諸国をはじめとして，南アジアや欧州連合（EU）諸国など，さまざまな地域との協力関係を構築しているが，その中でも最も緊密な関係を築き上げているのが，日本，中国，韓国，インド，豪州，ニュージーランドなどの東アジア諸国との関係であり，ASEAN 諸国とそれらの 6 カ国の関係は，ASEAN＋6 と称されている。

　本章では，ASEAN にとって重要性を増している東アジア諸国との経済関係を概観し，東アジアにおいて進展している制度面での地域経済統合の動きと，その中での ASEAN の果たしてきた役割を分析する。最後の結論では，東アジアにおける地域経済統合において ASEAN の果たすべき役割について考察

1　ASEAN 事務局, *ASEAN Economic Community Blue Print*　http://www.asean.org/archive/5187-10.pdf

する。

2. ASEANの域外との貿易・投資関係

2.1 対世界の貿易・投資関係

　ASEANにとっての東アジアの重要性を検討するにあたって，ASEANの対世界との経済関係を貿易と直接投資で確認しておこう。ASEANの輸出および輸入は1990年以降，1997年のアジア通貨危機と2008年の世界金融危機による影響で低下した期間を除けば，ほぼ一貫して拡大している（図表8-1）。1990年から2012年の22年間でASEANの対世界輸出および輸入は，各々，8.5倍，7.5倍拡大した[2]。その期間における世界貿易の拡大は5.1倍だったことから，世界貿易に占めるASEANのシェアは大きく伸びた。具体的には，世界輸出および世界輸入に占めるASEANの輸出および輸入は1990年から2012年にかけて，4.2％と4.8％から，7.1％と7.1％へと大きく拡大した。

　ASEANの多くの国々は経済活動において貿易の重要性が高い（図表8-2）。

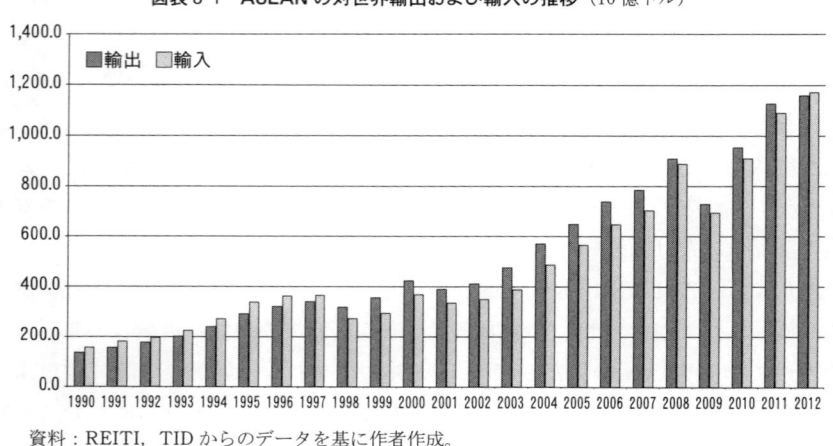

図表8-1　ASEANの対世界輸出および輸入の推移（10億ドル）

資料：REITI，TIDからのデータを基に作者作成。

---

[2] RIETI，TIDより計算。

2. ASEANの域外との貿易・投資関係　193

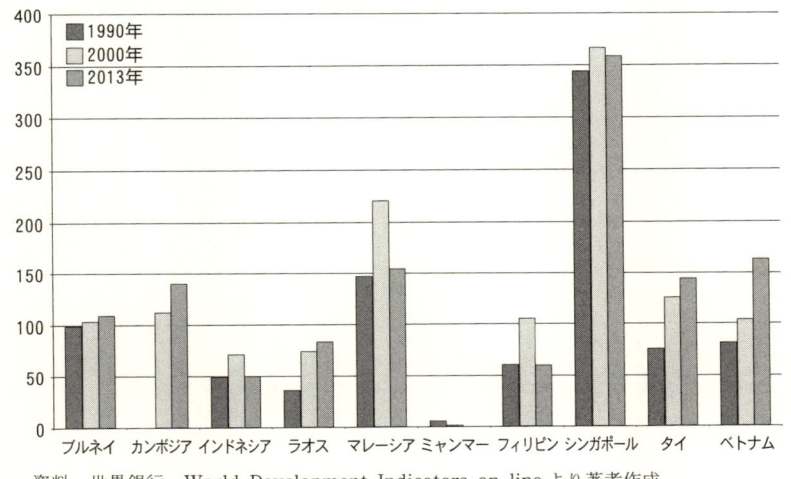

図表 8-2　ASEAN 諸国の GDP に占める貿易（輸出＋輸入）のシェア（%）

資料：世界銀行, World Development Indicators on line より著者作成。

シンガポールは東アジアにおける中継貿易の拠点になっていることから貿易・GDP 比率は 300% 以上と極めて高い。ミャンマーの統計が入手できないことから比較はできないが，他の ASEAN 諸国の同比率は日本の 35.1% と比較すると，かなり高い。これらの観察結果は，ASEAN 諸国が貿易を通じて世界との間に緊密な関係を築き上げてきていることを示している。

ASEAN への対内直接投資と ASEAN からの対外直接投資は規模では対内直接投資が対外直接投資を大きく上回るが，1990 年以降，比較的に類似した動きを示している（図表 8-3）。ASEAN の対内および対外直接投資は共に 21 世紀に入り，大きく拡大した。とくに，対外直接投資の伸びが著しい。具体的には，2002 年から 2013 年にかけて，対内および対外直接投資は，各々，7.3 倍と 26.6 倍に拡大した。同期間においては，ASEAN の対内・対外直接投資は世界の対内・対外直接投資よりも大きく拡大したことから，世界の対内・対外直接投資に占める ASEAN の割合は上昇した。世界の対内および対外投資残高に占める ASEAN の割合は，2002 年では，各々，3.8% と 1.5% であったが，2013 年には，6.1% と 2.7% へと拡大している。これらの数字は，貿易と同

194　第8章　ASEANと東アジア地域経済統合

図表8-3　ASEANの対外・対内直接投資フロー（10億ドル）

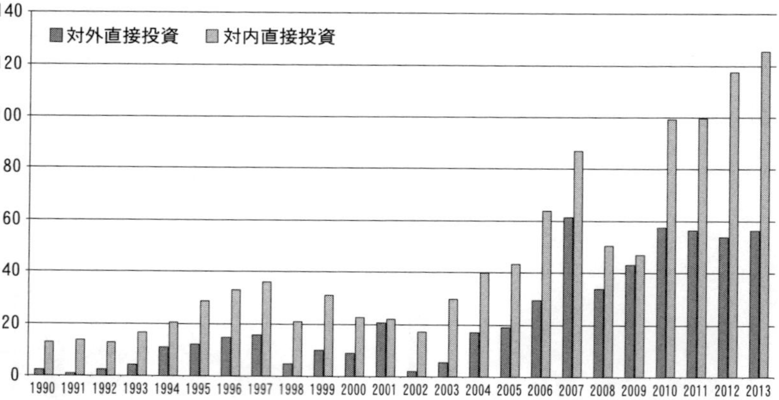

資料：UNCTAD, FDI Database.

様に，直接投資においてもASEANは世界との結びつきを緊密化させていることを示している。但し，ASEANと世界との関係では，貿易と比べると，直接投資において低い水準にある。

2.2　対東アジア諸国との関係

　ASEANにとって東アジア諸国の重要性を貿易と投資に関してみてみよう。図表8-4には，ASEAN諸国の輸出と輸入に占める東アジアおよびその他の地域のシェアが示されている[3]。ASEANの輸出に関しては，ASEANを含めた東アジアへのシェアは1990年から2012年にかけて49.1％から61.1％へと大きく上昇している。東アジア地域の内訳では，ASEAN域内への輸出シェアは18.9％から22.2％へと上昇したのに対して，日中韓，インド，豪州，ニュージーランドから構成される＋6諸国のシェアは30.2％から36.9％へと大きく増加している。＋6諸国の中では，中国への輸出シェアが2.2％から16.2％へと急上昇している。また，中国の急上昇と比べると極めて緩慢ではあるが，韓国，インド，豪州，ニュージーランドへの輸出シェアも上昇している。一方，

3　ここで東アジアとはASEANと日中韓，インド，豪州，ニュージーランドのASEAN＋6諸国を意味する。

図表 8-4　ASEAN にとっての貿易相手国としての東アジアの重要性
(対世界におけるシェア，%)

	ASEAN +6	ASEAN	+6	中国	日本	韓国	インド	豪州	NZ	米国	EU	その他
輸出												
1990年	49.1	18.9	30.2	2.2	21.5	3.7	0.9	1.7	0.3	20.5	17.1	13.4
2000年	47.1	20.4	26.7	5.2	13.7	4.3	0.9	2.3	0.2	21.0	15.8	16.2
2012年	61.1	22.2	38.9	16.2	10.5	4.4	3.5	3.9	0.5	9.7	11.6	17.5
輸入												
1990年	50.3	16.5	33.8	2.9	23.6	3.2	0.9	2.8	0.4	14.5	15.9	19.2
2000年	55.3	23.5	31.8	4.9	18.9	4.6	0.9	2.1	0.3	13.7	10.9	20.2
2012年	57.9	22.0	35.9	14.0	11.1	6.3	2.3	2.0	0.3	7.6	9.5	24.9

資料：RIETI，TID2012 により計算。

　日本への輸出シェアは 21.5%から 10.5%へと大きく低下している。因みに，米国と欧州連合（EU）への輸出のシェアは同期間において，大きく低下した。
　ASEAN の輸入に占める東アジアおよび東アジアを構成する ASEAN と+6 諸国のシェアは輸出において観察されたようなパターンを示している。すなわち，東アジア，とくに ASEAN および中国のシェアが大きく拡大したのに対して，日本のシェアは大きく低下した。また，韓国とインドのシェアは上昇したのに対して，豪州とニュージーランドのシェアはわずかであるが，低下した。米国と EU のシェアは輸出と同様に大きく低下した。
　品目別（素材，加工品，部品，資本財，消費財）に ASEAN の貿易にとっての+6 の重要性をみてみよう（図表 8-5）。ASEAN からの輸出については，+6 は素材輸出で極めて大きなシェアを占めている。ASEAN の世界への素材輸出のうち，約 3 分の 2 は+6 向けである。加工品の世界への輸出に占める割合も約 4 割と高い値を示している。他方，消費財の輸出では，他の品目と比べると，+6 のシェアは小さい。+6 の内訳をみると，消費財を除くすべての品目で中国が最も大きな輸出先になっている。消費財の最も大きな輸出先は日本である。日本は東アジア諸国の中では所得水準が高いことから，ASEAN で生産された消費財の大きな輸出先となっている。
　輸入では，資本財輸入において+6 が世界からの輸入の 5 割と大きなシェアを占めいている。部品輸入においても+6 は 40%と大きなシェアを占めてい

図表 8-5　ASEAN にとっての貿易相手国としての東アジアの重要性：品目別

(対世界におけるシェア，%，2012 年)

	ASEAN +6	ASEAN	+6	中国	日本	韓国	インド	豪州	NZ
輸出									
素材	82.4	18.3	64.2	23.7	16.2	8.3	7.9	6.9	1.2
加工品	71.1	29.3	41.9	14.0	12.8	5.4	4.6	4.5	0.6
部品	58.6	22.7	35.9	24.0	6.1	3.3	1.5	0.9	0.1
資本財	47.9	16.0	31.8	16.9	5.9	2.2	2.7	3.8	0.4
消費財	40.1	15.6	24.5	4.4	11.6	2.7	1.0	4.2	0.6
総計	61.1	22.2	38.9	16.2	10.5	4.4	3.5	3.9	0.5
輸入									
素材	26.5	16.7	9.8	1.1	0.4	0.7	1.3	6.2	0.1
加工品	61.9	25.1	36.8	12.5	9.9	8.2	3.9	2.0	0.3
部品	61.9	21.2	40.7	14.7	16.5	8.4	0.6	0.4	0.0
資本財	65.8	15.3	50.5	26.5	17.0	5.2	1.3	0.5	0.0
消費財	64.0	29.7	34.3	16.8	7.8	2.4	3.1	2.4	1.7
総計	57.9	22.0	35.9	14.0	11.1	6.3	2.3	2.0	0.3

資料：RIETI，TID2012 により計算。

る。一方，素材の+6 からの輸入は小さく，世界からの輸入のわずか 10％である。資本財および部品の+6 からの輸入では，中国からの割合が最も高く，その後に日本，韓国が続く。

　ASEAN の部品，加工品，資本財などの輸出入において，+6，その中でも中国，日本，韓国との輸出入の割合が高いことが確認された。また，部品や加工品については，ASEAN 域内での輸出入の割合も高い。これらの観察結果は，ASEAN，中国，日本，韓国，所謂，ASEAN+3 諸国の間で，生産ネットワークが形成されていることを物語っている。

　ASEAN への直接投資における東アジアの重要性を検討しよう。統計の入手可能性が限られていることから，2005 年，2010 年，2013 年についての ASEAN への直接投資フローに関する統計のみが図表 8-5 に示されている。ASEAN を含めた東アジア（ASEAN+6）のシェアは 2005 年から 2013 年にかけて 31％から 49％へと大きく上昇しており，ASEAN の東アジア域内依存度が高まっていることがすわかる。東アジア域内の内訳では，ASEAN 域内からの直接投資のシェアが 10％から 17％へと上昇したのに対して，+6 のシェ

2. ASEAN の域外との貿易・投資関係　197

図表 8-6　ASEAN への直接投資の出資国シェア（%）

	2005 年	2010 年	2013 年
総計	100.0	100.0	100.0
ASEAN	10.0	16.1	17.4
非 ASEAN	90.0	83.9	82.6
ASEAN+6	31.9	41.6	49.0
+6	21.9	25.5	31.6
中国	1.5	3.8	7.1
日本	16.3	11.0	18.7
韓国	1.3	4.9	2.9
インド	1.0	3.4	1.1
豪州	0.5	2.3	1.6
ニュージーランド	1.3	0.1	0.2
米国	7.9	11.3	3.1
EU	27.7	22.3	22.0
その他	32.5	24.8	25.9

資料：ASEAN 事務局，ASEANStats および Statistics Updates より作成。

アは 22％から 32％へと上昇した。+6 の中では，日本からの直接投資が最も大きなシェアを占めており，2013 年では全体の 19％であった。日本のシェアに比べると，かなり低いが，中国のシェアは 2005 年から 2013 年にかけて 2％弱から 7％強へと大きく拡大している。+6 のその他の国については，韓国が 3％弱と比較的に大きなシェアを占めている。一方，東アジア諸国以外に関しては，EU のシェアが大きい。2005 年から 2013 年にかけて低下しているものの，2013 年においても 22％のシェアを記録している。

　ASEAN 諸国の貿易および直接投資について，東アジアへの依存度を検討したが，同依存度は大きく上昇していることが確認された。東アジア域内の内訳では，ASEAN の ASEAN 域内への依存度が上昇しているが，中国，日本，韓国，インド，豪州，ニュージーランドにより構成される+6 への依存度も上昇していることが明らかになった。とくに，中国への依存度が，貿易と投資の両方において，顕著に上昇している。また，日本への依存度については，貿易では急速に減少しているが，投資においては，依然として高水準にある。これらの観察結果は，ASEAN にとって+6 の国々との統合が進んでいることを示しているが，高成長が予想される巨大な新興国である中国やインド，成長率は

高くはないが，大きな市場であると同時に資本の大きな供給国である日本などを含む＋6 との関係は将来においても重要であり続けると思われる。

3. 東アジア広域経済連携における ASEAN の役割

　総論では，ASEAN 域内協力の進展について議論したが，前節での分析からも分かるように，ASEAN にとっては ASEAN 域外との経済関係，とくに日中韓との経済関係が極めて重要である。そのような状況を背景に，ASEAN は日中韓を中心とする東アジア諸国との協力関係の構築を積極的に進めている。本節では，東アジアにおける広域経済連携において ASEAN の果たしてきた役割について検討する[4]。

3.1　東アジア広域経済連携の歴史的推移

　東アジアが地域経済協力の枠組みとして登場したのは，1990 年代に入ってからである。それ以前は，東アジアだけではなく，米州，オセアニアなどを含むアジア太平洋地域における枠組みが議論され，構築されてきた。1960 年代半ばには一橋大学の小島清教授は太平洋自由貿易地域（PAFTA）を唱え，同時期に，三木武夫外相（当時）が「アジア太平洋圏」構想を提唱した[5]。これらの構想が 1989 年のアジア太平洋経済協力（APEC）の設立につながった。APEC 設立とほぼ同時期にマハティール・マレーシア首相（当時）により東アジア諸国で構成される東アジア経済グループ（EAEG）が提案された。EAEG の内容は明確ではなかったが，貿易ブロックのような閉鎖的な枠組みの可能性が高かったことから，グループ内外からの批判を浴び，実現されなかった。

　上述した枠組みには ASEAN 諸国はメンバーとして含まれていたが，ASEAN 諸国が中心的な役割を果たしてはいなかった。東アジア諸国が参加する枠組みの中で ASEAN が中心的な役割を果たした最初の枠組みはアジア欧

　4　ASEAN と東アジアの地域経済協力については，清水（2013）などを参照。
　5　アジア太平洋協力の歴史や特徴などについては，寺田（2013）などを参照。

州会議（ASEM）である。欧州連合（EU）は急成長する東アジア経済との関係を拡大することを目的に1994年9月にEU-ASEAN閣僚会議を開催した[6]。同会議を拡大する形でEU，ASEAN諸国および日中韓（ASEAN+3）によるASEMが1996年に発足し，第1回首脳会議が開催された。

　アジア側の参加国であるASEAN+3によりASEMの準備会合が開催される中，1995年には非公式ではあるがASEAN+3による経済閣僚会議が開催された。1997年に東アジア諸国は通貨危機に見舞われるが，同年12月のASEAN非公式首脳会議の際にASEAN+3の第1回首脳会議が開催された。アジア通貨危機による深刻な影響に対応し，経済回復を実現すべく，1998年にASEAN+3の第2回首脳会議が開催され，ASEAN+3による経済協力の制度化が進んだ。同会議では，その後の東アジアにおける統合の動きに大きな影響を与えることになる，東アジアの中長期的ビジョンを考える有識者からなる「東アジア・ビジョン・グループ」の設置が韓国の金大中大統領（当時）により提案され，了承された。1999年の首脳会議では，経済・社会分野および政治とその他の分野における協力を謳った「東アジアにおける協力に関する共同声明」が採択された。ASEAN+3によりさまざまな経済協力の構想が議論され，そのうちのいくつかが実現された。最も注目されるASEAN+3による経済協力の枠組みの1つに金融面での協力枠組みである2000年に発足したチェンマイ・イニシャティブがある。チェンマイ・イニシャティブは外貨不足によって発生した通貨危機の再来を防止するために，2国間で外貨を融通し合う協力ネットワークであるが，1997年に設立されたASEAN諸国によるASEANスワップ協定が母体になっている。チェンマイ・イニシャティブは2010年に，多国間での取り決めに発展した。

　先述した，東アジア・ビジョン・グループの報告書は2001年の首脳会議に提出された。同報告書では，東アジア自由貿易圏の形成やASEAN+3首脳会議を発展させた「東アジア・サミット」の創設などが提案された[7]。東アジア・ビジョン・グループの提案は各国の官僚により組織された東アジア・スタディ・グループによって実現へ向けての検討が進められた。そのような動きの

6　伊藤・田中（2005）を参照。
7　伊藤・田中（2005）を参照。

中で，東アジア・サミットの実現に向けた動きが活発化した。2005年にASEAN議長国を務めたマレーシアが東アジア・サミットの開催を提案したのである。それまでASEAN+3で進められてきた東アジア地域協力であったが，中国の急速な台頭に危機感を抱いた日本やいくつかのASEANの国々は，オーストラリア，ニュージーランド，およびインドの参加を主張した。その結果，ASEAN+3にこれらの国々を加えたASEAN+3+3（ASEAN+6）で第1回東アジア・サミットが開催された。東アジア・サミットへの参加基準としては，① ASEANとの実質的な関係が深いこと，② ASEANとの対話国であること，③ 東南アジア友好協力条約（TAC）に加盟していること，となった[8]。これらの条件が東アジアにおける地域協力の推進にあたってのASEANの中心性をもたらしている。東アジア・サミットは，2011年に米国とロシアが加わり，現時点では，18カ国により構成されている。

3.2 ASEAN+1 FTAからRCEPへ

(1) ASEAN+1 FTAの設立

ASEANは1993年にASEAN自由貿易地域（AFTA）設立に向けて域内での貿易にかかる関税引き下げを開始した[9]。その後，アジア太平洋地域では，APECでの貿易・投資自由化への動きが進んだが，90年代末になると，シンガポールが日本などと2国間自由貿易協定（FTA）締結に向けて動き出した。その背景には，アジア通貨危機への対応として保護主義的な政策をとるのではなく，輸出を拡大する政策が適切であると考えたことと，欧州や米州など世界の多くの地域でFTA締結の動きが活発化したことなどがある。

シンガポール，日本，韓国などによる東アジアでの2国間FTA締結に向けての動きが開始される中，中国は2000年にASEANに対してFTAを提案した[10]。中国は，世界貿易機関（WTO）加盟をほぼ確実なものとしたことで，世界市場へのアクセスを確保し，東アジア市場でのアクセス拡大を狙っていた。東アジアの中では，ASEANは5億を超える人口を擁し，高成長を持続し

---

8 伊藤・田中（2005）を参照。
9 浦田（2015）を参照。
10 東アジアのFTAについては，浦田他（2007）などを参照。

ていることから，既に大きな市場となっていたが，さらに拡大する可能性が高く，また，豊富な天然資源を擁することから，中国にとって経済的に非常に魅力的であった。さらに，中国は当時，米軍によるベオグラード中国大使館爆撃事件，台湾・チベット問題での干渉，人民元切り上げ圧力などによって，対米関係で苦慮しており，近隣諸国との関係を強化することで，米国に対する発言力を強めたいという政治的理由もあった[11]。中国からの FTA 提案に対して，ASEAN では低価格で競争力のある中国製品の輸入増加により産業が深刻な影響を受ける可能性が高いことや軍事的脅威などを理由に消極的な意見があった。このような ASEAN の警戒心に対して，中国は ASEAN からの農水産品の輸入関税を前倒しで削減する措置（アーリーハーベスト）の導入，WTO 未加盟のラオスやベトナムに対して最恵国待遇の付与，ラオス，ミャンマー，カンボジアに対する自由化時期の延長などの措置を提供し，ASEAN に対して大きく譲歩したことから，ASEAN は中国との FTA を進めた。ASEAN と中国は物品に関する FTA を 2005 年 7 月に発効させた。その後，2007 年 7 月にサービス貿易協定，2010 年 1 月に投資協定を発効させている。

中国・ASEAN FTA に刺激を受けて，日本は ASEAN に対して FTA を 2001 年に提案した。日本は ASEAN との間に貿易，直接投資，政府開発援助などを媒介として緊密な経済関係を構築してきたが，その関係が中 ASEAN FTA によって浸食されるのではないかという懸念があった。但し，日本はシンガポール，マレーシア，タイなど ASEAN 原加盟国とは 2 国間 FTA を進めていたことから，ASEAN 全体との FTA の交渉開始は 2005 年 4 月まで遅れた。交渉開始から 2 年以内での交渉合意を目指したが，発展途上国の中国とは異なり先進国の日本は，ASEAN に対して中国のようには柔軟な対応がとれなかったことから，交渉は開始から 3 年後の 2008 年 4 月に合意に達し，同年 12 月に日本・ASEAN FTA は発効した[12]。サービス貿易および投資についての取り決めは，現在（2015 年 1 月），交渉中である。

11　寺田（2013）を参照。
12　WTO では，先進国による FTA は，加盟国間の貿易障壁を実質上すべての貿易について廃止する，といった条件など（GATT24 条）を満たさなければならないが，発展途上諸国の FTA には，それらの条件は適用されない（授権条項）。

韓国も中国・ASEAN FTA に刺激されて，ASEAN に対して FTA を提案し，2005 年 2 月から交渉を開始した。交渉は比較的短期間で終了し，2006 年 8 月には署名し，物品に関する FTA は 2007 年 6 月に発効した。その後，サービス協定は 2009 年 5 月，投資協定は 2009 年 9 月に発効した。

インドも日本，韓国と同様に，中国・ASEAN FTA に触発されて，ASEAN に対して FTA を提案した。インドは，1990 年初めに経済改革を進め，90 年代半ばより東アジア諸国との関係を強化する「ルックイースト」政策を実施に移していたが，ASEAN への接近はルックイースト政策の重要な項目であった。インド・ASEAN の物品に関する FTA 交渉は 2004 年に開始され，2009 年 8 月に調印，2010 年 1 月に発効した。サービス協定および投資協定は 2014 年 8 月に調印した。

豪州とニュージーランドは 1983 年に包括的な経済緊密化協定（CER）を発効させており，ASEAN との間では，CER と AFTA による FTA の締結可能性が 1995 年頃から議論されていた。しかし，豪州・ニュージーランドと ASEAN との間には，求める FTA の内容に大きな違いがあったことから，議論は進まなかった。CER はすべての商品に対する関税を撤廃するハイレベルな FTA であり，豪州・ニュージーランドは，同様の FTA を追求したが，発展途上にある ASEAN 諸国は，ハイレベルな FTA は受け入れられなかった。そのような状況に変化が起きたきっかけは，中国の ASEAN への接近であった。ASEAN と豪州・ニュージーランドとの FTA は 2005 年 2 月に交渉が開始され，2009 年 2 月に署名，2010 年 1 月に発効した。物品だけではなくサービスおよび投資も含む包括的な内容の FTA である。

21 世紀に入り，東アジアでは，中国・ASEAN FTA に刺激され，ASEAN を取り巻く形で日本・ASEAN，韓国・ASEAN，インド・ASEAN，豪州/ニュージーランド・ASEAN との間で合計 5 つの ASEAN+1 FTA が構築された。ASEAN は東アジアにおける地域統合のハブのような役割をはたしているように見えるが，本節の議論から明らかなように，ASEAN が主体的かつ積極的に行動した結果として，そのような枠組みが構築されたのではなく，ASEAN を巡って東アジア各国が競争した結果，生まれたのである。東アジアの地域経済統合における ASEAN のこのような位置づけは，次節で議論する

東アジアにおける地域経済統合へ向けての動きにおいても観察される。

(2) RCEP 交渉の開始

　先述した ASEAN+3 の下で設立された東アジア・ビジョン・グループによる提案の1つである東アジア自由貿易圏（EAFTA）設立へ向けて，EAFTAの実現可能性を検討する民間研究者による研究会が 2005 年に開始され，第1および第2フェーズを経て，2009 年に政府間での検討を開始すべきであるという提言をまとめた。その後，中国政府が中心となり EAFTA 設立にあたって重要な貿易円滑化に係る4つの分野（原産地規則，関税品目表，税関手続，経済協力）を取り上げて，ワーキンググループを形成し，政府間で議論を進めた。

　ASEAN+3 を構成メンバーとする EAFTA 設立へ向けて中国主導による動きが進展する中，日本は，ASEAN+6（ASEAN+3，インド，豪州，ニュージーランド）を加盟国とする FTA である東アジア包括的経済連携（CEPEA）構想を 2006 年に提案した。ASEAN+6 は 2005 年に発足した東アジア首脳会議のメンバーでもある。日本と中国の対抗意識を考えれば，また EAFTA に関する議論でイニシャティブをとったのは中国だったことを考慮すれば，CEPEA 構想の背景には東アジアの地域制度構築において指導的役割を果たしたい日本の戦略が存在することがわかる。CEPEA の実現可能性を検討する民間研究者による研究会は 2007 年に開始され，第1および第2フェーズを経て 2009 年に政府間での検討を開始すべきであるという提言を行った。その提言を受けて，政府では CEPEA 実現にあたって重要な4つの分野（EAFTA で取り上げた同じテーマ）を抽出し，ワーキンググループの下で検討を進めた。

　EAFTA および CEPEA についての活動や研究は，並行して進められた。それぞれ中国と日本が先導的な役割を果たしていたが，優先順位を決めることで対立を深めたくない ASEAN 諸国は両方の活動に同じようなウェイトで参加していた。ASEAN 諸国は両方の枠組みで発言力を強化させ，東アジアにおける地域統合を先導すべく，積極的に関わるようになっていった。しかし，EAFTA および CEPEA の実現に向けての議論は迅速には進まなかった。EAFTA および CEPEA 実現に向けての4分野に関する議論がある程度進展

したことを受けて，2011年8月のASEAN経済大臣関連会合において日本と中国はEAFTAおよびCEPEA構築を加速化するためのイニシャティブとして，物品貿易，サービス貿易，投資の3分野に関するワーキンググループ設置を共同で提案した。

日中が東アジア経済統合に向けて共同歩調を取り始めたことから，同統合への動きにおける中心的な位置を失うことを恐れて，ASEANは2011年11月に開催された東アジア首脳会議において，今後における経済統合のあり方の一般原則を定めた東アジア地域包括的連携（RCEP）を提案した。RCEPはASEAN＋3およびASEAN＋6等のように加盟国を特定化せず，ASEANとFTAを締結する用意ができている東アジアの国々が参加できる枠組みである。

2012年8月のASEAN＋6の担当大臣会合で作成され，同年11月に開催されたASEAN＋6首脳会議において裏書きされた「RCEP交渉の基本原則と目的」によれば，RCEPは東アジアにおける地域的枠組み構築におけるASEANの中心性を確認し，既存の5つのASEAN＋1 FTAよりも広範かつ深化した内容の地域統合を目指している[13]。具体的な内容としては，財貿易，サービス貿易，投資，経済・技術協力，知的財産，競争，紛争処理その他を明示的に指摘している。

2012年11月の首脳会議においてRCEP交渉開始にむけての宣言が出されたが，実際に交渉が開始されたのは，2013年5月であった。交渉開始にあたっては，アジア太平洋における地域経済統合の動きの中でRCEPと競争的な関係にあると見做されている環太平洋パートナーシップ（TPP）交渉に対して日本が2013年3月に公式に参加表明したことと，RCEPの重要なメンバーである日中韓が同年4月にFTA交渉を開始したことが，大きな影響を与えたと思われる。交渉は2015年末の合意を目標としているが，報道されている現在までの交渉の流れから判断するならば，目標達成は難しいという見方が多い。

---

13 Guiding Principles and Objectives for Negotiating the Regional Comprehensive Economic Partnership, http://www.asean.org/images/2012/documents/Guiding%20Principles%20and%20Objectives%20for%20Negotiating%20the%20Regional%20Comprehensive%20Economic%20Partnership.pdf

4. 東アジアにおける地域経済統合において期待される ASEAN の役割

　ASEAN，日中韓を中心として，インド，豪州，ニュージーランドも含む形で構成される東アジアでの地域経済統合においては貿易や投資を中心として実態面が先行し，制度面での動きは後を追う形で進んできた。ASEAN 諸国は，東アジア諸国とは緊密な経済関係を築き上げており，そのような関係が，ASEAN 経済の発展に大きく寄与してきた。ASEAN 諸国のさらなる発展・成長には，東アジア諸国との経済関係を深化させることが重要である。そのためには，ASEAN が積極的に制度面での地域経済統合を牽引していかなければならない。

　東アジアにおける制度面での地域経済統合は ASEAN をハブとして形成されてきているが，実際の推進役は中国，日本，韓国であった。とくに，近年においては，中国と日本が相互にけん制し合いながら，ASEAN を取り込む形で，地域経済統合の枠組みが形成されつつある。ASEAN は自身の経済統合である AEC の 2015 年末の実現に向けてほぼすべてのエネルギーを費やしており，東アジアレベルでの地域経済統合に対しては積極的に推進しているようには見えない。ASEAN としては，第 1 に AEC，その次に RCEP という優先順位を付けているようであるが，ASEAN にとっては AEC で構築されるルールを RCEP でも採用されるようにすることが重要であることから，RCEP 交渉においても先導役を務めるべきである。そのためにも，AEC の早期における創設，ポスト AEC の目標および目標達成のためのブループリントの作成などを早急に進めなければならない。

参考文献

伊藤憲一・田中明彦監修（2005）『東アジア共同体と日本の針路』NHK 出版

浦田秀次郎（2015）「近づく ASEAN 共同体（AEC）創設——実態面での統合は既に進展」本書，総論，文眞堂

浦田秀次郎・石川幸一・水野亮（2007）『FTA ガイドブック 2007』ジェトロ

清水一史（2013）「世界経済と ASEAN 経済統合」，石川幸一・清水一史・助川成也編著『ASEAN 経済共同体と日本』文眞堂

寺田貴（2013）『東アジアとアジア太平洋』東京大学出版会

（浦田　秀次郎）

第 9 章

ASEAN 統合に向けた各国経済の課題
―「中所得国の罠」を巡る議論から考える

1. はじめに

　ASEAN 加盟国は AEC（ASEAN 経済共同体）という経済統合に向けて動くことで，貿易，投資，人の動きなどでの ASEAN 域内での障害を減らし，よりダイナミックな経済活動を目指しているが，その一方で各国経済がそれぞれ抱える課題についても対処していく必要がある。とりわけ，多くの加盟国が直面するのが，中所得国レベルに達した国の経済が伸び悩み，なかなか高所得国に移行できないという足踏み状態からどう脱却するかという問題である。この問題は「中所得国の罠」（Middle Income Trap）と呼ばれ，国際機関を中心にさまざまな議論が交わされている。
　では，どの ASEAN 加盟国が中所得国なのだろうか。世界銀行は世界各国を 1 人当たり所得（GNI）によって低所得国，中所得国，高所得国に分類しており，2015 年の基準によると，低所得国は 2013 年の GNI が 1045 ドル以下の国，中所得国は同じく 1046〜1 万 2745 ドル，高所得国は 1 万 2746 ドル以上である[1]。カンボジアとミャンマーは低所得国に，シンガポールとブルネイが高所得国に分類され，残りの国々が中所得国に該当する（図表 9-1）。
　中所得国の罠の議論の対象になる ASEAN 加盟国は，マレーシア，タイ，インドネシア，フィリピン，ベトナム，ラオスの 6 カ国と，加盟国の過半数がこの問題への対処を迫られている。ちなみに，アジアでは中国やインドも中所得国であり，同様の問題を抱えている。

---

[1] なお，中所得国は低・中所得国（1046〜4125 ドル）と高・中所得国（4126〜1 万 2745 ドル）で構成される。

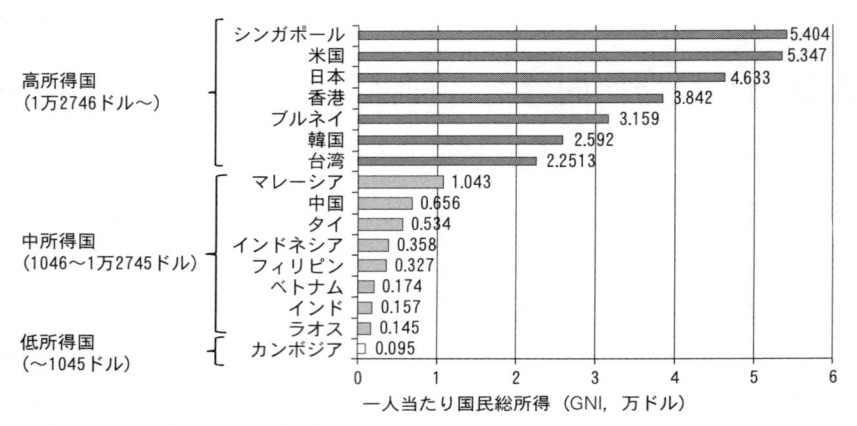

図表 9-1　アジア諸国の所得水準（2013 年）

高所得国（1万2746ドル〜）
- シンガポール　5.404
- 米国　5.347
- 日本　4.633
- 香港　3.842
- ブルネイ　3.159
- 韓国　2.592
- 台湾　2.2513

中所得国（1046〜1万2745ドル）
- マレーシア　1.043
- 中国　0.656
- タイ　0.534
- インドネシア　0.358
- フィリピン　0.327
- ベトナム　0.174
- インド　0.157
- ラオス　0.145

低所得国（〜1045ドル）
- カンボジア　0.095

一人当たり国民総所得（GNI，万ドル）

注：ブルネイは 2009 年のデータ。
出所：世界銀行 World Development Indicators，台湾は行政院主計総処統計資料庫（いずれも 2015 年 2 月 3 日アクセス）。

　ここで，以下のような疑問が生じるかもしれない。ASEAN を含むアジア地域は，アジア通貨危機（1997 年），世界金融危機（2008 年）など幾多の外的ショックに直面したが，それを乗り越えて，近年は世界経済を牽引する成長センターとして期待されてきた。それなのになぜ，ASEAN などアジアの国に対して，「罠」などという否定的な見方で議論されるようになったのだろうか。
　アジアにおける中所得国の罠を巡る議論に火をつけたのは，世界銀行の「東アジアのルネッサンス（An East Asia Renaissance）」（2007 年）[2] と，アジア開発銀行の「ASIA 2050」（2011 年）[3] という 2 つの報告書であった。後者はアジアには 2 つのシナリオがあるとしており，1 つはアジアが 2050 年には世界経済全体の GDP の半分を占めるという「アジアの世紀シナリオ」で，もう 1 つがアジアの 11 カ国が中所得国の罠に陥る「中所得国の罠シナリオ」である。アジアが中所得国の罠シナリオを体験することになると，2050 年の世界経済全体の GDP にアジアが占める割合は 32％にとどまるだけでなく，GDP

---

[2] Kharas and Gill (2007).
[3] Asian Development Bank (2011).

の予想額も差が開く。「アジアの世紀シナリオ」では2050年時点のアジア全体のGDPは148兆ドルが見込まれるのに対し，「中所得国の罠シナリオ」では61兆ドルと，「アジアの世紀シナリオ」の4割の水準でしかない。

過半数の国が中所得国であるASEANにとって，この問題にどう対処するかは大きな共通課題といえる。

以下の節では中所得国の罠とはどのような状況を指し，その原因や解決策を議論していく。まず，次節でASEAN中所得国の経済状況を簡単に一覧し，3節以降で中所得国の罠を巡る論点を議論する。

2. ASEAN 中所得国の経済状況

2000年から，世界金融危機が発生する直前の2007年までの8年間におけるASEAN各国（インドネシア，タイ，マレーシア，フィリピン）の経済成長は，年平均で約5％と似たような成長率を記録しており，ベトナムはさらに高い成長（年平均6.9％）を実現していた。しかし，世界金融危機はASEAN諸国に異なる影響を与え，輸出依存度の高いマレーシアとタイ，そして海外からの送金への依存度が高いフィリピンは欧米諸国の経済が低迷したために，成長率が大きく低下した。2009年にマレーシアとタイはマイナス成長となり，フィリピンも1％台にまで成長率が落ち込んだ。その一方で，欧米諸国への輸出依存度がそれほど高くないインドネシアやベトナムはそれほど落ち込まなかった。2010年にはその反動もあってASEAN各国は6-7％という高い成長を実現したが，同年をピークに2013年は低い成長率にとどまっている。こうした経済成長率の低下傾向が，中所得国の罠への懸念を生む原因の1つになっている。

2015年2月時点での2014年，2015年の予測を見ても，インドネシアに関するADBの予測以外は，いずれの国の成長率も2010年の水準を超える見通しではない。したがって，2010年を基準にするならば，全体的な低下傾向が続くことになる。世界の成長センターとしての期待にこたえるような実績を残せるかどうかが焦点となる。

図表 9-2　ASEAN諸国と韓国・台湾の成長率

	実績値							予測値					
	2000-2007年	2008年	2009年	2010年	2011年	2012年	2013年	2014年			2015年		
								IMF	WB	ADB	IMF	WB	ADB
インドネシア	5.1	6.0	4.6	6.2	6.5	6.3	5.8	5.2	5.2	6.4	5.5	5.6	6.7
マレーシア	5.1	4.8	-1.5	7.4	5.2	5.6	4.7	5.9	5.7	3.3	5.2	4.9	3.6
フィリピン	5.0	4.2	1.1	7.6	3.7	6.8	7.2	6.2	6.4	4.4	6.3	6.7	4.1
タイ	5.1	2.5	-2.3	7.8	0.1	7.7	1.8	1.0	1.5	2.1	4.6	3.5	2.3
ベトナム	6.9	5.7	5.4	6.4	6.2	5.2	5.4	5.5	5.4	4.2	5.6	5.5	5.5
韓国	4.9	2.8	0.7	6.5	3.7	2.3	3.0	3.7		2.0	4.0		2.4
台湾	4.2	0.7	-1.8	10.8	4.2	1.5	2.1	3.5		1.4	3.8		1.5

出所：実績値については，台湾はIMFのWorld Economic Outlook Database, October 2014 edition, それ以外はWorld Bank, World Development Indicators on line（2015年2月5日アクセス）。予測値については，IMFはWorld Economic Outlook Database, October 2014 edition, WB（世界銀行）はEast Asia and Pacific Economic Update, October 2014, ADB（アジア開発銀行）はAsian development Outlook Supplement, December 2014.

図表9-3は成長率以外の経済指標を示したもので，同じ中所得国といっても，経済規模や構造などを比べると，差があることがうかがえる。1人当たりGDPではマレーシアはベトナムの6倍であり，経済規模（GDP）ではインドネシアはベトナムの5倍，フィリピンの3倍である。人口ではインドネシアが約2億5000万人と圧倒的に多く，フィリピン，ベトナムが続いている。人口の年齢構成が比較的若いので将来的な労働力の増加が見込まれるが，雇用機会がきちんと創出されないと，大量の失業者が生まれる恐れもあり，雇用増につながる経済・産業政策が重要になる。対外経済関係（輸出と対内直接投資）に関しては，マレーシア，タイ，ベトナムは対外依存度が高く，輸出や対内直接投資が拡大すれば生産・雇用の拡大や生産性の向上を通じて経済成長への貢献が期待される。対外依存度が低いインドネシア，フィリピンは輸出と対内直接投資を拡大させるような政策の策定・実施が求められる。

　高等教育就学率と研究開発支出は，いずれも中所得国の罠からの回避を考える上で重要な生産性の向上につながる。高等教育就学率はマレーシアとタイが比較的高く，研究開発支出もマレーシアの水準が比較的高い。

　なお，EODB（Ease of Doing Business）指標は，ビジネス環境が優れて

2. ASEAN 中所得国の経済状況　211

図表 9-3　ASEAN 諸国の経済指標

	GDP	一人当たり GDP	人口	対 GDP 比率(%) 投資	貯蓄	輸出	対内投資	インターネット普及度	電力消費量	高等教育就学率	研究開発支出	EODB 指数
	2013年	2013年	2013年	2013年	2013年	2013年	2013年	2013年	2011年	2012年	2011年	2013年
インドネシア	868.3	3,475	249.9	31.7	31.6	23.7	2.7	15.8	680	31.5	0.083b	117
マレーシア	313.2	10,538	29.7	26.9	35.4	81.7	3.7	67.0	4,246	36.0a	1.065	20
フィリピン	272.1	2,765	98.4	20.5	15.6	27.9	1.3	37.0	647	28.2b	0.110c	86
タイ	387.3	5,779	67.0	26.7	32.5	73.6	3.3	28.9	2,316	51.4	0.251b	28
ベトナム	171.4	1,911	89.7	23.8	30.7	83.9	5.2	43.9	1,073	24.6	0.178d	72
韓国（参考）	1,304.6	25,977	50.2	29.7	34.1	53.9	0.9	84.8	10,162	98.4	4.039	5

注：単位は GDP：10 億米ドル、1 人当たり GDP：米ドル、人口：100 万人。インターネット普及度：100 人当たりの使用者数、電力消費量：1 人当たり使用量（キロワット時間）、高等教育就学率：粗就学率：GDP に占める割合（％）。EODB Index: Ease of Doing Business Index 189 カ国中のランキング。なお、a は 2011 年、b は 2009 年、c は 2007 年、d は 2002 年のデータ。
出所：World Bank, World Development Indicators on line（2015 年 2 月 19 日アクセス）

いるかどうかを順位であらわしたものである。マレーシアとタイの順位は189カ国中20位，28位と比較的高く，ビジネス環境が整っていることを示している半面，ベトナム，フィリピン，インドネシアは70位以下に位置している。

3. 中所得国の罠とは[4]

本節では，中所得国の罠の定義をした上で，世界全体の中所得国がどのような発展を示したのかを概観する。中所得国の罠と定義されるものには主に2種類があり，1つが所得水準から見たもので，もう1つが成長の停滞としてとらえたものである。

3.1 所得水準からみた中所得国の罠

中所得国にはなったが，高成長を長期間にわたって維持できず，なかなか高所得国へ移行できない状況を，所得水準から見て中所得国の罠に陥ったと定義する (Kharas and Kohli 2011)。別の角度から議論すれば，中所得国の罠に陥った国が直面するのは，工業製品の競争において，価格面では低所得国に敗れてしまい，高度人材を必要とするようなイノベーション面では高所得国に及ばないという挟み撃ちの状態といえる。

IMF (2013) では1人当たりGDPが購買力平価ベースで3000ドルに達した後，成長する国と停滞する国があることを分析している[5]。ある所得に達した時点を基準に，その後，どこまで所得が上がったのかを確認したうえで，罠にはまったかどうかを判定するという考え方である。例えば，1人当たりGDPが3000ドルに達した後，30年たっても1万ドルの大台に乗せることができないのであれば，罠にはまっていると考える。IMF (2013) では罠にはまらなかった成功組が台湾，韓国であり，罠にはまった停滞組としてブラジル，

---

[4] 本節の記述は浦田 (2013)，山澤 (2013) による。
[5] 中所得国の罠を議論する際，中所得国の尺度として1人当たりGDPが使われることもあるが，1人当たり所得が2万ドル程度までの国であれば，1人当たりGDPと1人当たりGNIは線形関係に近似できる (山澤 2013)。

図表 9-4　2000 ドルに達した後の各国の所得水準の推移

分類	国
30 年目までに 1 万ドルに到達	台湾 (25 年)，韓国 (24 年)
1 万ドルに到達したそれ以外の国	セントクリストファー・ネイビス (34 年)，マレーシア (35 年)，ボツワナ (36 年，その後減少)，ルーマニア (44 年，その後減少)，パナマ (49 年)
60 年以上 1 万ドルに未到達	ニカラグア
50 年以上 60 年未満　〃	ブラジル，ドミニカ
40 年以上 50 年未満　〃	シリア，チュニジア，フィジー
30 年以上 40 年未満　〃	スワジランド，フィリピン，タイ，モンゴル，モロッコ，コンゴ
20 年以上 30 年未満　〃	エジプト，インドネシア，モルディブ
10 年以上 20 年未満　〃	スリランカ，ボスニアヘルツェゴビナ，アルメニア，中国，ブータン，ケープベルデ
2000 ドルに到達して 10 年未満	インド，ベトナム，パキスタン，ウズベキスタン，ラオス，スーダン，キルギスタン，ガーナ

注：単位は 2005 年購買力平価基準のドル。網掛けは ASEAN 加盟国と中韓台。Penn World Table (PWT7.1) を使用して分類。
出所：山澤 (2013)

メキシコ，ペルーを挙げる。

　中所得国の下限については，購買力平価ベースで 3000 ドルよりももっと低い同 2000 ドルとする文献も多いので，1 人当たり GDP (2005 年購買力平価基準)[6] が 2000 ドルに達した後の各国・地域の所得の動きを図表 9-4 に示した。

　図表 9-4 では，データの開始時期が 1950 年のため，その時点で 2000 ドルに達していた日本や欧米の先進国などは，含まれていない。2000 ドルに達して中所得国になった後で，高所得国に移行したかどうかについては，先行研究で最も低い水準である 1 万 1750 ドルよりも低い 1 万ドルを基準にして，その水準に達したかどうかで分類した。

　図表 9-4 に示したように，アジア，中南米，中・東欧の中所得国のなかで，1 人当たり GDP が 2000 ドルに達した後，30 年以内に 1 万ドルに達したのは，台湾と韓国だけである。

6　データは Penn World Table (PWT7.1)。

3.2 成長の停滞としての中所得国の罠

　所得が一定水準に達したかどうかではなく，成長が停滞する状態が続いたかどうかで罠にかかったかどうかを判断するアプローチを考えてみる。この考え方にたつ Eichengreen et. al (2013) によると，経済成長の停滞が起きるのは1人当たりGDPが1万-1万1000ドル（2005年購買力平価基準）辺りか，1万5000-1万6000ドル（同）辺りになった時だと結論付けている[7]。注7に挙げた3つの条件をベースにASEAN各国についても議論を進めたいところだが，3つの条件をすべて満たすのは最近のマレーシアだけなので，対象国を広げるために，注7の条件のうち①と②のみに絞って，成長率の停滞があったかどうかを調べた。その際，対象国は日本，NIEs（新興工業経済群），ASEANとした。

　シンガポールは1974年に，香港は1977年に，それぞれ1人当たりGDPが1万ドルを超えるが，1万ドル超えの周辺で停滞している。同様に，韓国と台湾も，それぞれ1989年，1987年に1万ドルを超えた後，1990年代に入ってから成長の停滞を経験した。一方，ASEAN各国はどうかというと，マレーシアとフィリピン，インドネシアが1970年代に停滞を経験しており，90年代にもマレーシア，タイ，インドネシアが停滞に陥っている。これに対し，ベトナムはデータがそろっている1977年以降では高成長が続いており，まだ停滞は経験していない。

　なお，ASEANの中所得国のなかで，マレーシアは2004年に1万ドルに達しており，Eichengreen et. al (2013) が示すように，先達であるNIEsなど他国の経験則を踏まえると，今後停滞に陥る可能性も考えられる。

7　Eichengreen et. al (2013) では，停滞の条件として以下の3つをすべて満たす場合とする。すなわち，ある時点tから前後7年間の1人当たりGDPの平均成長率を計算し，①前半の平均成長率が3.5%以上，②後半の平均成長率が前半の平均成長率より2%ポイント以上低い，③t期の1人当たりGDPは1万ドル以上（2005年購買力平価ベース，以下「1万ドル基準」を呼ぶ）――である。

4. 中所得国の罠に陥る原因[8]

では，なぜ，多くの国が中所得国の罠に陥るのであろうか。Kharas and Kohli（2011）などはその原因として，低所得国から中所得国への成長した後でも，低所得国時代に依拠した成長戦略を継続するために，中所得国という異なる成長ステージで直面する課題にうまく対応できないことを指摘する。

低所得国から中所得国への移行は，労働や資本などの生産要素を低生産部門から高生産部門へと移動させることで実現することが多い。具体的には，農村で農業に従事していた余剰労働者が都市部の工業部門に移動したり，国内部門から輸出部門に移動したりすることで成長の原動力としてきた。

しかし，このような低賃金労働力を効率的に活用して競争の原動力とするかつての発展戦略は，中所得国に成長ステージが移行するのに伴って，うまく機能しなくなる。余剰労働力が消滅し，賃金が上昇するためである。また，産業構造・労働市場構造が製造業からサービス業へと比重を徐々に移していくのに伴い，低賃金労働力に依拠した低価格品を中心とした輸出主導型の戦略も効力を失ってしまう。そのような戦略は低所得国が得意とするもので，成長ステージを進んできた中所得国は，もはやかつての自分（低所得国）との競争には勝てなくなる。

中所得国から高所得国へと移行するに当たって求められるのは，生産面では高付加価値化とサービス化の推進であり，その際，市場の需要を重視する姿勢である。輸出を例に取ると，低賃金労働力を使って低コストで生産することよりも，新しい技術の導入や新製品の開発を通じて，より競争力のある製品の生産・供給能力を磨くとともに，新たな需要・市場の開拓を進めることも必要になる。当然，輸出先の消費者の嗜好を汲み取り，商品の質を向上させることが求められる。

---

8 この節の記述は主に浦田（2013）による。

5. 中所得国の罠を回避する方法[9]

　中所得国の罠に陥る原因の議論から，その回避のためには構造的な改革が求められることは明らかであろう。前門の途上国，後門の先進国との競争に耐えながら成長していくには，生産性の向上をはじめとして，中所得国という発展ステージに適した成長戦略が不可欠である。

　例えば，Kharas and Kohli（2011）では3つの変化の必要性を強調する。第1に，生産の多様化から特化への転換，第2に，生産要素投入型成長から生産性上昇型成長への転換，そして第3に中央集権的な制度から分散型の制度への移行である。

　とりわけ，2番目の生産性の上昇，すなわち全要素生産性（TFP）を引き上げることができるかどうかは，持続的な経済成長を実現する上で焦点となる。それには，研究開発や技術革新，競争の促進などが重要になり，科学者や技術者などの高度人材が重要な役割を担うことになる。高度な人材の調達は国内からと海外からの2つのルートが考えられるが，国内の場合は高等教育機関によって高度人材を育成することが求められよう。海外から人材を招く場合は，その知識や経験がきちんと評価されるとともに，それらを吸収する現地人材を増やしていくとともに，研究開発の環境を整備する努力も必要となる。

　製造業の発展ということを考えれば，工程間分業を支える生産ネットワークの拡大・拡充の活用の仕方も，さらに改善していく必要がある。従来は，部品などの中間財を効率よく生産・供給し，中国などの最終工程で組み立てることで，低価格の製品を高効率で生産していたが，付加価値という側面から見れば最終製品の付加価値はあまり高くなかった。今後は，それぞれの工程でより付加価値を高めるとともに，最終製品の付加価値も高めて供給する方向に舵を切ることが求められる。

　また，競争力のあるサービス部門は生産ネットワークの円滑な運営を可能に

9　この節の記述は主に浦田（2013）による。

するだけでなく，製造業の高付加価値を促す効果も期待できる。つまり，サービス部門の発達は経済全体の効率性の向上にもつながるわけで，サービス部門の発達を阻害するような規制（例えば参入制限など）などは積極的に緩和を進めることが重要となる。

　以上のような課題を解決する上で，国内での取り組みはもちろんだが，他の国々との協力を進めることも，実効性のある取り組みを実現する上で肝要であろう。その意味では，地域協力の推進も，中所得国の罠を回避する上で，無視できない必要な手段となる。例えば，ASEANが現在進めているAECの構築は，透明性の高い自由で開放的な制度の構築やインフラの整備，ヒトの移動を円滑化したり，人材を育成するなどの課題の解決を考える際，有効な対応の1つとなりえよう。

6. 高所得国の教訓[10]

　20世紀後半に急速な経済成長を遂げて，高所得国グループの仲間入りを果たしたNIEsは中所得国からみて，目標とされることが多い（NIEsはシンガポール，香港，韓国，台湾を指すが，シンガポールと香港は都市経済という特殊性があるため，以下では韓国と台湾に焦点を当てる）。確かに，韓国や台湾の1人当たりGDPはASEAN各国を上回っており，中所得国の罠を回避した成功体験の持ち主のように見える。しかし，ASEANの中所得国が中所得国の罠の回避を目指す際，韓国や台湾の経験を参考にしようとする場合には，以下の3点に考慮する必要がある。

　第1に韓国・台湾が経験した発展プロセスは他国でも応用可能な要因によるものかどうか。第2に韓国・台湾は中所得国の罠に陥らなかった例外的な優等生なのか，それとも，それを体験しながらも高所得国に移行したのか。第3に，韓国・台湾は中所得国の罠をうまく切り抜けたとして，その後も順風満帆なのか，ということである。

10　この節の記述は主に可部（2013a）による。

まず，韓国・台湾の発展プロセスが普遍的なものかどうかだが，高貯蓄・高投資・高い貿易自由度・強力な人的資本など，基本的には他国にも適用可能な要因が原動力となっており，後発性の利益を生かして軽工業から重工業へのシフトを急速に進めた。但し，韓国・台湾と同様の急速な発展が実現できるかどうかについては異論も多く，発展の初期段階で農地改革が進み，所得格差が縮小したなどの韓国・台湾特有の事情や両者を取り巻く当時の国際環境などが，突出して高い成長率の実現に寄与した可能性もある[11]。

次に，韓国・台湾は中所得国の罠に陥らなかった優等生だったのかという点についてだが，3.2項で述べたように，いずれも停滞を経験しており中所得国の罠を経験した。しかし，足踏みをした後で，それを乗り越えて高所得国へと移行している。ここで重要なのは，Eichengreen et al. (2013) が指摘するように，罠が複数の成長段階に存在するのであれば，罠そのものを避けるのは難しくなるであろうという点である。むしろ，罠にはまることを避けることが重要なのではなく，発想を転換して，罠に陥る可能性を踏まえながら，いかにそれに対処していくかを想定した政策の展開がより重要となろう。

第3に，韓国・台湾は中所得国の罠をうまく切り抜けたとして，その後も順風満帆なのか，について考える。言い換えると，ASEANが将来目標として韓国・台湾を見る視点と，韓国・台湾が歴史を遡って振り返った場合の視点は同じなのか，ということである。

韓国・台湾は急速な経済発展を遂げたが，いかに急速であったかは，日本より遅れて重化学工業化に取り組んだにもかかわらず，日本を上回る速度で軽工業から重工業へのシフトを進めたことからもうかがえる[12]。その経済成長を支えた産業構造の変化の速度に着目した渡辺 (1982, 2001) は，韓国・台湾は日本などの経験を「圧縮」して経済発展を実現したと論じる。韓国・台湾の急速な成長過程は，中所得国の罠を乗り越えて高所得国の水準への移行につながったと考えられるが，急速であったがゆえに，負の影響も伴った。1つは韓国に

---

11 例えば，趙 (2005) は，1950年代の米国の経済援助，世界的な自由貿易制度，労働集約的な製品に対する先進国の大きな需要といった戦後の韓国をとりまく国際環境がなければ，韓国のような後発組にとって，経済発展は不可能だったと論じている。
12 ホフマン比率（軽工業部門付加価値／重化学工業部門付加価値）は日本を上回る速度で低下した（渡辺 2001）。

おいてアジア金融危機の時に顕在化した制度の健全性と安定性に関する問題である。政府と財閥，金融が三位一体で急速な経済成長を進めたため，3者間の行動にチェック機能が働かず，経済活動全体に非効率と不公正を生み，危機につながった。

　もう1つの負の影響は，社会制度・家族面で生じたもので，韓国・台湾の両者に共通する。急速な経済発展を背景に，女性の高学歴化・雇用労働力化が進み，労働市場における女性の活躍の場が広がっていったが，変化のスピードがあまりにも速いため，働く女性の育児・家庭生活と就業の両立を支える社会環境の整備がなかなか追いつかない。図表9-5はOECD諸国と台湾を対象に，女性の労働力率と合計出生率（TFR）の関係を示したもので，正の相関は，出産・育児などの面で，働く女子を支えるための社会環境・制度の存在が示唆される。しかし，韓国と台湾は正の相関線から下方（TFRが低い方）に離れており[13]，就業と子どもの養育を両立させる環境が，OECD諸国に比べて，遅れている可能性が考えられる。

　相馬（2012）は韓国で出生率の低下や家族形成の多様化（離婚や国際結婚などの増加）が起きている実情を踏まえ，家族に関しても「圧縮的」な変化が起

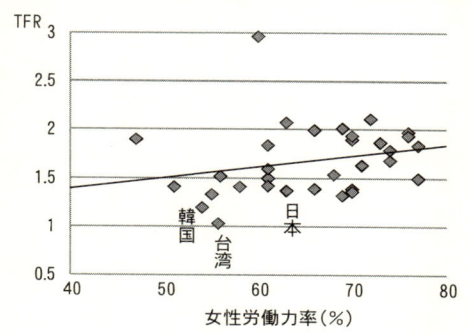

図表9-5　OECD31カ国と台湾の女性労働力率とTFR（2009年）

出所：可部（2013b）。

---

[13]　2013年の合計出生率（TFR）をみると，韓国（1.187）と台湾（1.065）はいずれも，1.3を下回る（ちなみに日本は1.43）。TFRが1.3を下回る水準は，"lowest of low fertility" と呼ばれ，極めて低い水準である。

きていると指摘するが，経済面や社会面における変化が圧縮的であればあるほど，社会制度の変化が追いつくのは難しくなる。経済水準の上昇，働き方の変化，圧縮的な家族形成の変化の一方で，社会制度などは緩やかな変化にとどまる結果，さまざまなギャップが生じることになる。そのギャップによる負の影響は，個人や世帯というミクロレベルで抱えやすくなってしまう。

　韓国・台湾が中所得国の時点で予想していなかった社会経済面での困難に直面しているとすれば，それが中所得国の罠と同質ではないとしても，高所得国の段階で待ち構えるリスクとして視野に入れておくことは有用であろう。韓国・台湾のケースを踏まえれば，ASEAN の中所得国が将来，少子化や労働力不足などに悩まされる可能性が考えられるため，女性の働き方をどうサポートするかという点についても考慮しながら中長期的な成長戦略を進めることが求められる。

参考文献

Asian Development Bank（2011）*Asia 2050: Realizing the Asian Century*, edited by Harinder S.Kohli, Ashok Sharma, and Anil Sood, Sage Publications India Pvt.Ltd., New Delhi, India
Eichengreen, Barry, Donghyun Park, and Kwanho Shin（2013）"Growth Slowdowns Redux: New Evidence on the Middle-Income Trap," *Working Paper 18673*, National Bureau of Economic Research
IMF（2013）"World Economic and Financial Surveys Regional Economic Outlook: Asia and Pacific Shifting Risks, New Foundations for Growth"
Kharas, Homi and Harinder Kohli（2011）"What is the Middle Income Trap, Why do Countries Fall into it, and How Can it Be Avoided?" *Global Journal of Emerging Market Economies* 2011 3: 281, Published by Sage on behalf of Emerging Markets Forum. http://eme.sagepub.com/
Kharas, Homi and Indermit Gill（2007）*An East Asian Renaissance: Ideas for Economic Growth*, The World Bank
浦田秀次郎（2013）「ASEAN 経済の課題―中所得国の罠を巡る議論の高まり」，日本経済研究センター編『ASEAN 経済と中所得国の罠』1-22 ページ
可部繁三郎（2013a）「アジア NIEs の発展と含意―高所得国にも罠，多面的検証が必要」，日本経済研究センター編『ASEAN 経済と中所得国の罠』165-188 ページ
―――（2013b）「台湾の少子化と子育て支援環境」『人口学研究』49 号，47-62 ページ
相馬直子（2012）「圧縮的な家族変化と子どもの平等：日韓比較を中心に考える」『人口問題研究』68-3，85-104 ページ
趙淳（2005）『韓国経済発展のダイナミズム』法政大学出版局
山澤成康（2013）「データで検証する中所得国の罠―脱却のカギは「制度」の整備」，日本経済研究センター編『ASEAN 経済と中所得国の罠』23-45 ページ
渡辺利夫（1982）『現代韓国経済分析』勁草書房

―――(2001)『開発経済学入門』東洋経済新報社。

(可部　繁三郎)

索　引

欧文

ACIA　89
ASEAN 経済共同体（AEC）　57, 61, 69, 119,
　　145, 147, 166, 167
　――＋1 FTA　200
　――＋3　196
　――＋6　191
　――-X 方式　35
　――域内貿易シェア　51, 68
　――移民労働者委員会（ACMW）　130
　――共同工業プロジェクト（AIC）　11
　――経済共同体（AEC）　1, 47, 101
　――憲章　13
　――工業合弁事業（AJIV）　12
　――工業補完協定（AIC）　11
　――高速道路ネットワーク（AHN）　39
　――国家間輸送円滑化枠組み協定
　　（AFAFIST）　39
　――サービス枠組協定（AFAS）　13, 32, 89
　――産業協力スキーム（AICO）　12
　――資格参照枠組み　38
　――自然人の移動協定（AMNP）　38
　――自由貿易地域（AFTA）　12, 47, 48
　――新規加盟国　4
　――シングル・ウィンドウ（ASW）　30
　――先行加盟国（ASEAN6）　1
　――戦略的交通計画（ASTP）　174, 184
　――第2協和宣言　13, 20
　――通過貨物円滑化枠組み協定（AFAFGIT）
　　39
　――投資地域（AIA）　13
　――特恵貿易協定（PTA）　11
　――日本人商工会議所連合会（FJCCIA）　27
　――の域内貿易シェア　52
　――ビジョン2020　13, 20
　――複合一貫輸送枠組み協定（AFAMT）　39
　――物品貿易協定（ATIGA）　12, 26
　――ブループリント　19
　――包括的投資協定（ACIA）　36, 88
　――連結性マスタープラン（MPAC）　14, 23,
　　26, 41, 174
AFAS　91
AFTA　49
　――（ASEAN 自由貿易協定）　81
BIMP-EAGA　175
CBTA　181, 182
CIMB　109, 110, 111
　――グループ・ホールディングス　108
EPA（経済連携協定）　22
ERIA　173, 183
GSM　184
IHH ヘルスケア　116, 117, 98
LPI　170
MPAC　184, 185
NIEs　149, 214, 217
NSW　185, 186
RoRo　174, 185, 187, 189

和文

【ア行】

アーリーハーベスト　201
アジア欧州会議（ASEM）　198
アジア開発銀行（ADB）　16
アシアタ　112, 113, 114
　――・グループ　111
アジア太平洋経済協力（APEC）　198
アジア太平洋圏　198
アジア通貨危機　3
域内貿易結合度　52
域内貿易シェア　48, 49
移住労働者　123, 129, 139, 140
　――数　124
　――の権利　140
市場経済　3

索 引

移民労働者　121, 123, 127, 127, 128, 130, 131, 131, 135, 136, 137
　——権利　130
　——数　136
　——政策　123, 127, 142
　——の権利　140, 142
インドネシア・マレーシア・タイ成長の三角地域（IMT-GT）　172
インドフード・スクセス・マクムル　115
インドラマ・ベンチャーズ　94
受入国　121, 123, 125, 126, 129, 130, 131, 132, 141, 142
　——の移民労働者政策　123
エアアジア　103, 104, 105, 106, 107
越境交通協定（CBTA）　175
欧州連合（EU）　191
覚書　127, 128, 136, 137, 139, 141
オラム・インターナショナル　95

【カ行】

外国人労働者　121, 124, 125, 126, 127, 128, 129, 132, 133, 135, 137, 139, 141, 142
　——数　132, 133, 134, 135
　——総数　126
カザナ・ナショナル　107, 110, 114
家事労働　133, 134, 136, 137
　——者　121, 138
ガバナンス　15
カルベ・ファルマ　115
観光者　145, 146, 147, 148, 149, 151, 152, 154, 155, 156, 157
韓国　126, 131
関税番号変更基準　28
環太平洋パートナーシップ（TPP）　204
競争力のある経済地域　19, 21
共通効果特恵関税制度（CEPT）　12
共同市場　21
漁業　121, 136, 137
グローバルな経済への統合　19, 21
経済成長　214, 216, 217, 218, 219
経済地理シミュレーションモデル（GSM）　183
経済統合　1
経済発展戦略　11
原産地規則　28

建設　142
　——業　121, 133, 134, 136, 137
権利　123, 139, 140
高所得国　7, 207, 212, 213, 215, 217, 218, 220
高中所得国　7
高等教育　146, 158, 159, 160, 162, 163
高度人材　121, 127
後発性の利益　218
公平な経済発展　19, 21
国内総生産（GDP）　6
国家間輸送円滑化枠組み協定　24

【サ行】

サービス　122, 141
　——業　133, 134, 136
　——貿易　146, 163
サイム・ダービー　94
自己証明制度　29
指定越境輸送路（Designated Transit Transportation Routes：TTR）　40
社会主義計画経済　3
社会文化共同体（ASCC）　13
15%柔軟性条項　32, 34
自由職業サービスの資格の相互承認取決め（MRA）　37
熟練労働者　16, 122, 132, 145, 146, 167
所得格差　11
ジョリビー・フーズ　115
シンガポール・テレコム（シングテル）　111, 114
シンガポール昆明鉄道（SKRL）　39, 41
人権　143
　——保障　127, 130
スコアカード　24
　——（採点表）　14
頭脳流出　167
税関業務円滑化　29
生産性　216
生産ネットワーク　7
政治安全保障共同体（APSC）　13
製造業　133, 134, 136, 140
制度的連結性　23
世界銀行　10
世界金融危機　3
世界貿易機関（WTO）　200

224　索　引

セメン・インドネシア　115
相互認証　162, 167
送出国　121, 123, 125, 126, 126, 127, 128, 130, 131, 134, 139, 141, 142

【タ行】

タイ＋1　171, 179, 181, 189
タイ・ビバレッジ　98
タイ・ユニオン・フローズン・プロダクツ　94
（第1）認定輸出者（certified exporter）自己証明制度　29
（第2）認定輸出者自己証明制度　29
対外直接投資　193
対内直接投資　2, 193
太平洋自由貿易地域（PAFTA）　198
大メコン圏（GMS）　172
台湾　126, 141
多国籍企業　2
単位互換　162
単一海運市場（ASEAN Single Shipping Market：ASSM）　42
単一航空市場（ASEAN Single Aviation Market：ASAM）　42
単一の市場と生産基地　19, 20, 21
地域経済協力　11
チェンマイ・イニシャティブ　199
チャンドラー　117
中国・ASEAN FTA　201
中所得国　207, 209, 212, 213, 215, 216, 220
　──の罠　10, 207, 208, 209, 210, 212, 214, 215, 216, 217, 218, 220
中東　126, 139
通過貨物円滑化枠組み協定　24
低熟練および非熟練労働者　123, 127, 129, 134
低熟練労働者　122
低所得国　7, 207, 212, 215
停滞　212, 214, 218
東西経済回廊　170, 175, 177, 178, 179, 181, 182
投資家と国の紛争解決（ISDS）　36
投資前の内国民待遇　36
投資留保分野　36
特恵関税制度　11
トップ・グローブ　94
ドン・A・シップビルディング・インダストリー　116
トンブリ病院グループ　116

【ナ行】

ナショナル・シングル・ウィンドウ（NSW）　30, 174
2007年移民労働者の権利の保護と促進に関するASEAN宣言　129, 130, 139
農業　121, 133, 134, 136, 137

【ハ行】

ハウザン製薬　116
ハノイ行動計画　13
パフォーマンス要求　36
バンコク・チェーン・ホスピタル　117
バンコク・ドゥシット・メディカル・サービス　117
ビエンチャン行動プログラム　13
東アジア
　──・ASEAN経済研究センター（ERIA）　16, 172
　──経済グループ（EAEG）　198
　──・サミット　199
　──自由貿易圏（EAFTA）　203
　──・スタディ・グループ　199
　──地域包括的連携（RCEP）　204
　──・ビジョン・グループ　199
　──包括的経済連携（CEPEA）　203
非関税障壁（NTB）　26, 27
非関税措置（NTM）　27
非熟練移民労働者　136
非熟練労働者　16, 122, 140, 145
ビッグC・スーパーセンター　98
人と人の連結性　23
人の移動　145, 146, 151
フェルナンデス（トニー）　104, 106, 107
フォームD　29, 30
付加価値基準　28
複合一貫輸送枠組み協定　24
物的連結性　23
物流パフォーマンス指標（LPI）　169
船積み前検査　27
ブランド別自動車部品相互補完流通計画（BBC）　12

ブループリント（工程表）　14
ブルネイ・インドネシア・マレーシア・フィリピンの東ASEAN成長地域（BIMP-EAGA）　172
ホアン・アイン・ザーライ　116
貿易の技術的障害　27
香港　126, 131, 139

【マ行】

メディカルツーリズム　146, 153, 164, 166

【ヤ行】

優先主要措置　19, 24
ユニバーサル・ロビーナ　115
輸入禁止および数量規制　27
輸入代替化政策　11

【ラ行】

ラッフルズ・エデュケーション　95
利益の否認　36

執筆者紹介

編著者

浦田 秀次郎	日本経済研究センター特任研究員	（総論，第8章）
	早稲田大学大学院アジア太平洋研究科教授	
牛山 隆一	日本経済研究センター主任研究員	（第4章）
可部 繁三郎	日本経済新聞社 NAR 編集部シニアエディター	
	（前日本経済研究センター主任研究員）	（第6章，第9章）

著者（執筆順）

石川 幸一	亜細亜大学アジア研究所教授	（第1章）
岡部 美砂	和歌山大学経済学部准教授	（第2章）
小林 公司	みずほ総合研究所アジア調査部上席主任研究員	（第3章）
山田 美和	日本貿易振興機構アジア経済研究所	（第5章）
	新領域研究センター	
	法・制度研究グループ 研究グループ長	
磯野 生茂	日本貿易振興機構アジア経済研究所	（第7章）
	新領域研究センター	
	経済統合研究グループ 研究員	

ASEAN 経済統合の実態

2015年9月1日 第1版第1刷発行　　　　　　　　　　検印省略

編著者　浦田　秀次郎
　　　　牛山　隆一
　　　　可部　繁三郎

発行者　前野　隆
　　　　東京都新宿区早稲田鶴巻町533

発行所　株式会社 文眞堂
　　　　電話 03（3202）8480
　　　　FAX 03（3203）2638
　　　　http://www.bunshin-do.co.jp
　　　　郵便番号 162-0041　振替00120-2-96437

印刷・モリモト印刷　製本・イマキ製本所
© 2015
定価はカバー裏に表示してあります
ISBN978-4-8309-4868-8　C3033

【好評既刊】

ASEAN経済共同体の実像と将来。
ASEAN 大市場（メガ）統合と日本 TPP時代を日本企業が生き抜くには

深沢淳一・助川成也 著
ISBN978-4-8309-4838-1／C3033／A5判／292頁／定価2200円＋税

2000年代，日本，中国，韓国，そしてインド，豪NZがASEANを巡りFTAの主導権争いが展開された。通商環境が激変する中，日本企業は東アジア戦略の舵をどう切り，今後どう展開していくべきなのかを分析。ASEAN経済共同体（AEC）の死角から東アジア大統合の展望まで全てわかる。ビジネス関係者，学生，研究者から政府関係者まで必読の1冊。

東南アジアのエネルギーの最新情報満載！
東南アジアのエネルギー 発展するアジアの課題

武石礼司 著
ISBN978-4-8309-4825-1／C3033／A5判／174頁／定価2000円＋税

好調な経済の下，発展を遂げてきた東南アジアの10カ国は，アセアンを形成して域内協力を深めており，日本にとって，ますます重要な国々となっている。アセアン10カ国は，歴史，人口，気候，宗教，資源，産業も大きく異なり，エネルギー需給への取り組みと政策も実に多様である。最新の現地情報を盛り込み，アセアンの現状と今後を解説する。

2015年，世界の成長センターASEANが巨大統合市場に！
ASEAN経済共同体と日本 巨大統合市場の誕生

石川幸一・清水一史・助川成也 編著
ISBN978-4-8309-4778-0／C3033／A5判／238頁／定価2600円＋税

2015年，ASEAN経済共同体（AEC）が創設される。完成すれば中国やインドにも対抗する経済圏となり，日本と日本企業にとっても最重要の地域となる。日本とASEANとの関係は40年を迎え，ASEANとの経済関係を戦略的に見直す時期に来ている。各分野の専門家が統合への進展状況，課題，実現への展望などを検討，2015年末のASEANの姿を描く。

201X年，日本の投資はどこへ向かうのか？
ASEANシフトが進む日系企業 統合一体化するメコン地域

春日尚雄 著
ISBN978-4-8309-4772-8／C3033／A5判／212頁／定価2400円＋税

近年の状況を見ると，海外進出企業は集中のメリットを優先し，リスク分散をはかる必要を軽んじていた感がある。日本企業はASEANとりわけメコン地域への投資の比重を増やす行動が起きつつある。本書では一大経済圏となりつつあるGMS（拡大メコン経済圏）で，日系グローバル企業を中心に産業の集積と分散がどのように起きているかを論じている。

メガFTA，今後の展望をも図る最新版！

メガFTA時代の新通商戦略 現状と課題

石川幸一・馬田啓一・高橋俊樹 編著

ISBN978-4-8309-4870-1／C3033／A5判／276頁／定価2900円＋税

メガFTA時代に日本企業の強みをどう活かしていくか。本書は，メガFTAによって変容する通商秩序の行方を見据えながら，グローバル化するサプライチェーンの実態と，東アジアのFTAが日本の経済と企業に与える影響を検証しつつ，メガFTA時代の新たな通商戦略の現状と課題を様々な視点から考察。今後の展望をも図る最新版。

持続的発展の為の実態分析，政策提言を試む！

東アジア経済と労働移動

トラン・ヴァン・トウ／松本邦愛／ド・マン・ホーン 編著

ISBN978-4-8309-4867-1／C3033／A5判／278頁／定価3000円＋税

東アジアで国際間労働移動が活発化している。しかし，その実態を把握した研究は少なく，ましてや国内の労働移動との関係を分析した研究はない。本書は日本，韓国，台湾から中国，タイ，マレーシア，インドネシア，フィリピン，ベトナム，ミャンマー等，国内と国際間の労働移動，送出国と受入国の実態を分析し，持続的発展の為の政策提言を行う。

今後の通商秩序を展望。FTA分析の最新版！

FTA戦略の潮流 課題と展望

石川幸一・馬田啓一・国際貿易投資研究会 編著

ISBN978-4-8309-4858-9／C3033／A5判／234頁／定価2650円＋税

ドーハ・ラウンドの停滞によって，メガFTA締結が今や世界の潮流となった。新たな通商ルールづくりの主役はWTOでなく，TPP，RCEP，日EU・FTA，日中韓FTA，TTIPなどのメガFTAである。本書は，メガFTA交渉と主要国のFTA戦略の現状と課題を検証し，今後の通商秩序を展望。FTA分析の最新版。

焦眉の諸問題現状と課題を学際的に考察。

国際関係の論点 グローバル・ガバナンスの視点から

馬田啓一・小野田欣也・西 孝 編著

ISBN978-4-8309-4857-2／C3033／A5判／220頁／定価2800円＋税

大きく変容する戦後の国際秩序，その先行きには暗雲が漂う。一国の統治だけでは解決できない多くの厄介な問題に直面する世界。利害の対立で綻びが目立つ国際協調の枠組み。グローバル・ガバナンスの意義が問われている。焦眉の国際関係の諸問題にどう対応していくべきか，現状と課題を学際的に考察。

現場現実を驚嘆すべき精密さ正確さで活写！

トヨタの新興国車 IMV そのイノベーション戦略と組織

野村俊郎 著

ISBN978-4-8309-4847-3／C3034／A5判／218頁／定価2600円＋税

年間販売100万台を超え，カローラと並ぶ最量販車である新興国車 IMV。販売でも利益でも，新興国で大きな成功を収めている成功要因は，製品開発，製造，調達など多岐に亘るイノベーションにある。製品開発組織 Z の現場から新興11 カ国12 工場の現場まで，様々な現場の人々をインタビュー し，驚くべき正確さでそのイノベーションの全貌に迫る。

難航する TPP 交渉の背景と争点を検証。

TPP 交渉の論点と日本 国益をめぐる攻防

石川幸一・馬田啓一・渡邊頼純 編著

ISBN978-4-8309-4823-7／C3033／A5判／256頁／定価2300円＋税

年内妥結かそれとも漂流か。正念場を迎えた TPP 交渉。日米をはじめ交渉参加12 カ国はセンシティブな問題をめぐり激しく対立。関税撤廃，知的財産権，国有企業規律，投資（ISDS 条項），環境など難航する交渉分野の主な争点は何か。合意への道筋をどう付けるのか。本書は，TPP の背景と交渉分野における主要な論点を取り上げ，攻めと守りの TPP 交渉を検証。

日本の通商戦略論の最新版！

通商戦略の論点 世界貿易の潮流を読む

馬田啓一・木村福成 編著

ISBN978-4-8309-4822-0／C3033／A5判／232頁／定価2600円＋税

世界貿易の潮流に大きな変化が生じるなか，日本の通商戦略も大きな転機を迎えている。日本経済再生のカギを握る新通商戦略が目指すべきものとは。アジア太平洋の新通商秩序，新たな通商立国の条件，次世代型の通商課題など，日本が直面する目下焦眉の通商上の問題を様々な視点から取り上げ，その現状と課題を鋭く考察。

真の国益を問う！ TPP 推進論の決定版！

TPPと日本の決断 「決められない政治」からの脱却

石川幸一・馬田啓一・木村福成・渡邊頼純 編著

ISBN978-4-8309-4779-7／C3033／A5判／240頁／定価2600円＋税

正念場を迎えた日本の通商戦略。TPP 参加は，なぜ日本にとって戦略的に重要な選択であるのか。日本の真の国益は何か。本書は，TPP の意義，TPP 交渉の現状と課題，日本の対応など様々な視点から鋭く考察。第一線で活躍する研究者たちが執筆陣に参加した TPP 推進論の決定版。